El amante turco

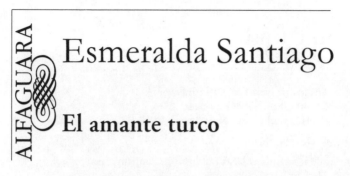

Esmeralda Santiago

El amante turco

Traducción de Nina Torres-Vidal

ALFAGUARA

Título original: The Turkish Lover
© 2004, Esmeralda Santiago
© De la traducción: Nina Torres-Vidal

© De esta edición:

2005, Santillana USA Publishing Company, Inc.
2105 N.W. 86th Avenue
Miami, FL 33122
Teléfono: 305-591-9522
www.alfaguara.net

Alfaguara es un sello editorial del Grupo Santillana.
Éstas son sus sedes:

- Santillana Ediciones Generales, S. L.
  Torrelaguna 60-28043, Madrid, España.
- Aguilar, Altea, Taurus, Alfaguara, S.A. de C.V.
  Av. Universidad 767, Col. del Valle, México, 03100, D.F.
- Editorial Santillana Inc.
  P.O. Box 19-5462 Hato Rey, San Juan, Puerto Rico, 00919.
- Aguilar, Altea, Taurus, Alfaguara, S. A.
  Beazley 3860, 1437, Buenos Aires, Argentina.
- Distribuidora y Editora Aguilar, Altea, Taurus, Alfaguara, S.A.
  Calle 80 Núm. 10-23, Santafé de Bogotá, Colombia.
- Santillana S.A.
  Av. San Felipe 731, Jesús María 11, Lima, Perú
- Editorial Santillana S.A.
  Av. Rómulo Gallegos, Edif. Zulia 1er. Piso
  Boleita Nte., 1071, Caracas, Venezuela

Fotografía de cubierta: © Frank Cantor
Fotografía del autor: © Frank Cantor

ISBN: 1-59437-647-6

Primera edición: Septiembre de 2005

Impreso en Colombia por D'vinni Ltda.

Para Frank

1. El hombre que yo amo

La noche antes de dejar a mi mamá, escribí una carta. "*Querida* Mami", empezaba. *Querida*, amada, Mami, escribí en la misma página en que escribí *el hombre que yo amo*. Luché con esas palabras porque no estaba segura de que fueran ciertas. Mami sabía lo que era el amor, así que usé las palabras con la esperanza de que fuera eso lo que yo quería decir. *El hombre que yo amo*. *Amo*, que en español significa también dueño y señor. Ni cuenta me di de la ironía.

Sellé el sobre, se lo dirigí formalmente a la señora Ramona Santiago y, cuando salí temprano al otro día, lo dejé en el buzón junto a la puerta de entrada. Era martes; Mami saldría a buscar la correspondencia temprano en la tarde, y para entonces, yo estaría en la Florida con mi amante, *el hombre que yo... amo*.

Llevaba poco. Un estropeado maletín de cuero, que una vez había cargado vestuarios de baile, ahora contenía un par de mudas de ropa, un *bikini*, un cepillo de dientes, una peinilla, horquillas, un par de zapatos, unas sandalias, ropa interior. Dejé mis mallas y mis leotardos, el maquillaje y las vistosas prendas que añadían sabor y color a los personajes que creaba en escena.

Al llegar a la acera, resistí el impulso de mirar hacia atrás, de correr hacia los cuartos donde mi mamá, mi abuela, mis diez hermanas y hermanos, y mi tía y mis primas dormían.

La escalera al tren, que quedaba a una larga cuadra de la puerta de mi casa, estuvo bajo mis pies mucho antes de lo que yo hubiera querido. Una vez di los primeros pasos hacia el *subway* que salía de Brooklyn, mi vida cambió irrevocablemente. Si hubiera vuelto corriendo a la casa de mi madre, al espacio seguro y todavía tibio al lado de mi hermana Delsa, habría sido tarde. Al escribir las palabras *el hombre que yo amo* ya era demasiado tarde: había escogido a un hombre por encima de mi familia. Aunque no lo hubiera seguido a la Florida, una semana después de cumplir los veintiún años, ya había dado el primer paso hacia el resto de mi vida.

2. "Eso no está bien, Chiquita".

Sabía muy poco de él. Era turco, vivía solo en un lujoso edificio de apartamentos a una cuadra de Bloomingdale's, usaba costosos trajes en colores serenos, de costuras y filos minuciosamente marcados. Había viajado extensamente y alardeaba de tener amigos en todas partes del mundo. Además de su lengua vernácula, hablaba con fluidez el alemán y el francés, pero su inglés era vacilante y tenía un fuerte acento. Había obtenido el Oso de Oro en el Festival Internacional de Cine de Berlín en 1964 por *Susuz Yaz*, una película en blanco y negro hecha en Turquía, la cual estaba desesperado por distribuir en los Estados Unidos.

Su nombre, Ulvi Dogan, sonaba tan ajeno en mi lengua que a veces me era difícil pronunciarlo. La vocal inicial lo hacía sonar torpe —no era la redonda "u" puertorriqueña ni la aguda y fruncida "u" del inglés, sino un sonido intermedio, un diptongo sofocado.

—Hola —le decía cuando lo llamaba por teléfono—, soy yo. Nunca decía mi nombre porque él me había bautizado "Chiquita". Yo había crecido con el apodo familiar de "Negi" y oficialmente era "Esmeralda" para el resto del mundo, así que a mí ese apodo me sonaba tan ajeno como su nombre en mis labios. Cuando yo traté de ponerle un apodo a él, no lo aceptó. —Ulvi —me dijo—. Sólo Ulvi. Tampoco me dejaba llamarle *darling*, ni *dear*, ni *honey*, ni *sweetheart*.

Ni siquiera lo convenció ninguna de las hermosas palabras que expresan afecto en español: *querido, mi amor, mi cielo.* —Sólo Ulvi —insistía—. Ulvi.

Por este hombre que apenas conocía y cuyo nombre cambiaba la configuración de mi cara cada vez que lo pronunciaba, dejé a mi mamá. En el avión que nos llevaba a la Florida, me senté junto a Ulvi con la cabeza pegada a la ventana. Juraba que podía ver la casa de Mami allí abajo, en Brooklyn. Allí estaba el diminuto cuadro de cemento que era nuestro patio, y también un parque que quedaba justo al cruzar la calle, pero donde no se nos permitía jugar porque siempre existía el peligro de que se desatara algún pleito por los resultados de un juego de baloncesto. En la distancia, los chapiteles de Manhattan perforaban el cielo, mientras los rectangulares techos de Brooklyn, desafiando las nubes, parecían empujarlo.

Ocho años antes, en una mañana tan brillante como ésta, recostada en un montecillo cubierto de yerba detrás de nuestra casa en Puerto Rico, había buscado en el cielo azul-turquesa siluetas y formas que presagiaran cómo serían los Estados Unidos. Estábamos en plena temporada de huracanes y las sombrías nubes cruzaban el cielo azul con prisa, como Mami, por llegar a otro sitio. Esa tarde, a bordo del avión de hélice de Pan American que volaba a Nueva York, yo miraba asombrada desde lo alto las lánguidas motas de algodón que me recordaban la guata dentro de los colchones. Una niña podría saltar sobre ellas y rebotar hasta el infinito.

Crucé el Atlántico, ese día, sumida en un aturdimiento que se intensificaba con la maravilla de lo que estaba pasando. Pero nada podía prepararme para los Estados Unidos, ni siquiera las historias de los pintorescos estadounidenses reproducidas en el *Selecciones del Reader's Digest* que Papi me había dado para que leyera algo en el avión.

Mami, mi hermana Edna, mi hermano Raymond y yo habíamos salido de San Juan en la tarde de un día soleado, pero aterrizamos en Brooklyn en una noche empapada de lluvia. En el taxi, desde el aeropuerto hacia nuestra nueva casa en Williamsburg, los focos de los automóviles que venían en dirección contraria iluminaban las gotas que se deslizaban por los parabrisas, haciéndolas brillar y parpadear. Tata —la mamá de Mami— y don Julio —el novio de Tata— bromeaban con el asombro que había en mis ojos mientras yo me esforzaba por ver cuán altos eran los edificios que bordeaban las anchas avenidas. Aun aturdida y soñolienta, podía percibir el cambio en las dimensiones del panorama, entre el horizonte ondulado de Puerto Rico y los ángulos sólidos y verticales de la ciudad de Nueva York.

—Vinimos aquí —nos dijo Mami unos días más tarde—, pa' que ustedes puedan tener una educación y puedan conseguir buenos trabajos cuando sean grandes.

Habíamos venido, pensaba yo, porque Raymond necesitaba atención médica para curarle una lesión en el pie que no había respondido a los mejores esfuerzos y tratamientos de los médicos puertorriqueños. Estaba convencida de que tan pronto sanara el pie de Raymond, Papi, como había hecho innumerables veces en Puerto Rico, aparecería en la puerta de nuestro apartamento en Brooklyn a conquistar a Mami para que regresara a casa. Ése era el patrón: amargas discusiones seguidas de separaciones en las que Papi enamoraba a Mami para que volviera; unos meses más tarde nacía un bebé, de manera que a los ocho años yo tenía ya cuatro hermanas y dos hermanos. No tenía razón alguna para pensar que ahora las cosas serían diferentes sólo porque habíamos cruzado el mar en avión en vez de cruzar la Isla en un "público". Pero Papi nunca vino. Mami mandó a buscar a mis demás hermanas y hermanos que se habían quedado en Puerto Rico, para que se reunieran con nosotros en Nueva York. Para cuando Raymond empezó a caminar sin cojear, y su doctor nos dijo que ya no tendría que usar el zapatito especial, Papi se había casado con una viuda que ninguno de nosotros había oído mencionar nunca, y la esperanza de que apareciera un día en nuestra puerta para regresarnos a Puerto Rico se había desvanecido.

Me volví hacia Ulvi, quien se había recostado contra mí para poder mirar la ciudad que dejábamos atrás. —Ésta es la segunda vez que me monto en un avión —le dije.

—¿De verdad? —jugueteó con los controles del brazo de la butaca, se echó hacia atrás y cerró los ojos. El aire a mi alrededor se congeló. Me froté la piel erizada de los brazos, me volví otra vez hacia la ventanita rectangular, mientras el monótono zumbido del avión cortaba las nubes de algodón de azúcar.

Unos días antes, cuando le dije que Mami nunca me permitiría irme con él a la Florida, Ulvi me había dicho: "Tienes que coger el toro por los cuernos". Nunca había oído la frase, ni tenía idea de lo que quería decir. Él hablaba menos inglés que yo. ¿Dónde la habría aprendido? Ulvi no quería que me fugara con él. —Háblale de mujer a mujer —me dijo — explícale situación.

Lo pensé, pero no podía mirar a Mami a los ojos y admitirle que, a pesar de mis otros logros —el diploma de escuela superior, mi buen inglés, los trabajos secretariales, los cursos universitarios—, había fracasado como *nena puertorriqueña decente*. Me había entregado a Ulvi sin el beneficio del "velo y cola"; ese largo velo de novia ante un altar católico que Mami imaginó para cada una de sus hijas.

—¿Cuándo fue primera vez?

La voz de Ulvi era tan suave que por un momento pensé que venía de mi propia cabeza. Me viré hacia él. Todavía echado hacia atrás, sus ojos de pesados párpados me miraron como si acabara de conocerme, una extraña sentada junto a él en un avión con destino a un exótico lugar.

—Hace ocho años, cuando vinimos de Puerto Rico.

—Mmm.

Cerró los ojos de nuevo, viró la cara hacia el pasillo. Su pelo negro había cogido estática del respaldo del asiento y algunos mechones finos se elevaban lánguidamente como suaves antenas. Presioné la espalda contra el cojín del asiento y traté de no pensar, de no imaginar la reacción de Mami, su decepción ante mi primer acto de rebeldía.

—¿Qué dijo tu mamá cuando le dijiste? —preguntó Ulvi y el calor me subió a los cachetes.

—No se lo dije. Cerré los ojos por temor a ver la ira en los suyos. A él le parecía mal que yo no le hubiera dicho lo nuestro, pero también rehusó conocerla.

—Ella entenderá —me había asegurado. Pero él no conocía a Mami.

—Eso no está bien, Chiquita. No está bien.

No abrí los ojos, ni respondí. Lo sentí volverse hacia el otro lado e imaginé los pelitos flotando hacia el bajo techo de la cabina del avión. Debajo de nosotros, Nueva York se iba volviendo un recuerdo, pero las palabras con las que había luchado —*Querida Mami* y *el hombre que yo amo*— flotaban en mi cabeza: cada punto de la i, cada trazo, cada curva, finos hilos que se entrelazaban entre la persona que yo era y en la que me había convertido.

3. Una nena puertorriqueña decente

Una vez instalada en Brooklyn, Mami rehusó volver a Puerto Rico hasta que cada uno de sus hijos aprendiera inglés y se graduara de escuela secundaria. Ella tenía treinta años; yo, trece; Delsa, once; Norma, diez; Héctor, nueve; Alicia, siete; Edna, seis; y Raymond, el más pequeño, cinco. Yo estaba a punto de empezar el octavo grado. Me faltaban, por lo menos, cinco años para obtener el diploma de escuela secundaria; a Raymond, que estaba empezando el *kindergarten*, le esperaba un largo trecho de doce años antes de que Mami empezara siquiera a considerar regresar a la Isla.

—¿Y si, cuando nos graduamos, tú nos regalas un viaje a Puerto Rico?

—Usté no va sola pa' ningún sitio —respondió tajantemente.

Mami esperaba que yo, la mayor, fuera un ejemplo para mis hermanas y hermanos. Mi tarea, como yo la entendía, era sacar buenas notas en una escuela nueva, en una ciudad ajena, en una cultura ajena, en un clima ajeno, en un idioma ajeno.

—Y no se crean que porque estamos en los Estados Unidos ustedes tienen permiso pa' portarse como esas americanas —nos advirtió Mami.

"Esas americanas" eran todas las muchachas de mi edad que no fueran *nenas puertorriqueñas decentes*. Las *nenas puertorriqueñas decentes* no usaban faldas cortas, no usaban pantalones, a menos que estuvieran montando a caballo, no usaban maquillaje, no se hacían *tisin*, no hablaban con muchachos que no fueran sus hermanos, no iban a ningún sitio sin chaperona, no discutían con sus mamás, no les llevaban la contraria a los adultos aunque estuvieran equivocados, no miraban a los adultos a los ojos, especialmente si eran hombres, y no les faltaban el respeto a sus parientes alcohólicos.

Una *nena decente* le hacía caso a su mamá, aprendía a cocinar y a llevar bien la casa, salía de la habitación cuando el hombre que estaba visitando a su abuela la miraba demasiado, se sentaba con las piernas juntas, aunque estuviera sola, leyendo un libro, sin meterse con nadie.

La persona a quien la *nena decente* tenía que evitar a toda costa era al *hombre que le hizo el daño* —es decir, al hombre que le robó la virginidad a la amiga, vecina o parienta sin casarse antes con ella. *El daño* lo echaría todo a perder para el legítimo "dueño" de su virginidad, es decir, para el esposo legal en una relación monógama.

Una *nena puertorriqueña decente* no daba motivos para que el vecindario chismeara. Eso quería decir que, en todo momento, sería consciente de *lo que dirá la gente* y lo tomaría en cuenta a la hora de sopesar sus actos. Si no, ¿qué dirán?

Una *nena puertorriqueña decente* era virgen hasta que se casaba en una iglesia, con sus hermanas sirviéndole de damas y sus hermanos de ujieres. Entonces se convertía en una *mujer puertorriqueña decente*. Una mujer puertorriqueña decente podía maquillarse y vestirse de manera que le agradara a su esposo, pero nunca tan "sexy" como para provocar el deseo de otros hombres. Podía salir, pero acompañada de su esposo, hijos, hijas, o parientas *porque si no, ¿qué dirán?* Honraba a su madre y a su suegra, llevaba la casa eficientemente, pero dejaba las decisiones importantes en manos del marido, quien era, a fin de cuentas, el que llevaba los pantalones en la casa —literal y figurativamente— *porque si no, ¿qué dirán?* A éste, se le servía comida puertorriqueña acabadita de hacer en casa, mañana, tarde y noche. Se le tenía la ropa siempre limpia y planchada; los zapatos, brillantes. No se le retaría, ni se le corregiría, ni se reiría una de él —y menos en público— aunque estuviera desinformado, equivocado o actuando como un payaso, *porque si no, ¿qué dirán?*

Las *americanas* tenían demasiada libertad para hacer lo que les viniera en ganas, libertad de la cual ellas abusaban estando sexualmente disponibles para cualquier *pendejo* que les echara el ojo. Las *americanas* también eran irrespetuosas con sus mayores, despectivas con la familia, haraganas amas de casa que dependían todo el tiempo de las comidas ya preparadas, y mujeres que, a pesar de su libertad sexual, no sabían cómo complacer a un hombre. Tampoco parecían preocuparse de lo que los demás pensaran sobre su comportamiento, como si *el qué dirán* no existiera en inglés.

Yo noté algunas contradicciones.

Mami, *una mujer decente*, nunca se había casado con Papi y yo nunca la vi en una iglesia. *¿Qué dirán?* Mami se vestía acentuando las curvas de su cuerpo, coronado por un lustroso cabello negro que en Nueva York se recortó y aprendió a teñir en diferentes matices de castaño, rubio y hasta rojo. *¿Qué dirán?* Se rizaba el pelo, se hacía *tisin* y se echaba *esprei* cada vez que salía del apartamento. Se apretaba bien el vientre con una faja, para que no se le notara que había parido siete hijos. Cuando caminaba por la calle en sus tacos altos, movía las caderas voluptuosamente, *¿qué dirán?*, lo que suscitaba piropos, miradas y promesas de parte de los hombres que, al parecer, se paraban en la esquina sólo para ligar a las mujeres que pasaban.

Seis meses después de llegar a Nueva York, Mami se enamoró de Francisco, y para nuestro primer verano en Brooklyn, ya estaba viviendo con nosotros, en claro desafío a Tata, a quien no le parecía propio que Mami "trajera a un desconocido a la casa donde hay muchachas". *¿Qué dirán?* Don Julio, el novio de Tata, quedaba exento de esta regla. Mami no se inventó el *qué dirán*, ni tampoco las distinciones entre una nena decente y una americana. Sus amigas y parientas les recitaban la misma cantaleta a sus hijas, y nosotras estábamos supuestas a escucharla humildemente, sin chistar. Sin embargo, cuando nuestras madres andaban por otra parte, nos devanábamos los sesos tratando de reconciliar las diferencias entre lo que decían y lo que hacían.

—A lo mejor —especulaba mi prima Alma—, cuando ellas nos dicen todas esas cosas están hablándonos del ideal y no de una realidad práctica.

Alma era un año mayor que yo, lo que, según ella, quería decir que era más madura. Ella y su hermana Corazón habían nacido en Puerto Rico, pero Titi Ana las había traído a los Estados Unidos cuando eran bebés. Las hermanas hablaban inglés entre ellas, y cuando Titi Ana les hablaba en español, ellas le contestaban en inglés. En español, tenían acento y tropezaban con algunas palabras.

Alma y Corazón eran *nenas puertorriqueñas decentes*, pero también estaban americanizadas, lo que era casi tan malo como ser *americanas*. Eso quería decir que sus referentes no eran los de la cultura puertorriqueña, sino los de la norteamericana. Les gustaba la pizza, los *hamburgers* y las *French fries* más que el arroz con gandules, los piononos y los bacalaítos fritos. Escuchaban *rock and roll*, no, las estaciones de radio en español. Leían los paquines de *Archie*, las novelas de Harold Robbins y la revista *Seventeen*, no, las novelas rosa de Corín Tellado y el *Vanidades*.

Como eran familia, Mami me dejaba caminar sola la media cuadra hasta su casa. Las dos hermanas eran inteligentes, especialmente Corazón, quien leía gruesos libros de Ciencia porque quería ser bióloga cuando fuera grande. Me gustaba su agudo sentido del humor, pero, como era menor, yo no pasaba tanto tiempo con ella como con Alma.

Titi Ana era más estricta que Mami. Las muchachas no podían salir del apartamento, excepto para ir a la escuela; ni siquiera a visitarnos a nosotros. Se pasaban la tarde haciendo asignaciones y leyendo hasta que Titi Ana regresaba de la fábrica. Mientras ella preparaba la comida, Alma y Corazón veían programas de juego en la televisión. Cuando iba a visitarlas, me sentía como una emisaria del mundo exterior, a pesar de que yo era sólo un poquitito más independiente que ellas. Yo tenía hermanas y hermanos con quienes hablar, jugar, y pelear; mientras que Alma y Corazón sólo se tenían una a la otra. Escuchaban ávidas cuando les contaba los dramas que se desarrollaban en nuestra casa de locos con los siete nenes, Mami encinta, Francisco, Tata y don Julio. Yo trataba de que los cuentos sonaran entretenidos, mientras iba soslayando los aspectos más desoladores de la realidad.

Mami contaba con que su destreza con la aguja le asegurara un trabajo estable en las fábricas de ropa de Nueva York. Las dos hermanas de Tata y las sobrinas trabajaban regularmente en fábricas y le aseguraron a Mami que había más regadas por la ciudad. Pero cuando nosotros llegamos a

Brooklyn, la industria de la ropa estaba trasladándose a otras partes del país o hacia el extranjero, y cada año había menos y menos trabajos.

Resultó más fuerte de lo que esperaba, pero con su esfuerzo, Mami fue progresando de cortadora de hilo en las fábricas de *brassieres* a operadora de máquina de coser. Cuando le daban *lay off* o cerraban las fábricas, Mami recibía el desempleo, y cuando el desempleo no resultaba suficiente, solicitábamos el *welfare*. Odiaba tener que depender de la asistencia pública; por eso, cada vez que regresábamos de las entrevistas en la oficina del Bienestar Social o alguna trabajadora social nos sorprendía con una visita, Mami nos aplicaba un sermón.

—Por eso es que ustedes tienen que aprender inglés, graduarse de escuela superior y conseguir trabajo en una oficina y no, en una factoría —nos decía con la voz estrangulada por el coraje—. Tantas humillaciones, todo por no tener una educación.

Tata vivía con nosotros, y nos cocinaba y nos cuidaba cuando Mami tenía trabajo. Ya no podía coser, porque se le había metido el frío en los huesos causándole una artritis dolorosa. Para atenuar el dolor, Tata bebía. Todas las tardes, después del trabajo, don Julio traía unas cuantas latas de *Rheingold* o un botellón de vino tinto Gallo que se tomaban juntos, sentados a la mesa de la cocina, mientras fumaban un cigarrillo detrás de otro. Tata y don Julio se podían poner violentos si alguien los provocaba, así es que nosotros nos salíamos del medio tan pronto comíamos. Mami cerraba la cortina que separaba nuestra esquina del apartamento de la de ellos, y nosotros nos quedábamos en nuestro lado viendo Ed Sullivan, Red Skelton o *The Million Dollar Movie*. A veces Tío

Chico, el hermano de Tata, los acompañaba, y los tres hablaban, bebían y discutían detrás de la cortina floreada, hasta bien entrada la noche.

Franky nació la primavera cuando yo fui aceptada en *Performing Arts High School*. Unos meses después, murió su padre.

Francisco había sido un hombre callado, amable, de un lugar todavía más rural que Macún. Adoraba a Mami, y no le molestaba que tuviera siete hijos que requeríamos constante supervisión y consejo para mantenernos a salvo en las peligrosas calles de Brooklyn. Jugaba con nosotros interminables juegos de cartas y dominó, cantaba canciones de amor mientras rasgaba la guitarra, era respetuoso y caballeroso, al punto de ser obsequioso conmigo y mis hermanas, jovencitas en flor a quienes otros hombres miraban con lascivia. No era un sustituto de Papi, pero era lo más cercano a un padre cariñoso, cálido y protector que hubiéramos podíamos desear. Su muerte, de cáncer del estómago, fue la segunda gran pérdida en nuestras vidas. Lo lloramos acomodándonos al ritmo de Mami, cuyo dolor era como una oscura e impenetrable burbuja. Estuvo meses sin sonreír. Un día, Raymond dijo algo gracioso y Mami no pudo contener la risa. Enseguida se tapó la boca y, parpadeando, disimuló las lágrimas, como si hubiera hecho algo malo al entregarse a ese fugaz momento de felicidad.

Pensé que después de la muerte de Francisco, Mami regresaría a Puerto Rico, pero se afianzó aún más en su decisión de quedarse en Nueva York.

—Yo pa'llá no vuelvo con el rabo entre las patas después de tantos sacrificios —aseguró.

Sabíamos que una vez ella tomaba una decisión, nada la hacía cambiar, y todos teníamos que ajustarnos a ella.

No había educación bilingüe en las escuelas de nuestros vecindarios cuando primero llegamos a los Estados Unidos, lo que quería decir que mis hermanas, mis hermanos y yo tendríamos que apurarnos a aprender inglés por inmersión, o seguir repitiendo grados hasta que pasáramos las clases. La humillación de quedarnos rezagados fue motivación suficiente para practicar la lengua en casa, unos con otras, hasta que empezamos a sonar como Alma y Corazón, contestando en inglés cuando Mami y Tata nos hablaban en español. Al cabo de dos años, podíamos conversar en inglés y ese idioma se convirtió entonces en la lengua de uso entre nosotros.

—No me hablen esa jeringonza, que me da dolor de cabeza —protestaba Tata tapándose los oídos.

La única vez que no se quejaba del inglés era cuando veía las telenovelas americanas *Guiding Light* y *As the World Turns*. Bajaba el volumen del televisor y seguía las vicisitudes de sus personajes favoritos a través de los gestos y del lenguaje corporal de los actores. Una vez vi una de las novelas con ella, con el volumen normal, y quedé impresionada de lo mucho que en realidad entendía de lo que estaban diciendo los actores.

Limpiar el apartamento, lavar interminables tandas de ropa y cocinar para ocho niños y tres adultos requería organización. En los días de pago, por lo menos uno de nosotros acompañaba a Mami en su larga caminata semanal a "la marqueta" a hacer la compra: dos carros llenos de comestibles y de artículos de primera necesidad, que arrastrábamos hasta la casa para luego cargarlos tres pisos por las escaleras hasta nuestro apartamento. Sin embargo, una compra semanal no daba abasto. Por lo menos una vez al día, mandaban a Héctor o a Raymond a la bodega a buscar más leche, huevos, pan, jabón de fregar, papel sanitario, esponjitas Brillo…

Tata y Mami preparaban la comida, las niñas mayorcitas fregábamos, barríamos, mapeábamos y lavábamos las sábanas y las toallas. Los varones limpiaban baños, brillaban zapatos y botaban la basura en los zafacones que había en la acera. Don Julio hacía reparaciones y trabajitos menores, instalaba máquinas de lavar y clavaba ganchos en las paredes de los cuartos de los que se colgaban cordeles, porque no teníamos secadora. Tan pronto tuvimos edad suficiente, aprendimos a lavar y a planchar nuestra ropa, incluso los varones. Por las mañanas, antes de irnos a la escuela, nos turnábamos en la tabla de planchar para darle un repasito de última hora al cuello o a los puños de la camisa. Mami y Tata se pasaban remendando pantalones, cogiéndoles ruedos a los trajes, pegando botones, arreglando *zippers*, haciendo cortinas. Cuando no podíamos pagar los desechables, había que restregar, blanquear y tender los pañales de algodón que, en los cordeles interiores, brillaban blancos y cuadrados, como una hilera de banderas anunciando que nos habíamos dado por vencidos.

Mami se quejaba de mi incapacidad para realizar hasta las más rudimentarias tareas domésticas. Si me pedía que pusiera a cocinar las habichuelas antes de que ella llegara del trabajo, a mí o se me olvidaba ponerlas o se me olvidaba que las había puesto, y las quemaba. Si me tocaba cambiarle el culero a Franky, era seguro que lo hincaría con el imperdible. Si Mami me pedía que fregara, yo le rompía su taza favorita. Si me pedía que planchara una camisa, la camisa podía acabar con la marca triangular de la plancha en la espalda. En nuestros estrechos apartamentos de Nueva York, el orden era esencial, pero mi rincón era siempre el más desordenado; mi cama, la que estaba siempre revuelta; mi ropa, la atacuñada a troche y moche en los gaveteros y roperos repletos; y mis zapatos, los que, según me recordaba Héctor, necesitaban brillarse.

No es que a mí no me importara. Yo era la primera en protestar si el apartamento estaba revuelto o si no encontraba un vaso limpio porque no se había fregado, o si el linóleo de la cocina estaba pegajoso porque nadie había *mapeado*. Mis hermanas me recordaban que era a mí a quien le tocaba hacerlo, pero, "como siempre", me había desentendido de mis deberes.

—Tú esperas que aprendamos inglés y saquemos buenas notas —le argumentaba a Mami cuando me acusaba de ser vaga y de no hacer lo que me correspondía—. Yo tengo demasiado que estudiar. *Performing Arts* me va a botar si no saco buenas notas en todas las clases.

—¿Y tú te crees que eres la única que tiene mucho que hacer en esta casa? Yo trabajo como una esclava, ocho horas pegada a una máquina de coser, y cuando llego a casa, todavía tengo que cocinar pa' ti y pa' los demás. Fíjate en tus hermanas y en tus hermanos —me reprochaba—, Delsa saca *A's* en la escuela y también tiene su trabajito.

Era cierto: Delsa, Norma, y Héctor trabajaban después de clase y los fines de semana, aun cuando no cualificaban para el permiso de trabajo requerido de estudiantes menores. Mis hermanas trabajaban de dependientas en las tiendas del vecindario y Héctor servía en una pizzería. Por las tardes, después de clases, y los sábados, Raymond brillaba zapatos, en la acera, cerca de la oficina donde se cambiaban cheques. Yo estuve unas semanas desempolvando y surtiendo anaqueles en una farmacia. Con el dinero que me gané, les pagué a mis hermanas y hermanos para que hicieran mis tareas, para así tener más tiempo para leer y estudiar. A pesar de lo mucho que me esforcé, fracasé los *Regents* y tuve que repetir la clase de Geometría en verano. Cuando Mami se dio cuenta de mis esfuerzos, me relevó de las odiosas tareas, para consternación de mis hermanos y hermanas que protestaban: "Eso no es justo; tú prefieres a Negi porque es la mayor".

Performing Arts exigía un alto aprovechamiento, tanto en lo académico como en lo artístico. Entré en esa escuela dos años después de haber llegado a Brooklyn, luchando todavía con el inglés. Tenía que usar el diccionario y releer el mismo pasaje una y otra vez antes de poder entender las asignaciones. Con frecuencia me quedaba levantada hasta tarde, practicando el vocabulario en francés, estudiando los apuntes de la clase de laboratorio o escribiendo una reseña de libro, mientras los demás dormían.

Estaba en el Departamento de Drama, pero a los actores se les requería que estudiaran danza. Durante las primeras semanas en la escuela, el cuerpo me dolía constantemente porque, como nunca había tomado una clase de baile, mis músculos se rebelaron en contra de la posición en puntas y los saltos que Mr. McGraw nos obligaba a hacer. Al comenzar mi tercer año, Matteo, el profesor de danza étnica, me vio en el pasillo y me sugirió que me convirtiera en bailarina de danza clásica hindú porque, según él, yo parecía india. Me convertí en su estudiante y, para desesperación de mi familia, practicaba los profundos *pliés* y los *luanges* de la danza *Bharata Natyam*, con un sari y campanitas en los tobillos, por todo nuestro, ya de por sí, animado apartamento.

El invierno de mi tercer año de secundaria, Mami se volvió a enamorar. Don Carlos era un hombre flacucho, de piel nuez moscada, maneras suaves y un aire misterioso que le daban las gafas de cristal verde que usaba día y noche. Tata repitió sus objeciones a que se le diera entrada a un hombre en una casa llena de jovencitas —nuevamente, con excepción de don Julio—.

Mami argumentó que a sus treinta y cuatro años ella podía decidir muy bien si tener o no, una relación con un hombre serio, trabajador, a quien no parecía asustarle, en lo más mínimo, el hecho de que ella estuviera criando sola a ocho muchachos. Ella sabía mejor que nadie lo que era bueno o no, para sus hijos. Don Carlos vino a vivir con nosotros. No lo recibimos con el mismo afecto con que recibimos a Francisco, más que nada porque la mitad del tiempo don Carlos no estaba en casa. Trabajaba en Manhattan y tenía un negocito en el Bronx, en el que ayudaba a la gente con sus planillas de contribuciones. Pasaba en casa fines de semana largos o semanas cortas, según su itinerario. Cuando estaba con nosotros, era tan paciente y estaba tan dispuesto a jugar dominó y cartas como había sido y estado Francisco, y le dejaba el asunto de la disciplina a Mami, aun cuando nosotros tratábamos de que él se pusiera de nuestro lado en nuestras discusiones con ella. Se emocionó muchísimo cuando Mami salió encinta, y enseguida le puso su nombre al bebé antes de saber que era varón. Igual de encantado quedó cuando, un año después de Charlie, nació Cibi, y el año después, Ciro.

A mis hermanas y a mí no nos permitían tener citas como tenían las americanas, que podían salir al cine o a tomar helado con los muchachos que les gustaban. En un noviazgo puertorriqueño tradicional, el muchacho venía a casa de la muchacha y pedía permiso para visitarla. Si se le concedía, el muchacho venía a unas horas específicas y se sentaba con la muchacha bajo la vigilante mirada de la madre, la abuela o algún hermano o hermana mayor. Después de varios meses de esto, podía ser que se les permitiera salir, chaperoneados, a dar un paseo, a un baile, o a algún otro lugar público.

Delsa y Norma tenían novios que venían a nuestro apartamento los domingos por la tarde a sentarse frente al televisor o a jugar juegos de mesa con los nenes. Si algún muchacho se hubiera interesado en mí, en casa lo habrían recibido, pero como yo iba a la escuela en Manhattan no conocía a ninguno de los muchachos que hubiera podido conocer de haber asistido a una de las escuelas del vecindario. Mi única cita durante la adolescencia fue con Larry, un melancólico compañero de clase del Departamento de Música de *Performing Arts*. No le dije nada a Mami, ni le pedí permiso como se suponía que hiciera, porque sabía lo que ella iba a decir. Y de ninguna manera iba a decirle a Larry que, si quería salir conmigo, primero tenía que venir al *East New York*, Brooklyn, a conocer a mi mamá.

Una tarde que nos despacharon temprano porque las maestras estaban en reunión, Larry y yo paseamos por el Parque Central. Yo me pasé esperando que en cualquier momento Mami apareciera por detrás de algún árbol a recordarme que *las nenas decentes* no paseaban por el parque, sin chaperona, con muchachos que sus mamás no conocían.

El Departamento de Drama de *Performing Arts* enseñaba *El Método*, que promovía un acercamiento riguroso y académico hacia la actuación. Estábamos supuestos a estudiar al personaje que íbamos a representar, a descubrir aspectos de su personalidad que el dramaturgo tal vez no hubiera escrito propiamente, pero sí había sugerido a través de los parlamentos o de la acción. Se nos estimulaba a desarrollar matices físicos y sicológicos del personaje como si fuera una persona real. La meta era darle vida al personaje, vivir el papel, convertirse en esa persona.

"Actuar es creer", nos decía Mrs. Provet, mi maestra de actuación preferida; por eso, además de practicar voz y dicción para la clase de oratoria de Dr. Marjorie Dycke, vocabulario en francés para Mme. Gregg, danza moderna para Mr. Mc-Graw y mudras para Matteo, yo practicaba "creer".

Yo creo, me decía, que soy feliz y despreocupada como las muchachas en el *Seventeen* de Alma, a pesar de que soy también una "nena puertorriqueña decente". Yo creo que aunque la expresión *Puerto Rican* aparece en los periódicos americanos sólo precedida de las palabras "alegado/a" y seguida de "prostituta", "traficante de drogas", "adicto", "pandillero" o "víctima en un crimen violento", es posible ser *Puerto Rican* en los Estados Unidos sin ser ninguna de esas cosas. Yo creo que don Carlos no tenía la intención de engañar a Mami cuando no le dijo que era casado y ya era padre de tres hijos. Yo creo que ama a Mami y está diciéndole la verdad cuando le dice que ha estado separado de su esposa muchos años y tiene intenciones de divorciarse de ella.

Yo creo que cuando un compañero de clases me pide que repita lo que acabo de decir, no es para burlarse de mi pronunciación. Yo creo que la mujer que me corrió por la calle gritándome que me saliera de su vecindario, estaba loca. Yo creo que el hombre que me mostró sus genitales en el *subway* no me escogió a mí para hacerlo, porque sabía que yo me quedaría allí sentada, abochornada, sin saber qué hacer.

Yo quería creer que podría levantarme todas las mañanas entusiasmada ante el nuevo día y no preguntándome qué nueva calamidad caería sobre mi familia. ¿Tendría Mami trabajo? ¿Asaltarían a Raymond y regarían los artículos de su caja de limpiabotas por la acera? ¿Tendría Cibi otra convulsión por la fiebre y habría que llevarla de emergencia al hospital? ¿Averiguaría el casero que éramos doce personas y no, cinco, como había dicho Mami cuando alquiló el apartamento de cuatro cuartos? ¿Nos tendríamos que mudar en pleno invierno porque, aunque había radiadores en el apartamento, no calentaban?

Leí el libro *The Power of Positive Thinking* del Dr. Norman Vincent Peale, quien también recomendaba el "creer" como un camino para llegar a "ser". Yo creo que en los Estados Unidos puedo lograr todo lo que me proponga, tal y como afirman Mami y el Dr. Peale.

Abuela, la mamá de Papi, me había enseñado el Padre Nuestro y a hacer la señal de la cruz. Todas las noches me cubría la cabeza con la sábana para que Delsa, que dormía conmigo, no me viera persignándome y pidiéndoles a Dios y a la Virgen que me ayudaran a creer otro día más.

El rezar todas las noches no me hizo una optimista, como los tres años de intensos estudios de arte dramático tampoco me hicieron una buena actriz. Mrs. Povet era exigente, y nos empujaba constantemente a que hurgáramos más y más profundamente, hasta encontrar en nuestro interior las emociones que enriquecieran y añadieran realismo a los personajes que representábamos en escena. Yo me resistía a hacerlo por temor a hacerlo demasiado bien.

Hubiera podido representar la alienación. Rodeada de una familia alborotosa y cariñosa que, sobre toda otra cosa, prefería pasar el tiempo junta, yo observaba a mis hermanas y hermanos mientras golpeaban la mesa de la cocina con las fichas de dominó o veían una película de horror encogidos de miedo frente al televisor, y me preguntaba por qué eso no era suficiente para mí. Los quería mucho, pero, a la menor provocación, cada vez que podía, buscaba una excusa para escaparme a la biblioteca, o al museo o a cualquier otro sitio donde pudiera estar sola.

Fácilmente podía recrear el miedo con sólo revivir alguna de mis caminatas, desde el *subway* hasta la casa, en la oscuridad prematura de las tardes de invierno. Encorvada dentro de un abrigo demasiado liviano, caminaba pendiente de los carros que giraban como bólidos por las esquinas, de las sombras que, entre dientes, mascullaban y acechaban en los portales, de alguna jauría de muchachos —todos con pañuelos del mismo color amarrados en la frente— o de algún grupo de muchachas de ojos hostiles y maquillaje excesivo.

La *pérdida* me resultaba familiar. Un padre ausente, un padrastro muerto, una abuela alcohólica que sobria era dulce y graciosa, pero borracha podía tornarse violenta y vulgar. *Pérdida* eran el zumbido de las abejas en una tarde puertorriqueña, el orgulloso *cloquear* de una gallina con sus pollitos, la súbita explosión de truenos y el golpe de la lluvia de un aguacero tropical. *Pérdida* era no sentirme segura, ni siquiera en nuestros apartamentos.

Dolor era una paliza de unas muchachas del vecindario que me acusaban de creerme mejor que ellas. *Dolor* eran las caries en mi boca, porque hasta los diecisiete años nunca fui al dentista. *Dolor* eran mis dedos encalambrados de frío, porque había perdido mis guantes en el *subway* y en casa no había dinero para comprar otros.

También podía representar el otro tipo de dolor. El dolor de escuchar los quejidos de Mami según subía las escaleras después de haberse pasado el día entero doblada sobre una máquina de coser en una maquiladora. El dolor de oír a mis hermanos y hermanas gimiendo de frío en los cuartos sin

calefacción. El dolor de saber que Mami, quien constantemente nos decía que los hombres sólo querían una cosa, no se
lo había creído cuando se enamoró de don Carlos.

Había tantos sentimientos dentro de mí que, si los hubiera explorado, como nos lo pedía Mrs. Provert, me habría
ahogado en mis propias emociones. Me gradué de *Performing
Arts High School* con una especialidad en drama, pero nadie
supo nunca que mi superficialidad como actriz se debía a que,
a pesar de que me crie en una isla, no sabía nadar.

4. "Ven, Chiquita, éste es tu trabajo".

Ulvi se recostó contra mí para observar cómo nuestro avión flotaba sobre el océano Atlántico hacia el aeropuerto de Fort Lauderdale.

—¡Palmas! —exclamé cuando avistamos la costa. La vista me produjo un taco en la garganta.

—Son hermosas.

Ulvi me besó la mejilla.

Tomamos un taxi hasta el *Gateway Arms*. Ulvi tenía llaves para un apartamento en el segundo piso. Era enorme: una habitación, la sala-comedor, una cocina soleada, con lavadora de platos y estufa eléctrica. Estaba completamente amueblado, desde juego de toallas en los toalleros, ropa de cama extra en los clósets, hasta escenas marinas en las paredes. Había un teléfono en la mesita de noche, al lado de una enorme cama. Ulvi lo levantó y sonrió cuando oyó que tenía tono. Otro teléfono, con un cable larguísimo, estaba adosado a la pared de la cocina. Una gruesa alfombra *shag* color mostaza cubría todos los pisos, menos los del baño y la cocina, que tenían losetas de vinilo. Una puerta corrediza de cristal daba a un balconcito estrecho con vista a un pastizal y a los patios con verjas de varias casas de una sola planta rodeadas de jardines frondosos.

Los socios de Ulvi nos permitieron utilizar el apartamento en lo que a Ulvi lo operaban de hernia en el *Holy Cross*

Hospital, en Fort Lauderdale. Según Ulvi, sus socios también estaban pagando sus cuentas médicas y habían comprado nuestros pasajes. Tanta generosidad me impresionó muchísimo, pero Ulvi la despachó sin darle importancia. La razón de tanta consideración, afirmaba, era proteger su inversión. Tenían dinero metido en la producción de la versión americana de *Susuz Yaz*, con idea de que, una vez encontraran un distribuidor, se repartirían las ganancias que de seguro generaría. A diferencia de él, los socios no eran artistas, por lo tanto, no eran generosos ni bondadosos. Eran hombres de negocios que habían financiado una película con la estrella de cine Gina Lollobrigida y ahora tenían planes de financiar otras más con artistas como él, cuyas películas habían sido premiadas. Para ellos, él era una mercancía y nada más.

—No debes creer gente es demasiado buena, Chiquita —me decía—. Generalmente quieren otra cosa.

—Tú no crees eso de verdad —le dije. Se sonrió, me envolvió en sus brazos y me besó el pelo.

—Ay, Chiquita, eres inocente. El mundo no es tanto bueno como imaginas.

En sus brazos, el mundo era un lugar maravilloso, suave, tibio, fragante. Levantó mi rostro y buscó mis ojos.

—Es no siempre como parece.

—Yo sé eso…

—Ssh, ssh. No discutas. Yo enseñaré todo. Pero tú tienes que escuchar todo que yo digo. ¿*Okay*?

Esperó a que yo asintiera.

—*Okay*.

Desempacamos y acomodamos todo, cada uno en su propio tocador con gavetas forradas en papel floreado perfumado. Me señaló mi lado en el clóset y yo colgué mis dos vestidos, coloqué las sandalias una al lado de la otra en el piso frente a sus zapatos de piel, puntas frente a frente, en la alfombra color mostaza.

Íbamos a salir a almorzar cuando tocaron a la puerta. Ulvi abrió, y a través de la resolana vimos a una mujer rubia y flacucha, acompañada de un hombre regordete y colorado, cargados de comestibles.

Ulvi le dio la mano a él, y a ella, un beso en cada mejilla; se viró y me los presentó como Iris y Leo, sin apellidos. Iris entró en la cocina y empezó a guardar la compra. Una mirada de Ulvi y una leve inclinación de cabeza me indicaron que debía seguirla a ella mientras él acompañaba a Leo hasta el sofá.

—No tenían por qué hacer esto, es tan amable de su parte... —exclamé.

—Ah, yo sé que no *teníamos*, pero queríamos hacerlo. Hubiéramos querido venir antes —Iris se movía por la cocina con seguridad—. Perdóname si te doy la impresión de que me estoy haciendo cargo de todo —sonrió—. Hemos tenido tantos huéspedes, y yo sé dónde van las cosas.

Sus labios se fruncían en coquetas sonrisas cada vez que miraba a los hombres que estaban en la sala. De vez en cuando, sacudía su melena platinada y lacia que le enmarcaba una cara angosta de ojazos azul-verdosos, nariz larga y apretados labios pintados en rosa escarchada. Como Leo, Iris usaba demasiadas prendas en oro: pulseras, sortijas, cadenas. Los dos olían a recién duchados y perfumados. El negro y espeso cabello de Leo estaba mojado y pegado al cráneo.

Regresamos al área de la sala de estar. Iris se sentó, cruzó sus piernas bronceadas, y en un solo movimiento, sacudió la melena hacia un lado, la acarició sobre su pecho y se recostó de Leo, que se echó hacia el brazo de la butaca.

Para mí, los sinuosos movimientos de Iris eran para Ulvi, no, para Leo, y un nudo posesivo me trenzó el estómago.

Ulvi me tendió la mano y me atrajo a su falda. La tensión que sentía cedió cuando me recosté contra él, consciente de la mirada de Iris. Podía verla preguntándose, "¿Qué es lo que ve en ella?". Yo era nada, Ulvi me lo había dicho muchas veces. "Eres pobre e ingenua. Pero me gusta; eres joven e inocente. Te puedo enseñar todo". A pesar de su apariencia juvenil, Iris era más cercana en edad a Ulvi, y hasta para mis ojos inexpertos, parecía una mujer que ya había aprendido todo lo que iba a aprender en la vida.

Leo nos habló de Jim, que también vivía en el edificio y era otro de los socios.

—Un negocio diferente al del cine —rio, pero no aclaró nada más. Se desenganchó de Iris y se levantó abruptamente—. Bueno, vamos caminando. Los recogemos como a las seis. —Se nos adelantó hasta la puerta, la abrió y dirigió a Iris afuera antes de que ella pudiera intercambiar más besitos en las mejillas con Ulvi. Hizo un gesto de despedida con la mano y cerró la puerta.

Yo traté de darle una mirada sorprendida a Ulvi, pero ya él iba camino a la cocina. La visita y la promesa de que cenaría dentro de unas horas le habían calmado el hambre.

—Mejor tomamos té —sugirió mientras registraba los gabinetes—. Ven, Chiquita, éste es tu trabajo.

—¿Mi trabajo?

—Prepara algo de comer —dijo con una sonrisa obsequiosa, mientras sacaba la tetera del gabinete debajo de la estufa. Colocó la tetera sobre el mostrador—. Tengo que hacer llamadas. —Se fue a la habitación y cerró la puerta.

Jamás había estado en una cocina con alguien que dependiera de mí para alimentarse. En casa, Mami y Tata se deleitaban en inventar una buena comida, aunque en la nevera y en la alacena sólo hubiera un poquito de esto y un chispito de aquello. Yo me enfrentaba ahora a varios gabinetes llenos de latas y cajas de comida, una nevera surtida con frutas y vegetales frescos, leche, mantequilla, huevos, jugo de china, carnes fiambre bien envueltas en plástico, pero no tenía idea de cómo empezar a preparar "algo de comer".

—¡Mayonesa! Voy a hacer un sándwich.

Pero un sándwich me pareció demasiado americano para ser la primera comida que le preparara a Ulvi. Arroz con habichuelas, el plato básico de mi dieta, me tomaría buena parte del día, si empezaba por remojar las habichuelas la noche antes como hacía Mami. La imagen de mi mamá moviéndose con facilidad de la estufa a la nevera, al fregadero, y de nuevo a la estufa hizo que se me saltaran las lágrimas. Ya era media tarde. Ya mis hermanas y hermanos habrían llegado de la escuela, el cartero habría traído la correspondencia y Mami estaría sentada en la mesa del comedor leyendo mi carta.

—¿Bien todo, Chiquita?

Ulvi salió de la habitación como si hubiera acabado de recibir un maravilloso cumplido. Examinó la mesa y el mostrador vacíos. La tetera fría estaba donde mismo la había dejado.

—¿Estás llorando? —preguntó, cuando vio la expresión en mi cara.

—Estaba pensando en mi mamá —y estallé en sollozos.

—Vamos, Chiquita —dijo—, tú tienes ser niña fuerte.

—Se lo debí haber dicho. Fue cruel sólo dejarle una carta.

—¿Tú dejaste carta, Chiquita?" —pronunció la doble

"t" de la palabra inglesa para carta, *letter*, con fuerza, y yo la sentí como una bofetada—. ¿Tú mencionaste mi nombre? —bajó la voz, como si la violencia de la palabra *letter* lo hubiera asustado, como si el decirle a mi mamá su nombre hubiera sido peligroso.

—Yo… no, yo creo que no. Tu nombre, no.

El hombre que yo amo se tranquilizó.

****

El restaurante quedaba en la Ruta A1A, frente por frente a una larga y arenosa playa. El dueño saludó a Leo con un fuerte apretón de manos y una amplia sonrisa que mostró todos sus dientes. Nos presentaron, a Ulvi por su nombre completo y su vínculo con Leo, quien se refirió a él como su director. Yo era "Chiquita, su novia".

El dueño nos llevó hasta una mesa en el medio del salón donde dos hombres y otra mujer rubia y patilarga, más joven y más curvilínea que Iris, estaban ya sentados. Janka estaba con Jim, "el socio en el negocio diferente al cine". Eugene, el socio de Leo y la única otra persona del grupo que parecía conocer a Ulvi, se puso de pie para darnos la mano. Era guapo del mismo modo que Charles Bronson era guapo, de ojos entrecerrados que miraban de soslayo bajo gruesas cejas arqueadas, y labios carnosos que cubrían unos dientes cuadrados y blancos. El modo como me apretó la mano y me miró a los ojos, su media sonrisa, el leve gesto que hizo con la cabeza, la manera como sacó mi silla y esperó a que me acomodara entre él y Ulvi antes de sentarse, aliviaron la tensión que me tenía apretados los hombros contra las orejas. Tenía una voz profunda, que se escuchaba a través de la mesa redonda cuando hablaba casi en susurros ante el respetuoso silencio del resto del grupo.

De vez en cuando, Ulvi metía la mano debajo de la mesa para apretarme la rodilla o para que yo me fijara en lo que él estaba haciendo. Me estaba enseñado a comer "al estilo europeo" que, según él, era el modo correcto. Eso implicaba sostener el tenedor y el cuchillo en la mano opuesta a la que usaba el resto de la gente en los Estados Unidos. También pensaba que debía comer más despacio.

—Tú comes —me había dicho— como si van a quitar la comida antes que llegue tu boca.

Los segundos entre el plato y los labios se habían convertido en el momento más importante de mis comidas, unos instantes vacilantes que él controlaba al insistir en que yo comiera a su ritmo, para que me acostumbrara a hacerlo correctamente. Debía beber cuando él bebiera, comer cuando él comiera, secarme los labios, "nunca frotar", cuando los de él estuvieran mojados.

Los hombres hablaron de negocios. Gina Lollobrigida había estado en Nueva York la semana anterior, y Eugene y Leo se habían reunido con ella y habían conversado sobre la otra película que querían producir.

—Es una mujer bella —murmuró Eugene—. Impresionante —se viró hacia Ulvi—. ¿La conoce?

—Nos conocimos en Cannes —respondió Ulvi. Eugene y Leo quedaron satisfechos.

Jim estaría en la ciudad un par de semanas, pero él y Janka pronto seguirían de viaje. De la conversación deduje que Jim representaba una línea de saunas portátiles que Eugene y Leo fabricaban. Se les había hecho difícil venderlos en casas particulares porque ocupaban mucho espacio. Entonces, tuvo una idea.

—Me llegó en la I-95 —nos dijo—. Te buscas una muchacha alta, así como Janka, le pones un bikini, la paras al lado del sauna y ¡bingo!: la unidad parece más pequeña.

Los hombres se rieron, y Leo pasó el brazo por detrás de Iris para darle una palmada en la espalda a Jim. Janka también se rio y se puso de pie para mostrar su altura: seis pies, por lo menos; sin duda, la persona más alta en la mesa.

—Eres un genio —ronroneó Iris, sobándole el muslo a Jim. El rostro de Jim se le aflojó y sus ojos buscaron los de Leo, que inclinó la cabeza en un gesto que decía "no te apures". Iris terminó su trago y buscó con sus ojos al mesero, que apareció tan pronto Eugene levantó un dedo.

Ulvi tomaba su vino, sonreía misteriosamente cuando no se estaban dirigiendo a él, prestaba atención a lo que decía Eugene mientras permanecía atento a Leo, quien lo observaba cuidadosamente.

Un par de veces Eugene y Leo me hicieron alguna pregunta y yo tartamudeé una respuesta, consciente de que lo hacían sólo para ser corteses; que yo, al igual que Iris y Janka, estaba allí para decorar, no, para conversar. Al concluir la velada, no sabían de mí más de lo que sabían al comienzo.

Jim nos devolvió al apartamento en su Lincoln Continental color vino. Acurrucada contra Ulvi en el asiento trasero, era difícil creer que quince horas antes había dejado la casa de mi madre para entrar, asustada pero resuelta, en este mundo de carros lujosos, apartamentos espaciosos con piscinas, cenas en restaurantes caros, hombres de negocios que podían mover un ejército de camareros con sólo levantar un dedo, ingeniosas estrategias de mercadeo, Gina Lollobrigida en el Festival de Cine de Cannes, y el hombre que ahora me apretaba el hombro, con sus dedos lentamente acercándose a mis senos.

5. "Te quiero aquí, conmigo".

La luz de Fort Lauderdale me hacía recordar el claro amarillo de una mañana puertorriqueña. Nueva York, aun en sus momentos más brillantes, siempre se veía gris y sombrío; el cielo irreal, una sábana de seda tendida entre los rascacielos. Nueva York se sentía como un cajón profundo; las fachadas de los edificios, como enormes paredes laberínticas que impedían cualquier semejanza con el mundo natural. Hasta el Parque Central, donde Ulvi y yo pasamos muchas tardes, era un ambiente artificial, confinado por estructuras góticas y el constante vibrar de vehículos. Pero aquí, en la penetrante luz amarilla de Fort Lauderdale, cerré los ojos y recordé a Puerto Rico.

Si mantenía los ojos cerrados, podía ver Macún. No podía pronunciar el nombre del barrio en Toa Baja, donde me había criado, sin preguntarme a quién se le había ocurrido ese nombre tan raro para un lugar. Quedaba cerca de otro barrio llamado Candelaria, y frente a Pájaros, pero Macún no tenía ningún sentido. Era extraño tanto en español como en inglés, una palabra africana, tal vez, o el disparate de algún bobo elevado a lenguaje. Un lugar simplón donde moraba mi vida temprana, nunca mencionado, nunca olvidado.

Recostada en una silla plástica de extensión en Fort Lauderdale, recordé mi infancia, que no parecía tan lejana. Un océano yacía entre aquella nena llamada Negi, que había trepado árboles en Macún, corrido por sus montes, y jugado en sus primeras lluvias de mayo creyendo que traían buena suerte, y yo. Yo era ahora Chiquita, y al hombre que me había cambiado el nombre no le gustaba hablar de mi pasado.

El sol lamió mi piel. Una suave brisa susurraba entre los rododendros sembrados en los caminitos que llegaban hasta el apartamento. La piscina resplandecía. Traté de disfrutar del ocio que el estar sentada junto a una piscina supone. ¿Era así que se sentía ser rica —un cuerpo cálido bajo el sol candente, el agua fresca de la piscina a mis pies, nada que hacer, excepto descansar en una silla plástica de extensión—? Al mismo tiempo, me preguntaba cómo alguien —no importa cuán rica y desocupada— podía pasarse las horas recostada sin hacer nada. La idea me puso ansiosa, pero había dejado el libro arriba, y el agua me daba miedo.

Ulvi se metió en la piscina a chapalear, los brazos extendidos sobre la superficie, agarrando, empujando, acercándose y, luego, alejándose de mí. Su cuerpo marrón resplandecía como el de una pulida criatura de mar, y cuando viraba la cara para respirar, la boca se le torcía hacia el lado, distorsionándosela. Era media mañana. Dentro de una hora, se iría al hospital. La operación sería temprano al día siguiente.

—No, tú no vienes —me había advertido. Protesté diciéndole que era mi deber estar allí, esperando los resultados de la operación, pero él sostenía que allí no había nada que yo pudiera hacer—. Los doctores están a cargo. Tú vienes después operación —desistí de convencerlo.

Mirándolo mientras se deslizaba a través del agua azul y clara, traté de imaginar qué haría si Ulvi moría durante la operación. Probablemente, tendría que regresar a la penumbra de Nueva York. Aunque quizás podría quedarme bajo el cálido sol de Fort Lauderdale, y encontrar trabajo en uno de los edificios que habíamos pasado la noche anterior camino al restaurante. Podría pagar la renta, quizás hasta aquí mismo en el *Gateway Arms*.

—Vamos —Ulvi se detuvo al pie de mi silla, reluciente, el pelo negro pegado a la frente. Se veía saludable, vibrante, no, como alguien que está a punto de ser operado. Por primera vez, desde que me había hablado de la cirugía, creí que se trataría de algo menor, nada que lo pondría en riesgo de muerte. Entraría en el hospital y en un par de días le darían de alta y seguiríamos nuestra vida juntos. Pero no podía visualizar cómo sería esa vida. Hacía diez meses que nos conocíamos, pero anoche había sido la primera bajo el mismo techo. "Una luna de miel", bromeó, y yo me había puesto contenta, porque las palabras sonaban a promesa.

—Prepáranos desayuno, Chiquita —me dijo al entrar en el apartamento, y otra vez sentí el pánico del día anterior. Esta vez, sin embargo, me deshice de la nostalgia y me concentré en hervir agua para el té y en tostar hojas de pan blanco. Encontré mermelada y queso en la nevera y, en mi interior, le agradecí a Iris las provisiones.

—¿Quieres un huevo? —le pregunté a Ulvi, que estaba en el dormitorio. Sentí alivio cuando dijo que no, que sólo algo liviano. Salió vestido, ya listo; sonrió su aprobación a la mesa puesta, a las tostadas crujientes cortadas en triángulos, a la tetera, a la mermelada servida en una fuentecita con una cucharilla encima.

—Muy bueno, Chiquita —me besó en la mejilla. Nos sentamos frente a frente; él, completamente vestido; yo, en mi bikini—. Mientras estoy fuera —sorbió el té—, no contestes teléfono.

—¿Por qué no?

—Por si es negocios. No vas saber qué decir.

—Yo fui secretaria...

—Es como yo quiero, Chiquita. No contestes —se me quedó mirando hasta que bajé los ojos y murmuré *okay*.

—¿Puedo hacer llamadas? —traté de no sonar desafiante.

—¿Quién conoces aquí?

—Podría llamar a casa.

—Sí, claro puedes llamar tu mamá —untó mermelada de fresa de una punta del pan a la otra—. Estás conmigo por tu voluntad, Chiquita —me dijo después de un rato—. Puedes ir a casa cuando quieres.

El mundo se me vino abajo. —Yo no quiero irme a casa.

—Está bueno —murmuró, poniéndose de pie, levantándome de la silla y abrazándome—. Porque yo te quiero aquí, conmigo.

Me derretí en su olor, en el suave vello negro de su pecho. Me abrazó un ratito, acarició el pánico que me había hecho sonar histérica e infantil. —Tú eres niña buena mientras estoy fuera —me arrulló al oído, y yo me desmoroné. Él pensó que lloraba por él, pero esas lágrimas eran por mí.

Se fue en un taxi y, tan pronto se alejó del *Gateway Arms*, me sentí más liviana. La culpa me hizo mirar en dirección del taxi, como si Ulvi hubiera podido leerme la mente o sentir mi alivio. No hubiera podido explicar el cambio. Unos minutos antes, estaba preocupada de que pudiera morir en la mesa de operaciones. Ahora que se había ido, me alegraba de no tener su mirada sobre mí, su constante atención a cada cosita que hacía. Necesitaba tiempo para pensar sin tener que explicar lo que estaba haciendo.

Tenía planes de llamar a Mami para decirle dónde estaba y para pedirle perdón por el dolor y la preocupación que le había causado. Pero cuando regresé al apartamento y me enfrenté al teléfono, me quedé mirándolo, imaginándomela a ella al otro lado, histérica, enojada, o tan herida que mi propio corazón se partiría al oír su voz. Me paseé de la cocina al cuarto y del cuarto a la cocina, sintiendo el espacio. En casa, los cuartos rara vez estaban vacíos. Siempre había allí alguno de mis hermanos o hermanas, o Tata, don Julio, una tía, un tío, un primo. Establecí un ritmo, de aquí para allá, de allá para acá, de una habitación a otra, hasta que un timbrazo agudo detuvo mi marcha.

Me quedé mirando el teléfono sobre la mesa de noche, su cara negra marcada con círculos blancos sobre los cuales brillantes letras y números, aún más negros, lucían austeros y eficientes. Conté cuatro, cinco, seis timbrazos. La cara mostraba cada número en el orden correspondiente, las letras, como cejas sobre ellos. Pero la combinación necesaria para hacer que este teléfono en particular sonara, no estaba en la luna amarillenta en medio del disco de marcar. Once timbrazos... Me moría por levantar el auricular, por saber quién era el que estaba tan seguro que había alguien allí como para dejar sonar el teléfono tantas veces. Dejó de sonar, pero yo lo levanté, como si el timbre no hubiera sido prueba suficiente de que el teléfono servía. Tan pronto lo colgué, volvió a sonar; quince veces esta vez. Me imaginé que sería Ulvi probando a ver si contestaba o no. Pero quizás era uno de sus socios. O podía ser Mami, que de alguna manera había averiguado dónde estaba. Pero ¿cómo iba a poder? Ni yo misma sabía exactamente dónde estaba, ni el número telefónico del apartamento. Otra pausa... Entonces, seis timbrazos. Y finalmente, silencio. El austero círculo en medio del disco ahora parecía un ojo observando mi reacción. Le tiré una almohada encima. Estaba convencida de que quien llamaba sabía que yo estaba allí y me estaba retando a que contestara. Aunque quizás eran ladrones cotejando a ver si había gente en casa, y en esos mismos momentos venían de camino hacia lo que ellos pensaban era un apartamento vacío. Me vestí rapidito, busqué las llaves y salí del edificio sin tener una idea clara de dónde ir. Sólo quería salir de allí. Mi vida valía más que cualquier cosa que los pillos pudieran encontrar adentro. Pero yo sabía que la verdadera razón para salirme de allí era no tener que seguir escuchando el timbre del teléfono, sabiendo que me habían prohibido contestarlo.

Era mediodía. El Sol estaba alto en el cielo; el aire, cargado de una humedad que se me pegaba a la ropa. Recordé que la noche anterior habíamos pasado un centro comercial que quedaba a sólo unas cuadras, bajando por la avenida, y me dirigí hacia allí, esperando encontrar alguna tienda con aire acondicionado donde pudiera pasar un rato.

Las tiendas exhibían blusas en colores pasteles, y trajes y prendas vistosas como las que usaban Iris y Leo. En Nueva York, yo le habría llamado a esta moda "ropa para blanquitos", porque parecía diseñada para piel y cabello claros. Si yo me ponía esa ropa, mi tez color café con leche se veía ceniza y me sentía conspicua, como si los colores suaves me hicieran llamar la atención más que los colores vivos que prefería. La única vez que me atreví a entrar en una de las tiendas, la vendedora estuvo dando vueltas detrás de mí como temiendo que me fuera a robar algo. Con su cautela camuflada bajo una sonrisa servil, zarandeó ganchos de aquí para allá, los llevó de este perchero al otro, acompañando cada movimiento mío con tareas inútiles. Me ofendía su actitud, pero no me atreví a decirle nada, y me fui humillada por sus sospechas, pero sin saber cómo enfrentarlas.

Esa noche dormí sola en la enorme cama en el inmenso apartamento, consciente de que el mundo más allá de la puerta de entrada era vasto, misterioso y desconocido. Me sentía tan insignificante que "Chiquita" me pareció el nombre perfecto para mí. Dormí inquieta y desperté varias veces creyendo tocar a Delsa o a Norma o a cualquiera de mis hermanos que siempre estaban cerca, sólo para recordar que estaba sola. Me prometí que llamaría a Mami al día siguiente para dejarle saber que estaba bien. Me imaginaba que, ya para entonces, ella habría llorado todo lo que iba a llorar y podría aceptar que, a los veintiún años, yo era lo suficientemente grande como para tomar mis propias decisiones y hacer mi vida. Traté de hacerme una idea de cómo sería esa vida, pero me tropezaba con sombrías e incompletas imágenes de Ulvi deslizándose elegantemente a través de una piscina resplandeciente, mientras yo permanecía en la orilla, paralizada por mi miedo a ahogarme.

6. "¿Qué tú haces aquí?"

Sin haber tomado nunca un taxi en otro sitio que no fuera la ciudad de Nueva York, salí caminando al día siguiente por la *Sunrise Highway*, esperando que en cualquier momento pasara un *Checker* amarillo. Durante más de media hora, la única persona que caminaba por la orilla de la carretera era yo. Los demás iban en carro o en camioneta, y algunos conductores miraban con curiosidad buscando por el área la razón por la que yo andaba a pie. Dos o tres hombres se detuvieron para ofrecerme pon, pero yo les hacía señas que no, les daba las gracias, y me movía para el lado contrario. Finalmente, un patrullero de la policía se detuvo a preguntarme si todo estaba bien. Cuando le expliqué que estaba esperando un taxi, me dijo que en Fort Lauderdale había que llamar al taxi y me señaló, a pocos pies de distancia, una cabina telefónica de cristal en la que colgaba de una cadena un grueso y manoseado directorio telefónico. Volvió a pasar dos o tres veces más después de que yo llamé al taxi, y cada vez me saludaba como para asegurarse de que yo estaba bien. Pero yo era una puertorriqueña de tez oscura de Brooklyn y no me cayeron bien sus atenciones. Estaba segura que él, como la vendedora el día anterior, estaba velándome para que no me fuera a robar nada.

Cuando finalmente llegó el taxi —no, un *Checker* amarillo, sino un sencillo sedán blanco con llamativas letras rojas en las puertas—, ya me estaba empezando a sentir como si hubiera hecho algo malo, cuando en realidad mi único crimen era andar a pie por el *Sunrise Highway*. A diferencia de los locuaces choferes de taxi de Nueva York, éste era taciturno y malhumorado, por lo tanto, no inicié conversación con él, sino que me puse a mirar el paisaje que pasaba volando en un aleteo rosado, verde y turquesa. Una vez más me recordó a Puerto Rico, pero estas calles, diferentes a las de mi niñez, eran más ricas, las casas rodeadas de setos vivos bien podados y de gramas frondosas y cuidadas. Las calles estaban desiertas, excepto por algún repartidor o alguna mujer con peinado *bouffant* paseando un perrito.

El hospital quedaba retirado de la carretera y parecía nuevo. Adentro, los pisos y las paredes relucían, y los pasillos eran patrullados por mujeres en hábitos blancos. La monja en Recepción me dirigió hacia uno de los pisos superiores. Las losas chirriantes, las paredes brillantes, los uniformes blancos y fluidos de las enfermeras daban la impresión de limpieza y rectitud. La habitación de Ulvi estaba tras la última puerta, antes de una ventana estrecha por donde entraba una luz que iluminaba todo el largo pasillo. Caminando por el pasillo me sentí como si hubiera ido flotando en un haz de luz hacia el Sol, y tuve que cerrar los ojos según me fui acercando a la puerta. Me tomó unos segundos enfocar la vista cuando entré en la habitación fresca y oscura. A la derecha estaba la alta cama de hospital y en ella, Ulvi envuelto en sábanas blancas, sus ojos afligidos observando a mi madre, quien estaba sentada en la única silla que había en la habitación; las manos aferradas a su cartera.

****

—¿Qué tú haces aquí? —grité.

—Te vine a buscar —Mami se levantó. Tenía los cachetes encendidos, los ojos hinchados de no dormir, o de llorar, o de ambas cosas. Estaba que echaba chispas del coraje y tuve miedo de que levantara la mano y me abofeteara delante de mi amante.

—Yo no vuelvo contigo —grité. Una monja apareció en la puerta y, de debajo de la sábana, Ulvi levantó débilmente una mano e hizo un gesto como para echarnos del cuarto. Todavía estaba endrogado por la operación y las facciones relajadas lo hacían ver mayor de sus treinta y ocho años. Aun a través de la bobera, logró balbucear:

—Debiste habérselo dicho, Chiquita.

La monja nos miró furiosa. Mami y yo estábamos de pie, una al lado de la otra, delante de la cama de Ulvi, incapaces, por el momento, de mirarnos frente a frente.

—Mr. Dogan necesita descansar —nos regañó la monja—. Por favor, salgan.

Lo cubrió bien con las sábanas, y yo salí, seguida de Mami, que cargaba una maleta.

No podía hablar, ni llorar, ni ver por dónde iba, pero de alguna manera logré desandar mis pasos por el pasillo soleado. Una monja nos pasó por el lado y yo me sentí sucia y pecaminosa. El coraje de Mami era como un peso que me halaba, mientras mi propio coraje y mi humillación me impulsaban hacia el frente. Me sentía mareada y llegué a desear desmayarme, para que la preocupación sustituyera el coraje de Mami, que era tan sólido y transparente como las brillantes puertas del hospital. Seguía viendo la cara de Ulvi, dolorida y oscura, entre las austeras sábanas blancas, el disgusto en los labios caídos por el efecto de las medicinas, su gesto al echarnos del cuarto. Los largos dedos de la monja le habían prensado las sabanas alrededor de los hombros atrapándole los brazos, mientras su cara translúcida nos miraba con coraje.

La monja en su túnica virginal y Ulvi en las sábanas blancas marcaban un sobrio contraste con Mami y conmigo, que estábamos encendidas de la furia, la desilusión y la humillación. Nos subimos a un taxi que milagrosamente estaba en la salida, y yo le di la dirección al taxista. Calladas, fuimos conducidas hasta el *Gateway Arms*, cada una mirando por una ventana diferente, dándonos la espalda, esperando la privacidad de una puerta cerrada.

No bien entramos en el apartamento, empecé a gritarle a Mami. No le di tiempo siquiera para que acomodara sus cosas o para que echara un vistazo a donde estaba. Ni traté de hablarle con calma "de mujer a mujer", tampoco traté de "coger el toro por los cuernos". O quizás era eso lo que quería decir la frase. Yo era el torero y ella el toro, y yo la aguijoneaba, la enojaba aún más con mi falta de respeto, mis ofensas y mi insolencia. ¿Cómo pudo hacerme esto?, empecé, ¿Cómo pudo presentarse sin avisar, sentarse con esa cara rabiosa frente a un hombre acabado de operar? ¿Qué la hacía pensar que iba a volver con ella? ¿A qué iba a regresar? ¿A una casa abarrotada de gente, en un gueto, sin ninguna privacidad, sin espacio para respirar?

Mami estaba atónita. Frunció el gesto, achicó los ojos y se me quedó mirando como si me estuviera viendo por primera vez. Yo estaba descontrolada y lo sabía. Nunca le había hablado así. Desde que nos mudamos a los Estados Unidos había sido tan consciente de lo mucho que trabajaba para que mis hermanos, mis hermanas y yo tuviéramos todo lo que necesitábamos, que nunca me había atrevido a quejarme de cómo me había afectado la mudanza. Ahora le dije que el silencio no significaba aceptación; que cada humillación que había sufrido en los Estados Unidos era culpa suya; que dejar Puerto Rico había sido idea suya; que no habíamos progresado mucho más allá de lo que éramos en Macún; que hubiera preferido mil veces más quedarme con mi padre en ese remoto y primitivo barrio que soportar las degradaciones que a diario había sufrido en Nueva York por ser puertorriqueña. Le grité que no valía la pena obtener una educación si el precio que tenía que pagar era perderme a mí misma. Que nuestras vidas no habían mejorado, como ella nos había prometido, sino empeorado.

¿Cuánto resentimiento había acumulado en los últimos ocho años? El suficiente para herir a Mami hasta el punto de que no pudo responder a mi diatriba más que con una mirada dolida y las manos temblorosas. Cuando yo respiré, ella abrió la boca, titubeó y gritó:

—¡Malagradecida! Después de todo lo que yo me he sacrificado por ti, así es que me pagas.

—¿Malagradecida? ¿Y qué tengo yo que agradecerte a ti? —chillé—. Yo no tengo nada, yo soy nada. Tengo suerte de que un hombre como Ulvi se haya interesado en mí. Mira este sitio —le dije—, mira dónde estoy. En un apartamento enorme con una piscina al frente. Esto es mejor que cualquiera de las cosas que tú me has dado. Míralo. ¿Nosotros hemos vivido en un sitio como éste alguna vez?

Mami no se detuvo a mirar el espacioso apartamento, ni el ventanal de cristal que daba al balconcito estrecho, ni la brillante cocina con lavaplatos y trituradora.

—¿Por esto —su voz estaba tensa— te entregaste a él?

No pude contestarle; no sabía si lo que decía era cierto o no. —Lo amo —lloriqueé por fin.

—Se está aprovechando de ti.

Yo le contesté que si era así, conmigo no había problema. ¿Qué otra cosa podía ofrecerle, sino a mí misma? El dolor volvió a su rostro, pero no estaba dispuesta a dejarse callar por mí.

—¿Qué clase de hombre es ése, que te arranca de tu familia y no se casa contigo? —preguntó, y yo le contesté que el matrimonio no le había parecido tan importante a ella con los tres hombres con los que había vivido. Me dio una bofetada que me hizo caer sentada y cubrirme la cabeza con las manos. Me miró desde arriba.

—No se te ocurra nunca volver a hablarme así. A mí no me importan los años que tengas, aunque seas abuela ya, no te atrevas a hablarme así. Y ahora empaqueta tus cosas que nos vamos.

—¡Yo no me voy! ¡Tú no me puedes obligar! —grité—. Me mato.

Corrí a la cocina y saqué un cuchillo de la gaveta, un cuchillito serrado, pero cuchillo al fin. Si hubiera tratado de cortarme las venas como amenacé hacer, apenas me habría raspado la piel. Pero Mami forcejeó conmigo como si hubiera sido un machete, hasta que me lo quitó.

—¿Tú te hubieras matado por él? —preguntó con una mezcla de asombro y desdén. Tan pronto pronunció esas palabras, yo dejé de luchar. Me recosté de la pared y me cubrí la cara con las manos. No sólo había decepcionado a Mami escogiendo a Ulvi sobre ella. Lo estaba escogiendo a él sobre la vida. Ésa era la vergüenza mayor.

—¡Vete! —grité—. ¡Lárgate!

Mami recogió su maleta y su cartera, abrió la puerta y la tiró al salir. El corazón se me agrandó tanto que lo sentía como si me fuera a explotar dentro del pecho. Sollocé con todo el cuerpo, tuve que sentarme en el suelo y abrazarme para no romperme en pedazos. Desmoronada en la alfombra peluda, sentí cuán sola estaba ahora que Mami se había ido. Si Ulvi hubiera entrado en esos momentos, su presencia no hubiera compensado la ausencia de ella. Si ella hubiera entrado, el mundo no se hubiera sentido tan grande y peligroso. Estuve sentada en el piso, lo que me pareció un largo rato, llorando hasta que se me hincharon tanto los ojos que no podía ver.

Sentí un golpe en la puerta seguido de la voz de Mami, suave, no enojada.

—Negi, por favor, ábreme la puerta.

Me detuve con la mano en la perilla sin estar muy segura de que debía abrir.

—No vuelvo contigo —le dije, y al decirlo, deseé que me obligara a hacerlo.

—Está bien —me dijo—, no tienes que volver; yo entiendo.

Abrí la puerta y caí en sus brazos y lloré las lágrimas que no pensé que me quedaran. Me llevó hasta el sofá, las dos llorando. Yo quería consolarla, pero no sabía cómo, y eso me dolía aún más. No había modo de borrar lo que había dicho, de regresar a casa después de mis palabras. Mis insultos nos habían cambiado a las dos; me habían distanciado de Mami más de lo que yo esperaba. Hasta esa tarde había habido siempre una capa de respeto mutuo entre ambas, una admiración muda por lo que habíamos alcanzado contra viento y marea. Pero mis palabras habían roto esa capa, habían degradado, disminuido sus logros. Yo no había escogido a Ulvi sobre Mami, yo la había rechazado a ella. Dio la casualidad que él estaba allí cuando lo hice. Ella comprendió la diferencia mucho antes que yo. Pasaron años antes de que yo comprendiera que, al no seguir luchando conmigo, ella estaba viendo algo que yo no veía. Ulvi no era la causa por la que había dejado a mi familia. Me había estado yendo durante mucho tiempo. Él sólo me brindó la oportunidad.

Mami me ayudó a recostarme en el sofá y fue hasta la cocina. Las puertas de los gabinetes se abrían y cerraban, la puerta de la nevera chirreó, las ollas chocaban contra el mostrador, se oía correr el agua. En unos minutos, estaba cocinando algo que, aun a través de mi nariz tupida, reconocí como la fragancia del amor.

****

Después de comer, fuimos a dar un paseo al mismo centro comercial cerca del apartamento. Teníamos los ojos hinchados y estábamos tensas; apenas conversamos. Las dos estábamos decididas a evitar mencionar la razón por la que estábamos en Fort Lauderdale. Caminamos los pasillos de arriba abajo, mirando las vitrinas, pero sin entrar en las tiendas, despreciando la ropa y las prendas de fantasía. Como estaba oscureciendo, nos regresamos, dándoles manotazos a los mosquitos que volaban en densas nubes cerca del canal de agua. De vuelta en el apartamento, nos bañamos y nos preparamos para dormir. Le ofrecí el lado de Ulvi, el más cercano al baño. Cuando me estaba quedando dormida, oí lo que podía ser llanto o una risita ahogada.

—¿Qué fue? —pregunté—. ¿Qué te pasa?

—¿En este pueblo no hay taxis? —rio.

—Es que no aparecen así porque sí —respondí—. Hay que llamarlos primero.

—Parecía una boba allí en la carretera esperando que pasara uno —se viró, y al ratito se quedó dormida. Sentí la respiración de mi madre llenando la habitación y me quedé dormida con el sonido de las corrientes de aire, lentas, profundas, que hacían que su cuerpo subiera y bajara como una ola en un mar tranquilo. Me pregunté cómo habría logrado encontrar a Ulvi sin siquiera saber su nombre. Había incurrido en muchos gastos y esfuerzos para regresarme a mí, su hija mayor, a su casa. Para ella sería tan humillante regresar sin mí como para mí regresar con ella.

A la mañana siguiente, con el aire todavía húmedo y la luz de los focos batallando con la usurpadora luz del día, estaba yo frente al *Gateway Arms* ayudando a Mami a acomodar su maleta en el asiento trasero de un taxi. Me aterraba que volviera a pedirme que regresara con ella, pero no dijo nada, excepto adiós. Nos dimos un abrazo largo, apretado y, cuando nos separamos, las dos llorábamos. Por la ventana trasera me miró, parada entre la frondosa vegetación, y tenía los ojos tan tristes que una vez más pensé que me iba a romper en pedazos. Cuando el taxi dobló la esquina, volví al apartamento y me metí otra vez en la cama —aún tibia— que ella acababa de dejar. El peso del dolor era tan inmenso, que no podía moverme. Con las piernas encogidas contra el vientre, y las manos contra la cara, me pasé horas acostada, sin poder llorar, con las palabras atragantadas, sin poder pensar, pero con la cabeza llena de imágenes que me confundían y me hundían aún más debajo de las mantas, como si las frazadas de algodón hubieran podido protegerme de mi pasado, como si fueran una armadura contra el resto de mi vida.

7. "No preocuparte, Chiquita".

Iris y Leo trajeron a Ulvi a casa al día siguiente. Me besó en los labios, pero no me miró directamente mientras Leo lo sostuvo hasta llegar al cuarto. Iris los siguió. Colocó su maletín dentro del clóset después de echarle una ojeada a lo que había adentro.

—Necesita descansar —dijo Leo. Se llevó del cuarto a Iris, que salió de mala gana, y cerró la puerta con cuidado —. Mañana pasamos por aquí de nuevo.

Iris se despidió con la mano cuando salieron, dejándome en medio de la sala.

—Chiquita —llamó Ulvi con voz ronca desde el otro lado de la puerta y yo volé donde él—. Ven donde mí —dijo dando un golpecito en la cama. Recosté la cabeza en su pecho y escuché su respiración—. ¿Cómo fue con tu mamá?

—Ya todo está bien —lo peiné con los dedos.

—Una sorpresa despertar de operación y verla.

—Lo siento.

—Tú hiciste muy malo, Chiquita, al no decir.

—No sabía cómo hacerlo —lloriqueé.

Me pasó la mano por el pelo, me secó las lágrimas con la punta de la frazada.

—Hacemos mejor que podemos —dijo como si estuviera continuando otra conversación. Antes de que pudiera preguntarle a qué se refería, se había dormido y yo quedé atrapada en su abrazo, temiendo despertarlo si me movía. Me quedé en sus brazos hasta que su respiración me fue arrullando hacia un sueño del que no despertaría en siete años.

****

Me enteré de lo que quería decir al día siguiente, cuando ya él estaba menos atontado por los medicamentos. Le preocupaba que yo esperara que él me mantuviera ahora que estábamos viviendo juntos.

—Sabes yo tengo no mucho dinero —dijo—, y muchos gastos.

—Yo traje mis ahorros, y puedo conseguir un trabajo —respondí al punto.

—Si pudiera, me haría cargo de ti. Sabes eso, Chiquita.

—Yo puedo cuidarme.

Me besó el pelo, la nuca. —Yo gusta eso de ti, Chiquita. No tienes miedo trabajar duro.

Sus caricias, el sonido de su voz cerca de mi oído, eran embriagantes. Me sentía mujer cuando sus manos me tocaban. Me deleitaba en el poder de mi cuerpo para tentar, excitar y satisfacer a un hombre que había visto más de lo que yo podía imaginar, que había visitado lugares con los que yo sólo podía soñar, que me había escogido a mí para amar y para que lo amara. Bajo sus dedos, yo era Chiquita, pero era Esmeralda quien respondía a sus besos, a su tibio aliento. Era Esmeralda quien se acostaba a su lado y miraba nuestros cuerpos y se maravillaba de que tuvieran un color tan parecido, que era casi imposible saber dónde empezaba él y terminaba yo.

****

La situación económica de Ulvi había sido precaria

desde antes de conocernos. Él vivía en el elegante *Upper East Side* de Nueva York, vestía ropa fina y socializaba con gente importante, pero se quejaba constantemente de su falta de dinero. No tenía otro trabajo que la promoción de *Susuz Yaz*, que hasta el momento sólo parecía estar drenándole sus recursos. Los distribuidores le habían dicho que la única manera como su película premiada captaría el interés de los americanos sería si incluía más sexo. En respuesta a eso, Ulvi filmó escenas de sexo explícitas con una actriz parecida a la estrella original, quien en realidad estaba en Estambul, al otro lado del mundo.

Dedicó meses, y miles de dólares a reeditar la película, a crear mejores subtítulos, y a comisionar y grabar una nueva partitura musical. Cuando finalmente le entregaron la película terminada, la preocupación pasó a ser cuánto dinero más necesitaría para su promoción.

El dinero, la falta de dinero, el anhelo de dinero, fantasear con el dinero, habían sido parte tan gran de mi vida como habían sido de la de Ulvi. Creció pobre en Turquía, como yo en Puerto Rico y Nueva York. Pero había una diferencia entre nosotros en cuanto a nuestra relación con el dinero. Cuando yo lo necesitaba, pensaba en cómo y dónde conseguir trabajo. Cuando él lo necesitaba, creaba un esquema que involucraba a tanta gente que me asombraba que el problema pudiera resolverse.

La situación actual con sus socios era típica. Él no era su empleado, no recibía sueldo de parte de ellos, pero ellos pagaban todo lo que él necesitara. Cuando yo trataba de entender este arreglo, su respuesta era que se trataba de un asunto de "negocios" y que yo, tan joven e inexperta, simplemente no podía entender todas sus complejidades. Según

Ulvi, el negocio era diferente del trabajo. Requería una sutileza, una delicadeza innecesaria en alguien como yo, que sólo había trabajado y cobrado por hora.

—El mundo de negocios no tiene que ver con lo que se consigue ahora —me dijo—, sino con futuro, con posibilidades.

—Como en las apuestas —sugerí.

—Tú eres muchacha lista, Chiquita.

No me sentía segura en este mundo del negocio. Quería saber que al final de la semana podría contar con una cantidad fija de dinero por un trabajo acordado. ¿Cómo podría hacer planes de otro modo? ¿Cómo podría garantizar que pagaría la renta o la factura del teléfono, o la electricidad y el gas, y que la calefacción estaría todavía conectada a fin de mes? Ulvi estaba de acuerdo —sí, claro que hay que cumplir con las obligaciones. Hay que ahorrar—. Pero yo no lograba explicarme de dónde saldría el dinero que ahorraría de los "negocios", si no había trabajo.

****

Ulvi pasó los días de convalecencia en las sillas de extensión al lado de la piscina, cambiándose de una a otra, según los movimientos del Sol. Yo me sentaba a leer cerca de él, y de vez en cuando iba hasta la cocina a mezclar té en polvo Lipton en una jarra de agua fría con hielo. A veces Jim y Janka se reunían con nosotros al lado de la piscina. Yo no tenía mucho en común con Janka, que parecía igualmente desinteresada en mí. Jim parecía aterrado de mirar a ninguna otra mujer en su entorno. Su mirada se perdía en un punto alto detrás de mí cuando tenía que hablarme.

A media tarde, volvíamos al apartamento y Ulvi cerraba la puerta de la habitación. Hablaba por teléfono como una hora, mientras yo me quedaba sentada en la sala preguntándome quién sería esa persona que lo divertía tanto que de vez en cuando lo oía reír a carcajadas. Siempre salía del cuarto de buen humor, con los ojos brillantes.

—¿Con quién hablas? —le pregunté una vez, y me dijo que con amistades de Europa.

—No preocuparte, Chiquita —me dijo, y yo entendí que debí haberme sentido celosa cuando en realidad sólo tenía curiosidad.

Después de nuestro primer día en el *Gateway Arms*, Ulvi se dio cuenta de que yo no sabía mucho de cocina y empezó a preparar nuestros desayunos y almuerzos. Le gustaba tomar té en la mañana y aparentemente se lo había dicho a Iris, porque eso fue lo que trajo en la compra. No quise armar un lío, así que dejé a un lado mi costumbre de siempre de desayunar con dos tazas de café negro.

Ulvi comía poco: principalmente vegetales al vapor, pan, queso. Salíamos a cenar dos o tres veces a la semana como cortesía de sus socios. Íbamos siempre al mismo restaurante, nos sentábamos en la misma mesa y la conversación giraba siempre en torno a la industria del cine, los festivales internacionales a los que había asistido Ulvi, a la gente que había conocido en ellos y a los planes para las películas que iba a hacer para los socios. Ulvi respondía a sus preguntas con sugestivos detalles sobre gente famosa, restaurantes elegantes y lugares exóticos. Les contó que había cruzado los Estados Unidos en un *Rolls Royce* blanco y había quedado asombrado de lo grande que era el país.

Al llegar a Los Angeles, pasó varias semanas en la

casa de huéspedes del productor de cine Sydney Solow.

—¿Y qué pasó con el *Rolls*? —quiso saber Eugene.

—Vendí —sonrió Ulvi y todos rieron con él como si hubiera hecho un chiste que yo no entendí. Había pasado algún tiempo en Acapulco, donde asistió a fiestas con Kim Novak y Angie Dickinson. A Kim, dijo, le encantaban los animales y lloraba si veía un gato abandonado o un perro realengo. Angie era dulce y trabajadora. En Cannes había sido invitado al yate de Aristóteles Onassis. Los socios le preguntaron si tenía fotos y él, haciendo un gesto con la mano, dijo: "¡Pues claro!", pero las había dejado en Europa.

Una noche cuando Eugene dirigió la conversación hacia mí, mencioné que necesitaba un trabajo.

—Lo que quieres decir, Chiquita, es que gustaría trabajar —me corrigió Ulvi y les sonrió a sus socios—. Se aburre sentada en orilla de piscina todo el día —dijo, pasándome la mano por el pelo—. No sabe nadar.

—¿Pero tú no eres de las islas? —preguntó Janka.

—No vivía cerca del agua —respondí.

—¿Ni siquiera un río? —se asombró Iris.

—Éramos pobres…

—Padres eran agricultores —interrumpió Ulvi—. Demasiado trabajo. No había tiempo de descanso.

—Quizás la podemos usar en la oficina —le sugirió Eugene a Leo.

—Eh, seguro. ¿Tienes experiencia en trabajo secretarial?

—Fui asistenta de la compradora de telas en *Lady Manhattan* —le dije, sin mencionar que no sabía escribir a maquinilla y que ella no me había botado porque me tenía pena.

—Eso está bien —dijo Leo—. Ven a la oficina el lunes; allí siempre hay trabajo.

Deslizó sobre la mesa una tarjeta de presentación en dirección mía, y yo estaba tan encantada y agradecida que todos sonrieron. Ulvi tomó la tarjeta y se la puso en el bolsillo de la chaqueta.

****

—Nunca digas a gente que eres pobre —dijo Ulvi mientras se desvestía de vuelta en el apartamento—. Gente no quiere saber.

—Pero es que lo soy...

—Haz caso, Chiquita. No es buena idea.

—Pero yo...

—Si quieres estar conmigo —me dijo, a sólo pulgadas de mi cara—, tienes que hacer como yo digo.

Las ventanas de la nariz abiertas, la mirada dura detrás de sus largas pestañas negras, el ceño fruncido, por un momento pensé que me pegaría, y cuando extendió la mano, me eché para atrás. Pero me tocó la barbilla con delicadeza y suavizó el gesto.

—Tienes mucho que aprender, Chiquita. Yo enseño. Pero sólo si tú escuchas.

Yo escucharía, prestaría atención. Sería lo que había sido siempre una nena buena que recompensaba a sus mayores con lealtad y gratitud.

Esa noche, acostada a su lado, me pregunté por qué sería que desde que había venido a Fort Lauderdale mis días terminaban siempre en llanto.

****

Como había traído tan poca cosa, tuve que comprar "ropa de trabajo" y Ulvi se ofreció a venir conmigo al centro comercial. Yo pensaba que me esperaría sentado entre las plantas sembradas en tiestos, así que me sorprendí cuando me siguió hasta las perchas de ropa.

—Ése no, Chiquita —me dijo de un vestido de hilo que me había gustado— se arruga demasiado.

Lo devolví a su sitio.

—Eso no es buen color para ti —protestó cuando me acerqué una blusa verde al pecho. Lo volví a poner donde iba —. Mira como mal hecho éste —dijo pasándole los dedos al ruedo de otro vestido que yo acababa de sacar. Efectivamente, el ruedo se estaba deshilando. ¡Qué rabia me dio!

—Yo escojo mi ropa desde que tengo edad para pagármela —murmuré.

—¿Tú no quieres yo te ayudo, Chiquita? —preguntó en voz baja, pero con la intensidad de un grito—. Yo espero por ti —se dirigió a la salida.

—¡Espera, no quise decir eso! —exclamé antes de que él pudiera dar más que unos pasos. El sólo verlo dándome la espalda era aterrador, era como si ese solo acto pudiera anularme en mi relación con él.

—¿Qué quieres decir, Chiquita? —tenía la voz helada.

—Quise decir… Estoy acostumbrada a comprar sola.

—*Okay*, no preocuparte —me dijo, tocándome el pelo.

Una sonrisa tierna le suavizó el rostro.

—Tú mira y prueba. Yo espero afuera —me besó la nariz y se alejó.

Lo vi caminar con paso largo por el pasillo, sin mirar atrás, deteniéndose de vez en cuando a examinar un surtido de bufandas o una pila de suéteres de algodón. Tenía un torso largo sobre cintura y caderas estrechas, hombros anchos desde donde colgaban unos brazos largos de manos pequeñas y ágiles. Tenía las piernas cortas en relación con el resto del cuerpo, pero eran musculosas y bien formadas. Su cabeza grande y sus facciones bien definidas no eran hermosas cuando se examinaban por partes, pero en él creaban el efecto de una misteriosa y exótica belleza. Los ojos marrón oscuro de párpados caídos sobresalían un poco a cada lado de una nariz que formaba un triángulo casi perfecto. Su cara era ancha, de pómulos marcados, la piel tirante, más oscura hacia la línea de la afeitada, lo que le daba a la parte inferior de su rostro un tono azuloso. Los labios parecían dibujados: una V invertida el superior, y el inferior, exactamente del mismo tamaño y color, un marrón de un matiz un poco más rosado que el resto de la piel. Me encantaban sus labios; me encantaba lo suaves que se sentían sobre los míos, cómo los movía cuando hablaba su idioma extranjero o cuando batallaba con las desconocidas vocales en inglés. Detrás de esos labios deliciosos había unos dientes pequeños, blancos y parejos que él cepillaba después de cada comida.

Cuando se alejó, tuve la impresión de que sabía que lo estaba velando, y de que cada vez que se detenía a admirar un maniquí o a examinar el ruedo de una falda, lo hacía para que yo lo llamara.

****

Salir de compras era una experiencia dolorosa debido a mi gusto de seda y presupuesto de acetato; sin poder pagar lo que me gustaba y sin querer aceptar lo que podía pagar. Y sumado a eso, cada vez que cogía una pieza de ropa, veía en ella la mano de Ulvi encontrándole faltas, o dentro de mi cabeza escuchaba su voz criticándole el color o el corte. Me probé y descarté las piezas suficientes como para irritar a la antes risueña ayudante de vestidor, cuyos ojos echaban chispas cada vez que las devolvía a su perchero cuidadosamente organizado.

No pude encontrar a Ulvi al frente de la tienda. Busqué en todas las tiendas cercanas, volví a la que acababa de dejar, busqué por encima de las cabezas de los demás compradores para ver si veía su brillante cabello negro.

A lo mejor, pensé, como me tardé tanto, se regresó a la casa. Me encaminé hacia allá preguntándome qué iba a decir cuando él se diera cuenta de que yo no llevaba paquetes. ¿Cómo respondería si le dijera "es que ya yo no sé lo que me gusta"?

****

El negocio de Leo quedaba en el edificio más alto del *Sunrise Highway*, frente al centro comercial, a unos pasos del *Gateway Arms*. La recepcionista me condujo por un laberinto de escritorios hasta llegar al fluorescente imperio de Pearl Anne: seis escritorios colocados de manera tal que tres de ellos quedaban de frente a los otros tres, con un pasillo por el medio, en un salón sin ventanas. Pearl Anne era una mujer grande, con un exuberante y lustroso afro y la actitud resuelta de quien se sabe buena en su trabajo. La recepcionista me presentó como Amarela y me dejó de pie junto al escritorio desocupado más cercano a Pearl Anne.

—Somos una agencia de cobro —me informó Pearl Anne—. Nuestro trabajo es recuperar el dinero que la gente debe por cosas que compraron, pero no han pagado.

Sin presentarme a la otra muchacha, que se agachó detrás de una montaña de papeles cuando ella pasó, Pearl Anne me mostró mi escritorio.

—Tu cartera va allí.

Abrió una gaveta en el escritorio de la maquinilla y me dio la llave.

—No la pierdas —me advirtió.

Mi trabajo consistía en abrir sobres y comparar el nombre que venía adentro con la dirección del remitente. Se suponía que en cada sobre viniera un cheque acompañando la parte superior de la carta en la que se exigía el envío inmediato del pago o, si no, la persona se exponía a "acciones legales subsiguientes". Alguna gente devolvía la carta completa, garabateada en los márgenes con comentarios en los que explicaban por qué no habían podido pagar antes o por qué estaban enviando menos del pago mínimo.

—Ni te molestes en leer eso —me instruyó Pearl Anne—. Da lo mismo con qué excusa barata vengan.

Otros clientes insultaban a quien había enviado la carta amenazante, que iba firmada *Sunrise Collection Agency*, llamándonos cobardes por no haber tenido la decencia de firmar con nuestros nombres.

Yo debía constatar que los remitentes hubieran escrito la cantidad correcta del pago en el espacio destinado para ello.

—A veces —me explicó Pearl Anne—, la gente pone números que no tienen nada que ver con la realidad. En la mayoría de los casos la gente escribía una cantidad mayor que el pago que habían enviado.

—Esperan que no nos demos cuenta —comentó—. ¡Qué esperanza!

Mi trabajo no era muy estimulante que digamos, pero me pagaban veinte centavos más por hora que el salario mínimo y tenía derecho a un receso en la mañana, a otro en la tarde, y a media hora de almuerzo. En el salón de descanso, una máquina suplía un café fuerte, hirviendo, y otra vendía bizcochitos, papitas y dulces. El dolor de cabeza por la falta de cafeína, que me había estado tratando con aspirina, desapareció con la primera taza de la infusión.

Ulvi caminaba conmigo hasta el trabajo y, luego, de regreso a casa, todos los días. A medio día, traía almuerzo y nos sentábamos en la grama que daba a la congestionada *Sunrise Highway*. Había una cafetería en el primer piso y los clientes nos observaban desde sus mesas y se reían de la locura de desperdiciar el aire acondicionado del edificio para sentarnos afuera en pleno calor del medio día. Pero Ulvi no quería que yo gastara dinero en almuerzo cuando él podía traérmelo del apartamento.

—Tienes que ahorrar, Chiquita —me decía.

Le debía dinero. Durante el fin de semana habíamos vuelto al centro comercial y, esta vez, Ulvi me había seleccionado la ropa.

—Yo sé de esto —insistía—. Tengo un grado en ingeniería de textiles.

Así como Ulvi no tenía interés en mi pasado, también había compartido muy poco del suyo. Yo le había ido sacando que era diez y siete años mayor que yo, que había nacido en Estambul —donde su padre aún vivía—, que vivió en Alemania muchos años, y que nunca se había casado. "No importa mi vida antes", fruncía el ceño cada vez que yo lo importunaba con mis preguntas.

Ahora, mientras escogía mi ropa, se rio.

—Estás sorprendida, Chiquita.

—¿Cómo se va de ingeniero textil a director de cine?

—Es cuento largo —sonrió.

Unas semanas más tarde me enteraría de lo largo que era ese cuento.

Yo no sabía lo que Ulvi hacía mientras yo estaba en la *Sunrise Collection Agency*. Nunca me preguntaba sobre mi trabajo y yo no le preguntaba sobre su día. Cuando recibí mi primer cheque, me dijo que me lo cambiaría. Yo lo firmé y al día siguiente, me entregó dos o tres dólares y se quedó con el resto.

—Te gusta gastar, Chiquita —me dijo—. Yo guardo por ti. Es mejor para evitar tentación. Pero si necesitas algo, pídelo.

Era cierto que el dinero no duraba mucho en mis manos. La ansiedad que se apoderaba de mí cuando salía a comprar ropa, desaparecía en las librerías y en las papelerías donde el papel de escribir fino y las plumas fuente me atraían. Compraba gruesos libros escritos por gente que llevaba siglos de muerta. Tenía varias traducciones de mis libros favoritos, *La Ilíada* y *La Odisea*, y había gastado tres ejemplares del libro *Mythology*, de Edith Hamilton. Me encantaban las agendas y los diarios encuadernados en piel, pero sólo podía comprar libretas de papel de raya ancha que llenaba de versos prosaicos, minucias, deseos y quejas. Compraba estibas de papel de carta con sobres en combinación, en el que escribía parlanchinas cartas a toda persona que alguna vez me hubiera dado su dirección con ese fin. Dibujaba mal, pero eso no me impedía comprar libretas de dibujo y carboncillos. Pintaba mal, pero había dejado en Brooklyn un caballete, pinturas de aceite, una paleta de pintor, lienzos en blanco y libros sobre perspectiva.

El dinero desaparecía de mi cartera si había un estudio de baile donde tomar una clase, un cine donde se estuviera presentando un musical o una película de vaqueros, o un restaurante donde me volvieran a llenar la taza sin preguntarme si deseaba más café. Cuando Ulvi decía que a mí me gustaba gastar, no se lo podía refutar.

—Necesito cosas personales —le dije—, cosas para damas. Me prometió que iríamos a la farmacia. Allí me miró iracundo cuando me demoré en las revistas. Cuando cogí una libreta de composición me indicó que no la necesitaba.

—Pero dejé mis cosas de escribir en casa —me quejé.

—Está bien, entonces —dijo, y yo compré la libreta y un bolígrafo Bic. Había llenado de elucubraciones docenas de libretas como ésas. Cada vez que nos mudábamos, las botaba para no tener que cargar con ellas para el próximo apartamento en el que, no importaba cuánto Mami se esforzara, no había nunca espacio suficiente para tres adultos y once niños. Lo que había en las libretas dejó de tener importancia. Lo que atesoraba era el acto de documentar, de dejar que la página absorbiera los secretos de mi —hasta muy recientemente— virginal existencia, tanto como los momentos más aburridos de mi día.

De vuelta en el *Gateway Arms*, empecé a escribir mis impresiones de mi vida con Ulvi, pero me fue imposible. Las palabras huían tan pronto trataba de expresar mis emociones, sobre todo porque yo no estaba muy segura de cuáles eran esas emociones. Cuando me preguntaba si lo amaba o si él simplemente representaba un modo de salir de Brooklyn, me sentía desleal y no soportaba hacerme la pregunta por escrito. Me preocupaba que fuera a leer mis anotaciones mientras yo estaba trabajando, y cargar con la libreta para todas partes me parecía ridículo. Así que permaneció en blanco, excepto por la fecha y, debajo, escrito en una letra estrambótica: *Fort Lauderdale, Florida.*

8. ¿Tienes algo que decirme?

Una noche, justo cuando acabábamos de regresar de un paseo por la playa y yo estaba preparando el té, se aparecieron en la puerta Eugene y Leo. Serios, con el rostro tenso, entraron y se sentaron uno al lado del otro antes de que Ulvi los invitara a sentarse. Eugene apuntó hacia la butaca frente a la mesa de centro y Ulvi se sentó. Yo estaba de pie, al otro lado de la isla que había en la cocina, percibiendo la tensión y deseando tener una manera para cruzar desapercibida y desaparecer dentro de la habitación. Los rostros serios, el coraje contenido con el que se movían y hablaban, me convencieron de que lo que fuera que Eugene y Leo habían venido a hablar con Ulvi, yo no quería oírlo.

—¿Tienes algo que decirme? —gruñó Eugene.

—Nosotros sí tenemos algo que decirte a ti —le asestó Leo antes de que Ulvi pudiera contestarle, pero Eugene levantó un dedo en un gesto de silencio.

Ulvi cruzó la pierna y colocó el tobillo izquierdo sobre la rodilla derecha, acomodó el codo en el brazo de la butaca, inclinó la cabeza hacia la mano y se colocó los dedos pulgar e índice alrededor de la barbilla. Tenía el brazo izquierdo relajado, y los dedos daban la impresión de carecer de huesos. Vestido con un polo blanco, pantalón corto azul marino y sandalias; con la frente despejada, los ojos desafiantes, y los dedos alrededor de la barbilla, la postura de Ulvi quedó grabada en mi memoria y suspendida en el tiempo. Si se movió, si cambió la posición de sus manos, pies, ojos o cabeza mientras Eugene y Leo le hablaban, no me di cuenta.

—¿Nunca se te ocurrió —le dijo Eugene— que investigaríamos?

—No tengo nada que ocultar —respondió Ulvi con suavidad.

—¿Es cierto que no puedes viajar a Turquía?

Ulvi meneó la cabeza.

—Me llevé mi película. Gobierno no me dejaba presentar fuera de Turquía. Yo lo hice de todos modos. La política —añadió.

—¿No te llevaste también un dinero? —le cuestionó Leo.

—Tenía pocas monedas en bolsillo. Es contra ley sacar dinero de Turquía. Buscan cualquier razón para acusarme. Eran sólo unas pocas monedas. Mi película —continuó Ulvi cuando los dos hombres no contestaron— es sobre gente campesina. El Gobierno sólo quiere enseñar la Turquía moderna. Sabía que mi película tendría alguna oportunidad en Europa y en América. Tenía razón. Ganó Oso de Oro en Berlín. También en Cartagena y Acapulco...

Leo y Eugene se le quedaron mirando unos instantes, como tratando de discernir si de verdad sería su integridad artística lo que había provocado los problemas de Ulvi con la aduana de Estambul. Lentamente, sin quitarle los ojos de encima a Ulvi, Eugene buscó algo en su chaqueta. Yo había visto suficientes películas con movimientos como éste, por lo que el pánico se apoderó de mi vientre. No sacó una pistola, como esperaba. Del bolsillo interior de su chaqueta, Eugene sacó un fajo de papeles doblados. Los colocó encima de la mesita de centro, los planchó con la mano y se los acercó a

Ulvi. Desde mi posición detrás de la isla de la cocina, vi unas fotocopias de recortes de periódico.

—Usaste a un diplomático alemán para evitar la Aduana... —le dijo Leo.

—Nos dijiste que habías dirigido la película. Aquí dice que el director es Ismael Metin —añadió Eugene.

—No sólo sacaste su película de Turquía, también te apropiaste de su reputación —gruñó Leo.

Estaba tan pendiente de Eugene y de Leo que no me había fijado en Ulvi. Cuando me volví hacia él, le rodaban lágrimas por las mejillas.

—Es mi película —dijo ahogado de emoción—, yo la produje. Sin mí, no sería nunca tan exitosa.

Eugene y Leo se veían cortados ante la reacción de Ulvi. Se pusieron de pie.

—Como comprenderás —le dijo Eugene—, ya no estamos juntos en este negocio.

Se dirigió hacia la salida, saludándome con la cabeza antes de marcharse, seguido de Leo que tiró la puerta al salir.

Quedé paralizada y sin saber qué hacer ahora que se habían marchado los hombres. Estaba furiosa con ellos por la humillación que le habían hecho pasar a Ulvi, sobre todo, porque había sido delante de mí. No se movió de donde estaba sentado; las lágrimas bañaban su rostro; las fotocopias, sobre la mesa, seguían tan ordenadas como las había dejado Eugene. Me dio pena con él, pero me tragué mis propias lágrimas, porque éste era el momento de ser fuerte. Caminé hacia él y lo rodeé con mis brazos. Por encima de su cabeza pude ver los titulares en lo que yo supuse que serían alemán y turco. Ulvi se limpió la cara con el ruedo de la camisa, se levantó, y me besó en la mejilla. —Gracias, Chiquita —me dijo. Recogió los papeles y se encerró en la habitación. Unos segundos después, hablaba por teléfono, y las cadencias del alemán flotaban a través de la puerta cerrada, como una condena a mi incapacidad de consolar a "el hombre que yo amo".

****

No habló del asunto esa noche. No lo habló al día siguiente, ni el día después, ni nunca. Quizás creyó que yo no había entendido todo lo que dijeron Eugene y Leo. Mi inglés, sin embargo, era mejor que el suyo, y yo lo había escuchado todo. Quizás pensaba que lo debí haber dejado entonces. Quizás sabía que la imagen que tan cuidadosamente había cultivado estaba ahora empañada, por lo menos ante Eugene y Leo, y ante mí. Lucía más bajito cuando se puso de pie para encerrarse en la habitación. Mientras yo permanecía sentada en el sofá escuchando su voz apagada, me preguntaba qué vendría después.

Éste, sin duda, fue uno de los peores momentos de la vida de Ulvi. Sólo unos minutos antes de que entraran Eugene y Leo, Ulvi se sentía optimista en relación con su carrera y con las promesas que le habían hecho de que habría financiamiento para otras películas. Los socios eran italianos y querían hacer películas de temas italoamericanos. Ulvi había imaginado viajes frecuentes a Europa, cenas con artistas de cine, fiestas glamorosas. Yo había notado que sus planes nunca me incluían a mí, pero no pregunté nada con la esperanza de estar implícita en ellos.

Una vez dejé de preocuparme de las implicaciones que tenían para Ulvi las acusaciones de Eugene y Leo, empecé a preocuparme por mí misma. Si lo que ellos decían era cierto, ¿era Ulvi un fugitivo de la ley? ¿Era yo, sin saberlo, su cómplice? Porque esta situación involucraba al Gobierno turco, me imaginé que estaría en manos de la Policía internacional. Sólo había visto casos de intriga internacional en las películas de James Bond, pero era totalmente consciente de que la chica (en este caso, yo), después de un tórrido romance con el apuesto héroe (¿Ulvi?), con frecuencia acababa muerta.

No sería la primera vez que habría coqueteado con la INTERPOL. El año anterior había estado involucrada con Jürgen, un atractivo joven alemán que, en nuestra primera cita, me llevó a dar una vuelta de prueba en un *Porsche*. Se había enamorado de mí, dijo, a primera vista. Era tan encantador, tan persuasivo, que tres horas después de conocernos me convenció de que me casara con él.

Una tarde, me llevó al Parque Central y alquiló un bote. Mientras yo me agarraba de los bordes, aterrada de caer al agua, Jürgen remaba y contestaba preguntas que él mismo me animaba a hacerle, tales como si era casado y si tenía hijos. Después, caminamos en la sombra, junto al lago y me confesó que se ganaba la vida robando aviones para después venderlos. Al principio no le creí, pero me habló en serio y me aseguró que yo lo había cambiado y que dejaría sus actividades criminales para establecerse en una nueva vida conmigo. Viviríamos en Egipto, donde tenía una oferta para ser piloto de un jeque, y viajaríamos con frecuencia a Europa, para visitar a su familia en Hamburgo, y a los Estados Unidos, a ver a mi familia.

Me hacía sentir bien ser adorada por este hombre guapísimo que, en las pausas de la conversación, me miraba profundamente a los ojos y me preguntaba "¿En qué piensas?" Pero no me creí lo de "has cambiado mi vida" de Jürgen. Además, después de un tiempo se me hizo difícil la idea de casarme con un hombre cuyas facciones olvidé tan pronto se marchó, un hombre que iba a depender de mí para no meterse en líos. Mientras estaba en un viaje de negocios, que él juró no tenía nada que ver con el robo de aviones, rompí el compromiso. Unas semanas más tarde, conocí a Ulvi.

Con las piernas cruzadas bajo mi cuerpo, estaba ahora sentada en el sofá que acababan de dejar Eugene y Leo, y trataba de descifrar si estaría metida en mayores problemas de los que habría tenido si me hubiera casado con Jürgen y me hubiera mudado a Egipto. Hasta donde yo tenía entendido, Jürgen había sido honesto conmigo en relación con su pasado. Ulvi, en cambio, rehusaba hablar conmigo sobre el suyo, excepto en términos muy generales. La honestidad de Jürgen me dio la opción de rechazar una vida que habría puesto la mía en riesgo. Ulvi no me había dado esa oportunidad. Yo tenía que aceptarlo sin hacer preguntas.

—Nunca te haría daño, Chiquita —me había dicho Ulvi tantas veces—. Confía en mí —me rogaba cuando yo me llenaba de dudas, y yo confiaba porque entendía que, para Ulvi, amarme significaba protegerme de verdades que podían meterme en líos.

Después de pasar por lo menos una hora en el teléfono, se abrió la puerta y Ulvi se detuvo en el umbral, sonriendo, como si nada hubiera pasado.

—Ven a la cama, Chiquita. Es tarde.

Esa noche se aferró a mí como si hubiéramos estado reclinados en la orilla de un abismo. Durmió mal, se despertó muchas veces, gritando en alemán o en turco, sin poder reconocer dónde estaba. Lo calmé lo mejor que pude, y pasé la noche en vela, dándole vueltas a mi propia disyuntiva. De seguro ya no tendría trabajo en la *Sunrise Collection Agency* y, sin duda, tendríamos que abandonar el *Gateway Arms*. Más allá de eso, no sabía qué podía, podría, pasaría, o debería pasar. Tenía miedo, pero también sentía el cosquilleo de la excitación. Dramáticos argumentos de películas y *bestsellers* giraban en mi cerebro mientras Ulvi gemía en su lado de la cama. Una vez agoté todas las posibilidades de persecuciones febriles, batallas a punta de pistola, trajes de noche bordados en pedrería, lugares *glamourosos*, y diálogos ingeniosos, me quedé con la misma pregunta que había atormentado mi vida desde antes de conocer a Ulvi: ¿Qué pasará ahora?

Fue en las frescas horas de la madrugada, mientras el Sol comenzaba a despuntar a través de la húmeda mañana en la Florida, que tomé la decisión. Unas semanas atrás me había escapado de la vida de mi madre hacia lo que yo pensé que sería la mía. Ahora estaba aquí, acostada al lado de un hombre que era más y menos de lo que fingía ser. Controlaba el dinero que yo me ganaba, cómo comía, cómo vestía, lo que decía, cuándo lo decía. ¿Era ésta mi vida? Sí, lo era. ¿Me había equivocado? Sí, sin duda. ¿Qué iba a hacer ahora? No estaba segura. Lo único que sí sabía era que no importaba lo que viniera después de lo de anoche, de ninguna manera regresaría a Brooklyn.

9. "Esto no me gusta".

El día después de la visita de Eugene y Leo, cortaron el teléfono, así es que Ulvi tenía que usar el de la caseta ubicada en el *Sunrise Highway*. El teléfono sonaba a las tres en punto todas las tardes. Ulvi cerraba bien la puerta corrediza de cristal y se apretaba el auricular al oído, para neutralizar el rugir del tráfico que pasaba a menos de diez pies de distancia de donde estaba.

Yo me sentaba en la grama que quedaba cerca, haciendo que leía, mientras me esforzaba por escuchar su parte de la conversación en alemán. Hasta ahora, sólo había logrado sacar en claro que estaba hablándole a alguien que se llamaba Irmchen. Le pregunté quién era Irmchen.

—Buena amistad —me dijo.

—¿La conoces desde hace tiempo?

—Sí —contestó, confirmando mis sospechas de que Irmchen era una mujer—. Muchos años. No preocuparte, Chiquita.

A diferencia de lo que ocurría con las llamadas que había hecho tarde en el día la semana anterior, Ulvi no estaba contento cuando colgaba. Durante las conversaciones, tomaba notas en pedacitos de papel que se metía en los bolsillos. De regreso a casa, los consultaba, los garabateaba en los márgenes, hacía cómputos en la parte de atrás, y después, los rompía en cantitos y los echaba por el inodoro.

Yo esperaba que de un momento a otro Leo nos sacara del apartamento. Pero a Ulvi eso parecía no preocuparle. Él chapaleaba en la piscina, o se arrellanaba en las sillas plásticas con los ojos cerrados, el rostro contorsionado, los labios moviéndose en conversaciones silenciosas. Varias veces durante las semanas siguientes, caminamos hasta un banco que nos quedaba un poco más abajo, en la misma calle, y donde Ulvi recibía dinero telegráficamente. Tuvo dos citas de seguimiento después de su cirugía y, después de la segunda, el doctor le dijo que ya podía reintegrarse a su vida normal. Aquella tarde, la conversación con Irmchen fue más larga que lo usual, más animada. Se rio con frecuencia, susurró al teléfono como conspirando, sacudió la cabeza, y murmuró su nombre, Irmchen.

Esa noche, mientras cenábamos nuestra comida sencilla de vegetales y té, pronunció las palabras que yo no quería escuchar.

—Regreso a Europa.

Si mi voz no temblaba, si mis palabras salían como un ofrecimiento, no, como una exigencia, habría una oportunidad de que me dijera que sí. —Puedo ir contigo.

Ulvi parecía estar considerando mi sugerencia, como si no se le hubiese ocurrido que yo estaría tan dispuesta a seguirlo a Europa como lo había seguido a Fort Lauderdale.

—No, Chiquita, no puedes —dijo terminantemente, sacándome de su vida, confirmando la advertencia de Mami de que lo único que él quería era aprovecharse de mí. Me enfureció haber creído que no era así.

—¿Por qué no? —pregunté.

—Mejor que espera tú por mí —me respondió después de un rato.

—¿Por cuánto tiempo?

—Quizás un mes, quizás dos. Tú debes quedarte con tu madre.

—No, no puedo regresar allá.

—¿Por qué no regresar allá? Es tu casa.

Busqué una razón por la cual no pudiera regresar al lugar donde mejor acogida sería, una que tuviera sentido para Ulvi, e intenté la razón del honor. —Avergoncé a mi madre —le dije—, cuando me fui contigo sin casarme.

Su rostro se puso tenso y sus labios se apretaron en línea recta, plana. —No poder casarme contigo, Chiquita — me dijo.

Sí, Mami tenía razón. Los hombres sólo quieren una cosa.

—Yo no poder cuidarte en todo —me respondió. Como si yo se lo estuviese pidiendo.

Su tono me enojó.

—No tienes que preocuparte por mí. Conseguiré un trabajo, encontraré un apartamento.

Sacudió la cabeza.

—No quiero tú vives sola.

—¿Por qué no?

—Porque me importas —no dijo te amo—. Debes ir a tu familia —insistió.

—No.

—Esto no me gusta —Ulvi se paró abruptamente de la silla como si fuera a salir corriendo de la habitación. En cambio, se detuvo frente a donde yo estaba sentada y se me quedó mirando encolerizado. Bajé la mirada hasta la alfombra anaranjada y mullida, lista para el regaño, pero sin intención de cambiar de parecer.

—No me gusta —repetía—. Quieres ser chica americana perdida.

Perdida, en el lenguaje de Ulvi, quería decir sexualmente disponible. Ahora que me había hecho "el daño", su temor era que me uniera al movimiento del "amor libre" que inquietaba y aterrorizaba a la gente de su edad. Cuando le añadió "perdida" a la frase "chica americana", me estremecí al recordar las acusaciones de Mami de que mi puertorriqueñidad estaba en entredicho, porque en los últimos ocho años había aprendido a moverme con comodidad fuera de nuestra cultura. Ulvi no tenía idea de la culpa que sentí cuando pronunció esas tres palabras, *chica americana perdida*.

No lo tranquilicé diciéndole que no me echaría amantes, aunque viviera sola. Quería demostrarle que no había claudicado a mi identidad puertorriqueña ante la cultura norteamericana, pero no lo hice. No venía al caso en esta discusión en particular, tomando en cuenta que él estaba tan poco interesando en mi puertorriqueñidad como en cualquiera otra de mis luchas personales. Me mordí los labios y me callé la justificación y la defensa de mi carácter moral. Ya le probaría que no era ninguna chica americana perdida. Me tragaría el orgullo y regresaría a casa de Mami, donde evitaría sus miradas de "te lo dije". Los hombres que "hacen el daño" y después dejan a la chica "perdida" no regresan. Lo había visto pasar innumerables veces.

Regresaría a Brooklyn y me quedaría con mi familia hasta que pudiera pagar un apartamento. Ulvi viviría en una parte de mi corazón marcada como "Primer amor". No, eso no. Todavía no estaba segura de que lo amaba, especialmente porque yo a él sólo "le importaba". "Primer hombre que me hizo el amor". Sí, así sonaba mucho mejor, mucho más preciso, mucho menos doloroso que "el hombre que yo amo".

****

Ulvi admiraba las innovaciones tecnológicas americanas, especialmente las del programa espacial, y quería quedarse en la Florida hasta después del alunizaje, pero nos llegó un mensaje de Leo vía Jim avisándonos que teníamos que marcharnos para el fin de semana. Como Ulvi había entregado su apartamento en la Calle 58, hizo arreglos para quedarse con su amigo Tarik, en Queens. Yo no sería bienvenida allí, me dijo Ulvi, porque la esposa de Tarik consideraba que yo sería un mal ejemplo para sus hijos, porque estaba "viviendo en pecado".

—¿Y por qué yo estoy viviendo en pecado y tú, no? —le pregunté a Ulvi.

—Yo soy un hombre, es diferente para un hombre —me dijo. Bien sabía que no debía discutir.

Había evitado llamar a Mami para dejarle saber que regresaría, esperando que Ulvi cambiara de parecer sobre no llevarme a Europa, o que la esposa de Tarik cambiara de opinión sobre mis actos pecaminosos, o que se me ocurriera un plan mejor que regresar a la Calle Fulton. Nada de eso sucedió, y me sentí aliviada cuando mi hermana Alicia contestó el teléfono y no le tuve que hablar a Mami directamente, sino que le dejé un mensaje de cuándo regresaría.

****

Una sofocante tarde de julio, Tarik nos recogió en el aeropuerto de Nueva York. Lo había conocido antes, y siempre había sido amable y amistoso. Esta vez, no me miró directamente, y parecía molesto de tener que llevarme hasta Bedford Stuyvesant, un vecindario por donde no solía aventurarse la gente de Queens. Sentada en el asiento trasero de su carro inmaculado, lo dirigí desde el aeropuerto hasta la puerta de mi casa por la única ruta que conocía, y de la que él se quejó por considerarla más complicada de lo necesario. Tarik y Ulvi se asomaban por las ventanillas como si hubieran estado de visita en un país extranjero con increíbles vistas. Movían la cabeza y chasqueaban la lengua cuando veían los edificios consumidos por el fuego, la muchachería reunida en las esquinas, las prostitutas debajo de los rieles del elevado, los postes de luz con bombillas rotas que dejaban nuestra cuadra sumida en una penumbra tenebrosa y amenazante.

—Así es, caballeros —respondí a su asfixiante silencio—, éste es el gueto.

Ulvi se viró y me fulminó con la mirada. —No hagas chiste de eso, Chiquita.

Aunque se veía abandonado, nuestro vecindario era mejor que algunos de los sitios donde habíamos vivido cuando llegamos a los Estados Unidos. Después de pasar años en apartamentos apretujados y en edificios sin calefacción, Mami se las había arreglado para comprar una casa de tres plantas en la Calle Fulton. La hipoteca se pagaba con los ingresos que recibía de su taller, donde cosía a destajo para fabricantes de ropa. En un cuarto que quedaba hacia el lado de la casa había colocado máquinas de coser para ella y dos empleadas más. Titi Ana trabajaba para ella y también le alquilaba el último piso. El resto de la casa era nuestra y nos dejaba espacio suficiente para tener sala y comedor, una habitación que compartíamos las nenas y otra separada para los nenes, un cuartito junto a la cocina para Tata, y otro para Mami y don Carlos.

Cuando llegamos a la casa, Ulvi se bajó del carro y me dio un beso de despedida, mientras Tarik sacaba mi maleta del baúl. Noté que las cortinas oscilaron y enseguida apareció Mami en la puerta, vestida con sus mejores galas.

—¿No van a entrar? —preguntó Mami con el ceño fruncido.

—Me vinieron a traer. Él se queda en Queens.

—Usted, venga —le dijo a Ulvi—. Tome café con mi familia.

Aunque yo sabía que el uso del imperativo se debía a las limitaciones de su inglés, la invitación me sonó a orden y así debe haberles sonado a Ulvi y a Tarik. Sin palabras, acordaron ser corteses. Tarik se aseguró de que cada puerta y el baúl de su carro estuvieran bien cerrados.

Franky, de seis años, salió corriendo de la casa, me abrazó, agarró mi bolso y volvió para adentro con él. Según entré, oí mucho corre y corre y murmullo en el segundo piso, adonde aparentemente habían desterrado a mis hermanas y hermanos. Las caritas de los más chiquitos se asomaron por los balaustres, pero Mami levantó la mano y los espantó. Desaparecieron.

Yo estaba dirigiendo a Ulvi y a Tarik hacia la cocina.

—En la sala hay una sorpresa —dijo Mami en español.

Quedé fría en la puerta cuando, por primera vez en ocho años, vi a mi padre, tieso en la butaca cubierta de plástico. Su rostro se abrió en una amplia sonrisa y chocó sus manos en un breve aplauso cuando entré, como si yo, seguida de unos asustados Ulvi y Tarik, hubiera hecho una entrada largamente esperada.

Don Carlos estaba en la silla al lado de Papi, y en la del lado, don Julio acunaba en la mano una lata de cerveza y rehusó encontrar mi mirada. En el umbral de la cocina, Tata se apoyaba en la pared con una *Rheingold* en una mano y un cigarrillo en la otra. Detrás de ella, mis hermanos, Héctor, de diecisiete años, y Raymond, de trece, miraban iracundos a Ulvi y a Tarik, sin estar muy seguros de cuál era cuál. Yo me quise morir.

Era una trampa. Ulvi y Tarik buscaron la salida con la mirada, por si acaso tenían que salir corriendo. Pero yo sabía que, con la posible excepción de mis dos hermanos adolescentes y sus hormonas revueltas, las demás personas en esa habitación eran incapaces de ser violentos con un extraño. Por lo menos, no, dentro de la casa, y mientras Ulvi y Tarik se comportaran con respeto. Yo confiaba que ellos, que venían de una cultura en la que las reglas de dignidad y respeto eran aún más estrictas que en Puerto Rico, lo sobreentendieran.

Papi se puso de pie y caminó hacia mí con los brazos abiertos. Yo deseaba desesperadamente correr hacia ese abrazo y quedarme allí, poniendo al día años de abrazos y besos paternales atrasados. A la vez era consciente de qué era lo que había traído a Papi a Brooklyn, después de pasar años de sólo tener un contacto mínimo con sus siete hijas e hijos. Estaba allí para defender mi honor.

Demasiado tarde, quise decirle, quise gritarle. Ya me hizo el daño. Estaba tan enojada y resentida que vibraba de pies a cabeza, pero no dejé que se notara. Si yo no controlaba la situación, la noche podría acabar como un *sainete* de ésos que todos en mi familia —incluyéndome a mí— podíamos montar a la menor provocación. Trataría por todos los medios de mantener la situación dentro de la mayor civilidad posible, y de sacar a Ulvi y a Tarik de allí lo antes posible.

Le di un abrazo rápido a Papi, me volví, y con toda formalidad hice las presentaciones de rigor: Papi, don Carlos, don Julio, Héctor, Raymond y Tata. Tata miró a Ulvi de arriba abajo, con el desprecio más grande que yo haya visto jamás que una persona pueda mirar a otra. Le dio la espalda sin darle la mano y regresó a la cocina arrastrando las chancletas.

Me senté entre ellos en el sofá, en aquella sala llena de hombres dignos y enojados sentados en muebles cubiertos de plástico. Detrás de la butaca de Papi había un anaquel lleno de la colección de figuritas de Mami: damas del siglo diecinueve en posición de baile, flautistas, cardenalitos gorjeando y querubines alados apuntando con sus flechas a todos ellos. *Doiles* de encaje cubrían las mesitas. El televisor estaba apagado, pero sobre él, los ojos de Jesús estaban perpetuamente entornados hacia las espinas de su corona, y el dedo índice de su mano derecha señalaba su corazón anatómicamente improbable. En la pared frente a él, los hermosos perfiles de John F. Kennedy y Martin Luther King se miraban uno al otro desde la pintura en terciopelo que colgaba sobre nuestras cabezas.

Yo me debatía entre el sentido de lealtad hacia mi familia y la vergüenza ante Ulvi, cuyos ojos escudriñaban cada rincón con expresiones que iban del interés a la incredulidad, al horror, a la hilaridad. Nunca había querido saber nada de mí, pero ahora parecía fascinado con el espectáculo de los hombres de mi vida, intentando ser a la vez severos y educados frente a su elegancia y cortesía. Don Carlos hablaba bien el inglés, pero don Julio, Papi, Mami y Tata no, así que yo traducía, mientras los hombres hablaban sobre nuestro vuelo y sobre el clima, que en la sala se volvió aún más caliente, gracias a las tazas de café con leche endulzado e hirviente que Mami sirvió en su vajilla más fina. Le había comprado ese juego para doce personas en *Woolworth's* y se lo había regalado la Navidad pasada. A ella le encantaban los bordes dorados y las delicadas tacitas de té con diminutas asas triangulares que las hacían casi imposible de sostener.

—¿Y cuáles son las intenciones suyas con mi hija? —preguntó Papi, justo cuando todo el mundo tenía las tazas llenas hasta el borde precariamente balanceadas en sus platillos. Fue como si hubiera ensayado esa línea muchas veces y ya no pudiera esperar más para soltarla. Traduje, evitando la mirada de Ulvi; el cuero cabelludo me ardía del rubor que coloreaba mi cuerpo entero.

—Su hija es muy importante por mí —respondió Ulvi con vehemencia y apretó mi mano.

Yo traduje "yo quiero mucho a su hija," y todo el mundo sonrió.

—Pero —siguió Ulvi, y las sonrisas se desvanecieron—, mis negocios requieren yo viaje a Europa por corto tiempo. Yo sé que ustedes cuidarán bien a Chiquita hasta yo regresar.

Me besó los nudillos. Los hombres parecieron satisfechos con mi parca traducción. Tata y Mami lo acuchillaban con los ojos, pero Ulvi bajo ninguna circunstancia miró hacia donde estaban ellas.

—¿Y usted tiene planes de casarse con ella? —preguntó don Carlos, y Ulvi, que tres días antes había dicho que eso era algo que no podía hacer, respondió:

—Sí, cuando regrese

Me le quedé mirando, estupefacta. Miró a Tarik por encima de mi cabeza.

—Lo siento —dijo Tarik, levantándose—. Es tarde y nos espera un viaje largo.

Miró nervioso por la ventana, preocupado por su carro.

—Gracias —dijo Ulvi y estrechó la mano de Papi, don Carlos, don Julio, Héctor y Raymond. A Mami y a Tata les hizo una reverencia.

Los acompañé hasta la salida. Antes de irse, Ulvi me besó en la mejilla.

—Está bien, Chiquita. Yo llamo a ti mañana —murmuró y corrió hacia el carro de Tarik que, impaciente, hacía sonar el acelerador en la esquina. Apoyé la frente contra la puerta cerrada, tratando de organizar mis pensamientos antes de enfrentarme a la segunda parte de la odisea. Cuando me viré, Mami y Tata estaban paradas en el pasillo, observándome.

—¿Qué te dijo ese hombre? —preguntó Mami.

—Ese hombre —repetí—, dijo que me llamaría mañana. Mis hermanos estaban nuevamente en el rellano del segundo piso, asomados por los balaustres.

—¿Dónde voy a dormir esta noche?

—¡Conmigo! —gritó Edna.

—*Okay*, ya mismo voy —le contesté y dirigí un buenas noches general para los que estaban en la sala.

—¿Tú no crees que debes estar un ratito con tu papá? —me dijo Mami—. Él se regresa mañana a Puerto Rico.

—Mañana —le dije—. Ahora estoy muy cansada.

Subí corriendo las escaleras hasta los brazos de mis hermanitas y hermanitos que sólo tenían una pregunta:

—¿Nos trajiste algo de Florida?

—Parece buena gente —dijo Papi lo suficientemente alto como para que yo lo oyera, y yo alcé a Cibi —de dos años— en mis brazos y le pregunté a Franky dónde había puesto mi maleta.

Jugué con los nenes para no tener que oír a Tata refutándole a Papi su evaluación de que Ulvi parecía una buena persona. No podía estar en esa sala con la gente que tanto me quería y fingir que Ulvi no les había mentido. No quería escucharlos hablar de cómo Ulvi había mirado con desdén lo mejor que ellos le podían dar, tan cuidadosamente servido y generosamente ofrecido. No quería recordar su asombro de que a alguien le pareciera apropiado tener el sangrante corazón de Jesús decorando la sala.

No quería hablar con mi padre, que no había estado allí para ningún otro momento importante de mi vida en los últimos ocho años, pero que había aparecido ahora que había un hombre en mi vida. No me parecía justo que mis éxitos —pocos, pero logrados con mucho esfuerzo— fueran apenas reconocidos, pero que tan pronto mi virginidad estuvo en entredicho, él apareciera con una inútil demostración de preocupación paternal. Demasiado tarde, demasiado tarde. Las palabras me daban vueltas en la cabeza mientras jugaba con los nenes.

—¡No e' nemasiado tarde! —protestó Charlie, que ya tenía tres años, cuando las palabras escaparon de mis labios. Ya era bien pasada la medianoche y debíamos haber estado durmiendo, pero nos habíamos comido hasta el último pedacito de dulce que traje. Cuando finalmente caí en la cama con Cibi, "demasiado tarde" fue la nana que le canté para arrullar sus exhaustos quejidos, saturados de azúcar.

****

Mami y Papi estaban en la cocina cuando bajé al día siguiente, vestida y arreglada para un día en Manhattan.

—¿Pa' dónde tú vas tan temprano?

Mami frunció el ceño y me puso al frente un tazón de café negro sin azúcar. La vajilla fina estaba de vuelta en el armario contra la pared.

Rodeé el tazón con las manos y aspiré el vapor.

—Si llego bien temprano a la agencia, a lo mejor consigo trabajo hoy.

—Buena idea —dijo Papi.

Era más oscuro de lo que lo recordaba. Su pelo negro, rizo, estaba salpicado de canas. De niña, me había parecido guapo, más que nada por sus ojos grandes que destellaban gozo cada vez que me veía. También me encantaba su voz musical y grave cuando recitaba poemas, y su sonrisa, que era generosa, abierta, acogedora y frecuente. Pero ahora me fijé en su piel marcada por el acné, en su nariz ancha, y en los dos dientes que le faltaban en la quijada inferior. También era más bajito de lo que lo recordaba. Cuando se había levantado para abrazarme la noche anterior me había sorprendido que no fuera más alto que yo.

—¿Así es que los agentes te buscan trabajo de actriz?

—No soy actriz —contesté—. Soy oficinista.

—¿Una secretaria? ¡Magnífico!

—No una secretaria, una recepcionista, una empleada de oficina. Un trabajo que no requiere mecanografía.

—Ah, eso también es bueno.

Su entusiasmo ya me tenía los nervios de punta.

—Si practicas la maquinilla, puedes conseguir mejores trabajos.

Mami puso un plato de jamón con huevos frente a Papi.

—¿Y en qué voy a practicar?

—No le faltes el respeto a tu mamá —me advirtió Papi.

—Lo siento —me puse de pie—. Me tengo que ir.

—Tu tortilla está casi lista.

Mami echó dos huevos en una escudilla.

—No tengo hambre.

—Tómate el café, entonces —dijo.

Me tragué el líquido hirviendo de dos sorbos.

—Gracias, nos vemos más tarde.

—¿Qué le digo al turco ese cuando llame? —preguntó Mami cuando ya iba por el pasillo. Volví a la cocina. Papi me miraba y miraba a Mami como tratando de distinguirnos una de la otra.

—Le dices que fui a buscar trabajo —le contesté—. Si deja un número de teléfono, lo puedo llamar más tarde.

Papi se levantó y abrió los brazos. —Yo me regreso a Puerto Rico hoy mismo.

—Ah, ése sí fue un viaje rapidito —dije inocentemente y le di un abrazo—. Que tengas un buen viaje de regreso.

—Adiós, hija, que Dios te bendiga —me contestó, prolongando el abrazo más de lo que hubiera querido.

—Que la Virgen te favorezca y te acompañe —añadió Mami.

La bendición, no pedida, pero ardientemente ofrecida, me recordó algo más de lo que había perdido al venirnos a Nueva York. Pedir la bendición al saludar o al despedirse de los adultos había sido tan automático como respirar. La bendición, nos decían cuando éramos chiquitos, nos protegía de los peligros cuando estábamos lejos de nuestros seres queridos y se pronunciaba en gratitud por nuestro regreso sanos y salvos. La bendición era tan esencial para nuestro bienestar como una comida nutritiva, y era una responsabilidad de cada adulto con cada niño o niña. ¿Cuándo había dejado de pedir la bendición? ¿Cuándo fue la última vez que la recibí?

Salí de la casa abrumada por sentimientos que me nublaban la vista y me hacían galopar el corazón. Mi padre y mi madre me habían echado la bendición, pero yo no me sentía reconfortada. Necesitaba que la Virgen me favoreciera, como había rezado Mami, y que Dios me bendijera, como había pedido Papi. El problema era que, en vez de sentirme agradecida por sus buenos deseos, estaba enojada. Mami y Papi se habían parado uno al lado del otro, sus manos sobre mi cabeza, bendiciéndome. El momento, tan hermoso en su simplicidad y poder emotivo, se había estropeado por el hecho de que Papi sólo había venido a Nueva York a regañar al "hombre que le hizo el daño a Negi", no, a verme a mí. Satisfecho porque Ulvi haría de mí una mujer decente, Papi regresaría a Puerto Rico a jactarse, delante de su esposa y sus amistades, de su visita a Nueva York y de la "buena gente" que conoció allí.

Mi papá y mi mamá habían apelado a Dios y a la Virgen para que me protegieran de los peligros del mundo, como habían hecho en innumerables ocasiones allá en Puerto Rico, cuando yo era una niña, cuando éramos una familia. Entonces, había aceptado esas bendiciones sin reservas, pero ahora, cuando más las necesitaba, las rechazaba. Me dolía demasiado creer que su bendición tendría algún efecto en mi vida. Aquellas bendiciones se marchitaron, hasta convertirse en duras pepitas de resentimiento que alimentaron la parte americana en mí, la que desconfiaba de las creencias supersticiosas de la gente puertorriqueña decente.

****

Una hora más tarde, subí las escaleras del *subway* y me encontré en el medio de *Times Square*. Midtown *Manhattan*, que para mí significaba desde el norte de la Calle Treinta y cuatro hasta el sur de la Cincuenta y siete, de río a río, era mi parte favorita de la ciudad porque, por cualquiera de las calles por donde caminara, algo memorable me había pasado allí.

En la parte norte de la Calle Treinta y cuatro había visto a la Garbo rebuscando en un canasto lleno de zapatos rebajados de precio, en el sótano de *Ohrbach's*. En la parte sur de la Treinta y ocho, entre la Primera y la Segunda Avenida, una mujer me había corrido de "su vecindario" lanzándome improperios y empuñando una sombrilla. Fue en la Calle Cincuenta y Quinta Avenida donde conocí a Jürgen, el ladrón de aviones. En la Cuarenta y nueve y Séptima, mi profesor de Teoría de la Publicidad me sugirió que una buena carrera para mí sería la de modelar ropa interior. En la Cuarenta y ocho y Octava, fui a una audición para un papel en la película *Up the Down Staircase*. En una caseta telefónica me enteré de que no me habían dado el papel porque era demasiado bonita para hacer de chica puertorriqueña. "Pero te podemos dar trabajo como extra", me había ofrecido el encargado del reparto.

A cuatro cuadras al norte y media cuadra al este de *Times Square* quedaba *Performing Arts High School*, donde había perfeccionado mi papel de Cleopatra durante mis tres años de estudios de arte dramático. Seis cuadras al norte y una al oeste quedaba el *Longacre Theatre*, donde había hecho mi debut en *Broadway*, representando una princesa cautiva hindú que era rescatada por un vendedor de mangós con la ayuda de un mono que hablaba. A cuatro cuadras hacia el sur quedaban las oficinas de *Lady Manhattan*, donde había sido la asistente de la compradora de telas, a pesar de que no sabía mecanografía y tampoco lograba el nivel de hipérbole necesario para inventar nombres memorables para los colores de moda de la temporada. A dos cuadras al este y dos al sur de *Times Square* quedaba *Woolworth's*, donde Ulvi me había visto por primera vez, sentada dentro de una cabina telefónica, hablando con Mami.

Si había mal tiempo, podía caminar varias cuadras por los pasadizos subterráneos de grandes edificios como *Rockefeller Center*. Sabía dónde quedaba cada baño público, cada *Automat*. Era conocida por el personal de varios hoteles, que no me molestaban si me veían sentada sola en el *lobby* leyendo un libro, entre clases, cuando estudiaba en *Manhattan Community College* en la Cincuenta y Sexta. Conocía a casi todas las Dottie, Sheila, Shirley, Pat, y Pam que servían interminables tazas de café hirviendo en los *luncheonettes* y *delis*, en la planta baja de los edificios de oficina.

Lo que me encantaba del centro de Midtown, la Calle Cuarenta y dos entre las Avenidas Tercera y Octava, era su naturaleza transitoria, efímera. Era un lugar para turistas, para gente que venía de compras desde otros distritos y otras partes de Manhattan, para oficinistas que atiborraban los *subways* que corrían de *Grand Central* a *Times Square* durante las horas de mayor congestión. Era un área elegante por la Quinta Avenida, pero las calles laterales se volvían más destartaladas según uno iba avanzando hacia el oeste, rumbo al tren A. Espectáculos de mujeres semi-desnudas, bares oscuros con bailarinas lánguidas, películas triple X (XXX) y cines de a vellón compartían el espacio con las tienditas para turistas, donde se vendían miniaturas del *Empire State Building* y de la Estatua de la Libertad.

Como había asistido a una escuela secundaria y a un *Community College* en Midtown, yo había pasado más horas caminando por allí que por las calles de Brooklyn, donde vivía. Me pavoneaba por las mismas aceras que los bailarines de zapateo o las coristas, frente a las puertas de los teatros donde la tercera corista a la izquierda podía convertirse en la próxima estrella. Me pasé horas tomando el sol en las escalinatas de la Biblioteca Pública, leyendo, o comiéndome un *hot dog* y tomándome una *Yoohoo* comprados al vendedor de la esquina de la Cuarenta y dos y Quinta. Aguantaba la respiración mientras pasaba por las entradas que apestaban a orines, y caminaba rapidito para alejarme de los comentarios lascivos de los tipos que vociferaban anunciando los espectáculos de mujeres desnudas. Tomé clases de baile dentro de edificios decrépitos, de escaleras crujientes que conducían a estudios soleados y forrados en espejos. Me fui de las calles donde proxenetas, prostitutas y estafadores alternaban con futuras estrellas de cine, buscatalentos, publicistas, vendedores de comida, curas, trombonistas del Ejército de Salvación, secretarias, taxistas, artistas y turistas ojiabiertos, pendientes de que todavía tuvieran consigo sus monederos. Tomé el ascensor en los altos de un *deli* hasta el final de un largo y oscuro pasillo de pisos de mármol, alineado con puertas, buscando la que se abriría hacia mi futuro.

10. "¿Tú crees tu vida es tan mala?"

Ulvi se quedó con Tarik el tiempo suficiente para darse cuenta de que Queens no era Nueva York, y que viajar en *subway* no era tan pintoresco como le pareció la primera vez, sobre todo, si lo hacía a diario, vestido meticulosamente con ropa europea. Reservó un cuarto en el Hotel Lexington, a un paso de su antiguo apartamento. La habitación era pequeña, amueblada con una cama estrecha, un gavetero y un televisor con una antena como orejas de conejo. Pero en aquel caluroso julio, el aire acondicionado instalado en una de las ventanas lo hacía parecer lujoso. Me dijo que podía quedarme con él, siempre y cuando el personal no se diera cuenta de que había alguien más en una habitación que era sólo para una persona. Entrábamos separados al hotel, y yo lo esperaba en el pasillo cerca del cuarto, porque él tenía la única llave. Salíamos del hotel con unos minutos de diferencia y nos encontrábamos en la calle. Yo estaba segura de que todas estas precauciones no engañaban a nadie, pero Ulvi insistía y yo le seguía la corriente, porque prefería estar con él en una habitación con aire acondicionado en el centro de la ciudad, que estar sujeta al severo escrutinio de mi madre y de mi abuela en la Calle Fulton.

—Ahora yo entiendo por qué tú no quieres quedar allí —dijo Ulvi, después de su visita a nuestra casa en *Bedford Stuyvesant*.

Me sentí ofendida. Una cosa era que en mi interior yo criticara a mi familia, y otra, muy distinta, que él tuviera una opinión sobre ellos.

—Son muy buenas personas, que hacen lo mejor que pueden.

—Sí, Chiquita, lo sé —murmuró, como si me tuviera pena—. Tú eres una buena niña.

Me apretó con fuerza mientras caminábamos por *Park Avenue*.

No me sentía como una niña buena. Desde que regresé a Nueva York había hecho todo lo posible por evitar a mi familia. Me avergonzaba la manera tan cobarde como me había ido de casa y me avergonzaban aún más las circunstancias de mi regreso. Los hombres de mi familia le habrían creído a Ulvi cuando les dijo que al retornar se casaría conmigo, pero Mami y Tata, no.

Hasta que me fui con Ulvi, nuestra relación había sido mi secreto. Si él se hubiera acostado conmigo y me hubiera abandonado después, nadie se hubiera enterado. Yo me hubiera sentido igual de traicionada, pero cada vez que Mami me mirara, su expresión no tendría que pasar por tantas variaciones, desde el "te lo dije", pasando por "mi pobre hija que ha sido engañada", hasta el "odio a ese hombre". Tata no se quedaría en ese silencio opresivo que adoptaba cada vez que le pasaba por el lado. Don Carlos y don Julio no se verían tan inútiles si hubieran sido capaces de protegerme de un hombre que sólo quería una cosa. Mi padre no parecería tan indiferente a todo en mi vida, excepto al estatus de mi virginidad.

No los culpaba por lo que yo había hecho. Le oculté la relación a mi familia, no los consulté mientras luchaba por decidir si me iba con Ulvi a Fort Lauderdale o no. La noche antes de irme, le conté a Delsa lo que iba a hacer. Compartíamos una cama y ella me había visto empacando antes de acomodarme a su lado. No le dije para dónde iba, sólo que por la mañana me iría de Nueva York con un hombre a quien nadie en casa conocía. Trató de convencerme de que no lo hiciera, pero yo no quise escucharla.

—Estoy decidida —le dije. Irme con él había sido mi primera decisión autónoma como adulta oficial, y no tenía a quién culpar, excepto a mí misma.

Cuando Ulvi me pidió que me fuera con él al Hotel Lexington, pude haberle dicho que no. Hubiera podido redimirme ante mi familia y ante mí misma al negarme a seguir viéndolo, como había hecho con Jürgen, cuya insistencia de que me amaba y quería pasar el resto de su vida conmigo me sonaron más a carga que a recompensa. Sin embargo, a diferencia de mi actitud firme con Jürgen, siempre que escuchaba la voz de Ulvi o lo sentía tocarme, mi fuerza de voluntad se evaporaba. Me volvía tan dúctil como una cinta de seda, transparente para su mirada, dispuesta a dejarme llevar hacia donde me guiaran sus dedos.

****

Había trabajado intermitentemente para *The Grace Agency* desde poco después de graduarme de la secundaria. Me ofrecían trabajos temporales con horarios flexibles que me permitían organizar un itinerario con clases de baile y con cursos en *Manhattan Community College*, mientras trabajaba la mayor cantidad de horas posibles. La compañía sólo reclutaba a mujeres jóvenes y bonitas quienes, a insistencia de la dueña, debían vestir profesionalmente. Antes de salir para nuestro puesto de trabajo, nos reportábamos a la oficina, donde Grace, la dueña y única empleada a tiempo completo de la compañía, aprobaba nuestra vestimenta. Si no pasábamos la inspección, no trabajábamos ese día.

—Nuestros clientes desean proyectar una imagen sofisticada —me dijo Grace entregándome una bolsa llena de volantes de publicidad, que se volvía a surtir cada hora en una *van VW* roja. Mi trabajo consistía en repartir los volantes frente a bancos, joyerías y *boutiques*.

Era difícil parecer sofisticada mientras metía en las manos de los apurados *neoyorquinos* los cupones con veinte por ciento de descuento. La mayor parte de la gente aceptaba lo que les diera, aunque después lo metieran en una cartera o en un bolsillo sin siquiera mirar la oferta. Un cubo de basura de metal al final de la cuadra recogía los estrujados restos de mi labor, desechados por gente demasiado educada para rechazar mi "Aquí tiene, señor", o mi "Oferta especial, señora".

Una vez, un joven en gabán y corbata se detuvo frente a mí y leyó en voz alta todo el volante que le di, incluyendo lo escrito en letras pequeñas y las exclusiones en las ofertas de hipotecas de bajo interés. Entonces, me invitó a salir. Le expliqué que se nos prohibía hablar con los transeúntes y que estaba interfiriendo con mi trabajo de repartir volantes a todo el que me pasara por el lado. Traté de esquivarlo, pero me bloqueaba el paso. Fui rescatada por Grace, que patrullaba su territorio para estar pendiente de sus "chicas repartidoras de volantes", *flyer girls*, en inglés.

—Con su permiso, señor —llamó con una voz que se oyó hasta mitad de cuadra. Avanzó hacia él dispuesta a caerle encima. El joven se escurrió y desapareció.

Grace era una mujer angulosa, de huesos grandes,

imponente en sus botas a *go-go* de tacón alto. Su rostro, minuciosamente maquillado, estaba enmarcado por una cascada de rizos rubios que suavizaban sus facciones masculinas. Nosotras —sus *flyer girls*— sabíamos que Grace era un hombre, pero ella no parecía creer que el dato fuera obvio para nadie. Se empeñaba en ser una de nosotras ofreciéndonos orejitas sobre la mascara más duradera, o el fijador de pelo con mayor control. En ciertos momentos del mes, se quejaba de sentirse hinchada, y vivía obsesionada con eliminar el vello de su cuerpo.

—Miren esto —se frotaba la pantorrilla musculosa—. Me acabo de afeitar las piernas esta mañana y ya parezco un gorila.

Grace había sido bailarina de danza moderna, pero tuvo que retirarse temprano por lesiones causadas por técnicas deficientes.

—No es el mejor adiestramiento el que se consigue en Elmira, Nueva York —nos decía. Reconocía mi devoción por el baile y siempre me conseguía trabajo, aunque las cosas estuvieran flojas.

—Nosotras, las bailarinas tenemos que cuidarnos unas a otras —decía—. No tiene sentido competir entre nosotras mismas.

Nunca le hice ver que no había competencia posible entre un travestí negro de seis pies de altura, que bailaba danza moderna, y una bailarina puertorriqueña de danza litúrgica hindú, de cinco pies con cuatro pulgadas.

Grace había visto en el periódico de la mañana el anuncio de un trabajo que a ella le parecía que yo podía hacer.

—Es para asistente de producción en una división de publicidad. Queda en Midtown, así es que está cerca de tus clases de baile y de la escuela nocturna.

—Ay, yo odio responder a ese tipo de anuncios —le dije—. Tan pronto oyen mi nombre hispano, me dicen que ya está ocupada la plaza.

Grace levantó la mirada desde su escritorio, el único otro mueble, además de su silla, en su oficina de una sola habitación. Dos de las paredes estaban forradas de cajas hasta el cielo raso. En los casi dos años que había trabajado con ella, esas cajas nunca habían sido abiertas ni movidas. Su contenido era motivo de especulación para las *flyer girls*. Mi amiga Shoshana, quien también había trabajado para Grace entre clases, cuando estudiaba en *Manhattan Community College*, creía que las cajas ya estaban allí cuando Grace alquiló la oficina, pero ella nunca se molestó en abrirlas.

—Te estás dando por vencida sin siquiera intentarlo.

Grace batió las pestañas y frunció sus labios rojos en un puchero.

—Eso no es verdad; es que es más cómodo buscar trabajo a través de una agencia de empleo.

El modo como bajó la cabeza y levantó las cejas, la suave expresión que se asomó a sus hermosos ojos marrones me hicieron saber que no me creía, pero tampoco iba a discutir.

—Yo llamo por ti —me dijo—. Después de todo, ésta es *The Grace Agency*.

Sin esperar respuesta, marcó el número que aparecía en el anuncio. Cuando la atendieron, hizo expresiones exageradamente elogiosas sobre mi sensibilidad artística y mi capacidad de trabajo.

—Estuvo trabajando en la Florida en los pasados meses, pero regresó enseguida a nuestra compañía. Estoy segura que ustedes saben valorar esta clase de lealtad.

Cuando acabó la conversación, yo tenía una cita con *Margolis & Co.*

—Es sólo una formalidad —sonrió Grace satisfecha—. El trabajo es tuyo.

Más tarde ese día, pasé veinte minutos en las oficinas de *Margolis & Co.* Me contrataron para que empezara el lunes siguiente, ganando 50 centavos sobre el salario mínimo y con la promesa de aumento y ascenso en tres meses. Yo estaba encantada. Un empleo con una agencia de publicidad en una oficina en la Cuarenta y dos y Quinta era lo perfecto. Le ofrecí a Grace la tarifa que cobraría una agencia de empleo, pero no la aceptó.

—Ve cariño. Haz un buen trabajo para que no me hagas quedar mal. Y nunca, nunca, te olvides de Grace.

****

Los presentadores de radio y televisión rebosaban de noticias sobre el accidente de Ted Kennedy en Chappaquiddick Island, intercalándolas entre los informes del progreso del Apollo 11 en su misión lunar. Ulvi no se saciaba. Se sentaba desnudo en la cama rodeado de periódicos, el televisor prendido, el radio sintonizado bajito en 1010 WINS y el teléfono pegado a la oreja, mientras hacía llamada tras llamada en alemán, turco o inglés. Le leía de los periódicos a quien estuviera al otro lado de la línea, o miraba la pantalla de televisión y lo enteraba de lo que estaba viendo, o le pedía que esperara un momento y subía el volumen del radio cuando oía la campanita distintiva de las noticias de última hora de 1010 WINS.

A mí me importaba un bledo el problema de Ted Kennedy y sólo me interesaba levemente la posibilidad de que los hombres llegaran a la Luna.

—Eso es lo que quiere la familia Kennedy, Chiquita, que los americanos no prestarán mucha atención.

—Yo no soy americana.

Ulvi dejó a un lado los periódicos, bajó el volumen del radio y del televisor, colocó el teléfono en la mesita de noche y entrelazó los dedos, como si sostuviera algo precioso en las manos.

—Chiquita —dijo suave y deliberadamente—, aunque no te guste, tú eres americana.

—Yo soy puertorriqueña.

—Tú naces ciudadana americana. Es algo bueno, Chiquita. Tú tienes mucha suerte. Mucha gente en el mundo quisiera ser tú.

—Lo dudo.

—¿Tú crees tu vida tan mala? —preguntó—. En Turquía mucha gente tan pobre que no puede comer todos los días.

—Y en Brooklyn, también —le disparé.

—¿Tú has pasado hambre, Chiquita?

—No, nunca —y rehuí su abrazo—. El orgullo de Mami es que nunca hemos pasado hambre.

—¿Y tenías ropa para vestirte?

—¡Pues claro! Si ella es costurera. ¿Por qué preguntas eso ahora? A ti nunca te había importado.

—Siempre me importa, Chiquita, por eso estás conmigo —no rehusé su caricia, y me le pegué como si él hubiera sido una almohada blanda y tibia—. No importa eres pobre, pero no es bueno si siempre comportas como si lo eres.

—¿Y cómo más se supone que me comporte?

—Deja de pensar lo que no tienes y piensa lo que sí tienes.

Yo había leído ese mismo consejo en los libros del Dr. Norman Vincent Peale sobre el pensamiento positivo. No funcionaba.

—¿Tú quieres decir que debo jugar a que soy rica?

—¿Es lo que quieres, Chiquita, ser rica? —me arrebujé más en su abrazo—. Puedes ser rica en tu mente, aunque no tengas nada.

También había leído eso en algún sitio.

—Nunca te hubiera tomado por un optimista —murmuré.

—¿Qué quiere decir?

—Un optimista es alguien que siempre ve el lado bueno de las cosas —le expliqué.

—Ése no soy yo. Yo sólo veo días oscuros en mi futuro —y rio, lo que me pareció una extraña reacción a tan deprimente pensamiento.

****

Margolis & Co. quedaba al final de un largo y sombrío pasillo tachonado con puertas, en el piso veintitrés del número 11 de la Calle Cuarenta y dos oeste, esquina con Quinta Avenida. La compañía vendía y programaba anuncios para revistas médicas y científicas demasiado pequeñas para tener su propio departamento de publicidad. También distribuía revistas académicas para organizaciones científicas.

Empecé a trabajar dos o tres días antes de que Neil Armstrong caminara en la Luna. El día después, Ulvi hizo la reservación para su viaje a Europa. Yo no tenía la más mínima intención de regresar a Brooklyn, como él quería que hiciera, así es que no le hacía caso a sus miradas torvas y a sus rezongos de que me estaba volviendo "muy independiente".

Encontrar un apartamento en Manhattan fue imposible. Ni tenía el dinero para el depósito de seguridad ni tampoco para la renta del primer mes, incluso si hubiera encontrado un sitio que hubiera podido pagar con mis entradas. Me negué a buscar en los vecindarios fuera de Manhattan, donde posiblemente habría tenido más suerte. Visité varias compañeras de cuarto potenciales, pero ninguna me devolvió la llamada. Cuando le conté a Francine, la secretaria de Mr. Margolis, que tenía dificultades para encontrar donde vivir, me sugirió que averiguara en la YWCA o en el Barbizon, un hotel-residencia orientado a servirles a mujeres profesionales solteras. Podría vivir allí, me sugirió, en lo que ahorraba para tener un sitio propio. Era una sugerencia fantástica.

Ulvi estaba obstinado con que era una pérdida de dinero pagar por un apartamento cuando él estaría de regreso en los Estados Unidos en pocas semanas. A él le parecía que yo debía trabajar, vivir en casa y ahorrar.

—Te quiero conmigo —me murmuraba al oído en los tiernos momentos, que se hacían más frecuentes según se acercaba la fecha de partida —. Pero a lo mejor no regreso a Nueva York. Tú debes esperar para poder estar juntos.

—Esperaré —le prometía—, y me reuniré contigo cuando y donde me quieras.

Mientras empacaba, mientras me prometía que volvería, mientras juraba que quería estar conmigo y con nadie más, empecé a creer en los romances del amor frustrado por las circunstancias.

—Debes esperar por mí, Chiquita —repetía—, y sé niña buena.

—Te esperaré, no te preocupes.

No había habitaciones disponibles en el Barbizon ni en la YWCA, pero en las páginas amarillas encontré el anuncio de otra residencia —también para mujeres— localizada a sólo seis bloques de *Margolis & Co*. Me pareció un buen augurio que el Hotel Longacre tuviera el mismo nombre del teatro donde había hecho mi debut en Broadway. Caminé hasta allí durante mi hora de almuerzo.

—Este sitio fue construido por los Astor, a finales de siglo, para servir como residencia de enfermeras —me explicó Mrs. O'Dell, la administradora del Longacre—. Todavía algunas enfermeras ancianas viven aquí.

Entramos en el ascensor anticuado y ruidoso.

—No se permiten hombres fuera de la planta baja —dijo—. Las puertas de entrada se cierran a las 11:00 p.m., así que, si llegas tarde, tienes que tocar para llamar al guardia nocturno.

Nos detuvimos al final de un largo pasillo con relucientes pisos de vinilo verde y blanco, paredes *beige*, y altos techos con lámparas de cristal colgantes que despedían luz amarilla.

—Ésta es la cocina —dijo Mrs. O'Dell, abriendo un clóset para dejar ver un fregadero y una estufa de cuatro hornillas. Se escuchó un silbido y un zumbido cuando encendió la bombilla fluorescente.

—Puedes cocinar aquí, pero no proveemos los utensilios. Puedes guardarlos, con tu compra, en tu habitación.

Hacia el fondo del pasillo estaba el baño. Dos bañeras hondas cerradas para asegurar la privacidad, y tres cuartitos de ducha lucían prístinos y olían a una reciente limpieza con *Comet*.

—Las criadas te hacen la cama, desempolvan y pasan la aspiradora, pero no recogen lo que dejes tirado.

La habitación, en la esquina del séptimo piso que estaba más próxima al suroeste, daba hacia un callejón y tenía una enorme ventana de cristal doble que miraba hacia el oeste; si yo me asomaba entre algunos de los edificios, tenía vista al Río Hudson. Estaba amueblada con una cama personal, un gavetero, una butaca en vinilo color verde-hoja y un anaquel de tres tablillas. El enorme clóset tenía adentro un espejo, y otro colgaba encima del gavetero. A la alfombra verde espinaca le habían pasado la aspiradora tantas veces que se sentía aplastada bajo mis pies. Si bien es cierto que todo estaba viejo y gastado, la habitación lucía impecable, con sus esquinas sin polvo y las paredes relucientes. Quedaba en la parte posterior del edificio, lo que quería decir que era relativamente tranquila aun a mediodía. Los techos altos la hacían sentir espaciosa y abierta. El alquiler era de veinte dólares semanales, e incluía servicio de teléfono local a través de un cuadro telefónico que funcionaba veinticuatro horas al día.

—¡Lo cojo!

De regreso a *Margolis & Co.* iba tan contenta que no podía borrarme la sonrisa de la cara. Personas totalmente desconocidas me saludaban o me sonreían, aparentemente tan felices con mi nuevo hogar como yo. No podía creer mi buena suerte. Un trabajo, y un lugar seguro y limpio donde vivir en Midtown, eran lo más cercano a la perfección que podía imaginar. Que Ulvi se marchara para Europa en pocos días ya no me parecía tan terrible. Él estaría de vuelta en unos meses, pero, mientras tanto, yo estaría viviendo en el centro de Manhattan.

Antes de entrar a trabajar, entré corriendo en *Brentano's* y me compré un ejemplar de *Sex and the Single Girl*, de Helen Gurley Brown. No tenía planes de ser una "chica americana perdida", pero no me haría daño saber qué era lo que eso quería decir realmente.

****

El domingo que partiría hacia Europa, Ulvi se bajó del taxi y se quedó de pie frente al Hotel Longacre renuente a entregarme mi maleta. El administrador de fin de semana, Mr Winslow, acababa de lavar la acera con manguera. Nos guio hasta el lobby y nos dijo que Ulvi tendría que esperar sentado en un banco, frente al escritorio de Recepción y Cuadro telefónico, o pasar al salón de espera ubicado en la parte de atrás del edificio. Subí mi maleta y mi bolso de cuero hasta el brillante pasillo de losetas verdes que conducía a la soleada y fresca habitación en la esquina más lejana del séptimo piso. Coloqué mis bultos en medio de la alfombra verde espinaca, brinqué en la cama un par de veces, y abrí la inmensa ventana al sordo rugido de la ciudad. A la izquierda, las escaleras de escape zigzagueaban por las paredes de los edificios de ladrillo color arena. A la derecha se veía el serrado y bi-dimensional horizonte y, en la distancia, el fulgurante río Hudson

No tenía ganas de bajar a despedirme de Ulvi. Quería quedarme en mi cuarto a desempacar mis cosas, sentir el espacio, recostarme en mi cama, ver por la ventana las palomas que volaban en formación sobre los embreados techos del vecindario llamado *Hell's Kitchen*. Pero podía sentir a Ulvi, siete pisos más abajo, esperando, con una opinión formada sobre el Hotel Longacre que yo no quería escuchar. Tomé las llaves, me detuve en el umbral mirando mi cuarto y le dije a la parte de mí que se quedó allí: "vuelvo pronto".

Ulvi estaba en la "sala de visitas", que era como entrar en una cápsula de tiempo victoriana. Era del tamaño de un salón de baile, estaba alfombrado, y exuberantemente amueblado con sofás y butacones de mullidos cojines forrados de terciopelo, mesitas de frágiles patas curvilíneas, gruesas cortinas y candelabros. Ulvi sonreía de oreja a oreja. —Es muy agradable —comentó—, como club privado.

Yo, en cambio, estaba loca por salir de su cursilería opresiva.

—Es buen sitio, Chiquita.

Ulvi se paseó por el salón, agitando partículas de polvo cuando se sentaba en los butacones rellenos.

—Hiciste buen trabajo de encontrar.

Nos besamos, y yo tuve la impresión de que ese salón había visto innumerables escenas como la que estábamos representando nosotros. Dulces caricias, promesas, abrazos, compromisos de mantenerse fiel alternados con profundas miradas a los ojos, como tratando de memorizar su color. Por primera vez desde que nos habíamos conocido, estaba impaciente porque se fuera. Me sentía suspendida entre dos mundos, uno con él y otro sin él. Quería desesperadamente saber lo que era estar sola, libre de mi familia, de mi amante, de todo lo familiar, excepto de las calles cercanas a mi puerta.

Correspondí a sus besos, a sus juramentos, a su promesa de escribirme, de hablarnos por teléfono con frecuencia, de estar nuevamente juntos en un par de meses. Cuando se subió en el taxi, yo le dije adiós con la mano hasta que el taxi dobló en la Novena Avenida. En vez de regresar a mi cuarto, caminé para el este, hasta la Quinta Avenida, y luego por el norte, hasta el Parque Central. Sentía la cabeza liviana y despejada. Estoy sola, me dije en voz alta. Estoy sola, *alone*. Sola, *alone*, sola. Me repetía las palabras con asombro y con terror, como si fueran nuevas, en inglés y en español, las sílabas tropezando unas con otras para formar una sola palabra: *Solalone. Solalone*, Sola, *Alone*, Sola.

11. Los quiero a todos juntos, como los dedos de mis manos.

Mi prima Alma y yo habíamos sido amigas desde casi enseguida que llegué a los Estados Unidos, pero nos habíamos distanciado cuando empecé mi relación con Ulvi. Entre mi trabajo, el baile, los cursos en *Manhattan Community College*, y Ulvi, tenía poco tiempo para Alma.

—¿Cómo es eso de vivir sola? —me preguntó tan pronto nos encontramos para cenar.

—¡Es buenísimo! Estoy a diez minutos de mi oficina y justo en el medio del distrito teatral. Puedo ir a pie hasta las clases de baile. ¿Te acuerdas de mi amigo Allan?

—¿El de aquel *show* para niños que hiciste?

—Sí.

Tenía pavera de tantas noticias y tanta libertad.

—Está actuando en *Fiddler on the Roof*, y me consigue pases de cortesía cuando el actor principal se enferma y él hace del Estudiante. Algunas noches me encuentro con él después del *show* y ceno con el elenco.

—*Wow*, ¡eso suena tan chévere! —dijo Alma—. ¿Cuándo regresa tu esposo?

Se me bajaron los humos —Él no es mi esposo; él es mi... no sé qué. Nosotros no estamos casados.

—¿Te vas a casar con él?

—No, porque la única razón para casarme sería para

irme de casa, y eso ya lo hice —respondí tratando de sonar mundana.

—Ésa no es la única razón para casarse —rio.

—No, pero la cantaleta de Mami siempre era que de la única manera como yo podía salir de casa era "camino a la iglesia, con velo y cola".

Alma me miró confundida.

—Cantaleta, mi'ja, los sermones. Velo y cola: el principio y el final del traje de la novia camino a la iglesia. Eso es algo que yo no he podido entender nunca, considerando que hace años que no voy a la iglesia. En todo caso, aquí estoy: sin velo, sin cola, sin cantaletas.

—Sin esposo —suspiró Alma recostándose contra el asiento plástico rojo de *La Crepe du Jour*. Bajé la cabeza para que no notara mis ojos llorosos.

—Nuestras madres están tan obsesionadas con que nosotras nos casemos —le dije—. Todavía se creen esos cuentos de hadas en que las princesas vestidas en harapos son rescatadas por príncipes en caballos blancos. Esos príncipes no existen.

Clavé el tenedor en mi ensalada.

Alma dejó de espulgarle las aceitunas a la de ella y sonrió; sus ojos marrones, soñadores.

—Me encantaban esos cuentos. Yo creía que eran ciertos.

—Pero ahora no. Ya tú no crees en ellos, ¿verdad?

—No —me dijo a la defensiva—. ¿Y tú?

Lo pensé por un momento. Alma esperaba con curiosidad, y me pareció justo decirle la verdad.

—¡Diantre! ¡Esto es tan bochornoso!

—¿Por qué? —rio.

—Acabo de darme cuenta de que yo todavía no he descartado totalmente la idea de que algún día aparezca un príncipe y me diga: "Déjame llevarte lejos de todo esto".

—Pero tu esposo… tu novio… lo que sea, ya lo hizo.

Alma parecía alarmada con mi confesión.

—Te llevó a la Florida, ¿no?

—El turco sí me alejó de todo eso —dije, haciendo un gesto en dirección de Brooklyn—, pero la Florida no es exactamente el país de las maravillas. Hubiera preferido París.

Nos reímos y comimos y disfrutamos tanto estando juntas que quedamos en vernos de nuevo la semana siguiente. Regresando al Hotel Longacre, me preguntaba si Alma se habría quedado con la impresión de que yo me arrepentía de haberme ido con Ulvi. Era cierto que me había liberado de mi familia, pero nunca imaginé que los extrañaría tanto.

Desde el día que llegamos a los Estados Unidos, les había resultado más fácil a los parientes de Mami venir hasta donde estábamos nosotros que a nosotros ir adonde ellos. Los sábados, limpiábamos el apartamento y nos preparábamos para las visitas, sin tener una idea clara de cuánta gente aparecería, ni de cuánto tiempo se quedarían. Los domingos, los sonidos y los olores de Tata y de Mami cocinando llenaban el día, mientras las tías, los tíos, los primos, las primas y las amistades chismeaban, bailaban, comían, jugaban cartas y dominó o, sencillamente, se sentaban con nosotros a ver películas de terror o musicales en el televisor en blanco y negro. Las tías llegaban con bolsas de compra llenas de toda la ropa que se les había quedado pequeña a nuestros primos y primas, o venían cargando con un hermoso racimo de plátano, para que Mami friera unos tostones crujientes, o con algún conejo vivo, para que Tata lo guisara en su famoso fricasé de conejo, o con un paquete de cerveza adicional, para que preparara un arrocito borracho, su propia receta de arroz amarillo que cocinaba con cerveza. Los tíos y los primos adultos traían muestras de aquello que estaban haciendo en las fábricas donde trabajaban. Norma tenía un bulto rojo para la escuela que yo codiciaba; era un regalo de Paco, el primo de Mami. Su hermano Jalisco me regaló un cinturón *Yves St Laurent* con una hebilla de plata esterlina. Y la prima Gury nos trajo una vez unos *brassieres* de satín negros que a Mami le parecieron demasiado atrevidos para muchachitas adolescentes. Yo, de todos modos, usé el mío.

Para cuando me fui con Ulvi, éramos ya once niños y niñas viviendo con Mami, Tata, don Julio y don Carlos en la casa de tres pisos de la Calle Fulton. En el interior de las paredes formábamos una tribu, con una cacica (Mami), una curandera (Tata, que constantemente estaba inventando remedios extraños para curar nuestras enfermedades) y un bufón (el alegre y pasivo don Julio). Don Carlos era un dignatario visitante, tratado con respeto, pero no echado de menos (por lo menos, no, por los aldeanos) cuando no estaba allí. El orden de nacimiento determinaba quién se duchaba primero, quién podía quedarse levantado hasta tarde, quién tenía el primer turno en la plancha por las mañanas, quién no tenía que compartir un cuarto o una cama, si sobraba alguna.

A pesar de que yo refunfuñaba por los cuartos siempre llenos de gente y por la sobreprotección de Mami, ahora que ya no estaba allí, me daba cuenta de que la vida en casa había sido divertida. Era reconfortante el número de personas en cada habitación, y mágico, el hecho de que no importaba cuántos parientes o amistades se aparecieran a la puerta sin avisar, siempre había comida suficiente para brindarles un plato de deliciosa comida puertorriqueña y una taza de café fuerte, caliente. Cuando tuvimos edad suficiente, Mami nos llevaba a los clubes de la ciudad, a bailar al ritmo de los timbales de Tito Puente o de las congas de Ray Barretto. En casa practicábamos salsa y merengue, mientras los discos de 45 revoluciones giraban en el tocadiscos portátil que nos compró don Carlos.

Éramos una familia tocona. Mami nos daba dolorosos cocotazos, nos abofeteaba la cara o los hombros ante una falta de respeto o cualquier otra infracción grave. Sin embargo, con mayor frecuencia acercaba sus dedos para revolcarnos con cariño el pelo, para acariciar un cachete, para enderezar un cuello sin abotonar, o para meternos en la boca un dulce pedazo de pasta de guayaba encima de un cantito de queso blanco saladito. Sus labios con frecuencia se tensaban con coraje, pero con igual frecuencia se fruncían para plantar un generoso beso en una frente. Tata se nos acercaba por detrás y nos asustaba con un abrazo de oso y un beso mojado en el cachete. Nos acurrucábamos en camas estrechas, y "cauchos" hundidos, con las piernas entrelazadas y las cabezas descansando en hombros familiares y cómodos. Las hermanas nos arreglábamos el pelo unas a las otras, nos sacábamos las cejas, nos pintábamos las uñas. Un regazo vacío pronto acogía a un hermanito o hermanita menor o la cabeza de alguno de los mayores que se había recostado a nuestro lado.

Además del respeto que sentía por Mami, y a pesar del deseo que tenía de ser independiente y de vivir mi propia vida, me tomó mucho tiempo irme de casa porque me sentía segura allí. Yo era bastante excéntrica y temperamental, pero en mi familia mi comportamiento era aceptado porque "así es Negi". Yo entendía las reglas, aunque para mí no tuvieran ningún sentido. Y tenía en abundancia lo que a otra gente le faltaba. Era querida. Lo sentía en cada bocado de comida que llegaba a mi boca de la mano de Tata o de Mami. Lo sentía en la sólida presencia de don Julio en la oscura estación del tren las noches cuando yo regresaba tarde a casa. Lo escuchaba, por lo menos, una vez a la semana.

—Ustedes se quieren mucho —nos decía Mami, disipando así muchas discusiones.

Pues sí que nos queríamos, nos cuidábamos, y éramos leales los unos con los otros. Todos lloramos los inevitables golpes y tropiezos de uno, y celebramos los logros de la otra, a veces, todo ello, el mismo día. Mami, Tata, don Julio, y hasta el escurridizo don Carlos nos recordaban constantemente la importancia de la unidad familiar. A pesar de lo mucho que tuvo que luchar, Mami no nos regaló a ninguno de nosotros, como era costumbre en Puerto Rico entre algunos padres y madres que, por ser demasiado pobres para mantener a sus hijos, dejaban que parientes o amistades los criaran.

Estábamos orgullosos de nuestra ética de trabajo y de nuestras ambiciones; y éramos unidos, devotos del concepto de familia, y de cada uno de los miembros de la nuestra. Cuando Mami soñaba con los hogares que algún día formaríamos, los concebía con nuestros esposos o esposas incorporados a nuestra familia, en vez de nosotros a las de ellos. Los novios de mis hermanas venían a nuestra casa los domingos y se sentaban en nuestro sofá. Héctor que, siguiendo la tradición, hubiera tenido que visitar a sus novias en sus casas, los domingos por la tarde las traía a la nuestra, donde ellas hacían todo lo posible por impresionarnos con sus habilidades domésticas.

—Yo los quiero a todos igual —respondía Mami cuando le preguntábamos a quién quería más. La segunda parte de esa frase tantas veces repetida fue la que me mantuvo cerca de la casa:

—Y los quiero a todos juntos, como los dedos de mis manos.

Las feroces luchas de Mami tenían como propósito conservar a su familia unida. Cuando me fui con Ulvi, no sólo defraudé sus sueños de verme casada con "velo y cola", sino que también me separé del abrazo de la unión familiar que ella tanto había luchado por mantener.

Consciente de eso, hice un esfuerzo por regresar a la Calle Fulton los primeros domingos que viví en el Longacre, pero algo había cambiado. Al no ser ya un miembro de la casa, era considerada una visita y se me aplicaban las mismas reglas de cortesía. Ya no me podía esconder en un cuarto a leer como hacía cuando vivía allí, porque entonces ya no estaría de visita. Tampoco podía irme a rebuscar entre los roperos de mis hermanas sin pedirles permiso. No podía aceptarle dinero a don Carlos o a don Julio, quienes repartían monedas y pesos sueltos cuando hacíamos lo que de todos modos hubiéramos hecho, como buscarles una cerveza fría en la nevera o traerles el abrigo y el sombrero del clóset del pasillo.

Me sentía incómoda sentada en la sala viendo lucha libre o programas de variedades. No tenía demasiado que aportar a los chismes de las tías y las primas adultas sentadas alrededor de la mesa de la cocina. Me daba vergüenza cuando me preguntaban por "mi marido", a quien ninguna había conocido.

—Está en Europa—, las impresionó el primer domingo, pero mientras más tiempo pasaba él allá, más inquietante era que yo siguiera en Nueva York. No toleraba la lástima en los ojos de mis parientes. Así, mis visitas a casa fueron mermando, hasta llegar a convertirse en sólo una al mes, y aún así, eran cortas.

Algunos domingos despertaba en mi cuarto en el Hotel Longacre y lloraba de soledad al recordar la alegría de nuestras reuniones familiares. Pasaba las tardes caminando por la ruta donde hacían los desfiles en la Quinta Avenida, o en el Museo de Arte Metropolitano, o deambulando por Midtown, y deseando estar en casa y que hubiera alguien en mi vida que me llamara por el cariñoso y familiar apodo de Negi.

Ulvi me escribía dos o tres veces a la semana. Cuando yo volvía al final del día, Mrs. O'Dell me entregaba con tanta alegría los sobres aéreos de papel de cebolla escritos en su amplia y femenina caligrafía, que bien hubiera podido ser ella la destinataria de sus cartas. Adentro, rara vez había más de una hojita translúcida instándome a que fuera paciente, a que ahorrara mi dinero, a que fuera una niña buena, a que creyera en él. Empezaba sus cartas siempre con "Queridísima Chiquita", y siempre las firmaba: "Te quiere, Ulvi". Yo contestaba inmediatamente con varias páginas en las que le describía mi trabajo y las maravillas de Nueva York, terminaba con promesas de serle fiel, y firmaba siempre "Tu Chiquita".

En *Margolis & Co.*, yo era Esmeralda, telefonista y organizadora de archivos. Cuando me quejé a Francine, diciéndole que había sido contratada como asistente de producción, ella me entregó una pila de expedientes y un manual de procedimientos.

—Si tienes alguna duda —me dijo—, pregúntale a Ruth.

Ruth manejaba la publicidad para los clientes más importantes de la compañía. Era una mujer sesentona, por mucho la persona más vieja en la oficina, que, además de a Mr. Margolis y Francine, incluía a Mr. Charles, Vicepresidente de Ventas, a su secretaria, y a tres vendedores que pasaban la mayor parte del día haciendo visitas. Mr. Margolis era un treintón largo, y Ruth con frecuencia le recordaba que ella había estado en "el negocio" desde mucho antes de que él naciera.

Ruth usaba trajes de falda y chaqueta o vestidos en colores oscuros, que adornaba al cuello con una pañoleta de color brillante o con prendas de oro. Una peluca color castaño, peinada y fijada con laca en unas ondas inmóviles alrededor de sus sienes y pómulos altos, terminaba con una vueltecita casi imperceptible justo debajo de sus aretes de perlas. Su rostro tenía arrugas en los lugares propios para las mujeres de su edad, pero era obvio que había sido hermosa, y tenía todavía el encanto típico de los años cuarenta que yo deseaba reproducir. Había notado que yo la admiraba y se convirtió en mi mentora mucho antes de que yo supiera lo que significaba la palabra.

—Tú tienes *chutzpah*, eso es bueno, pero eres demasiado humilde. Y eso no es tan bueno. No vas a llegar muy lejos si tú misma no sabes lo que haces bien y permites que otras personas lo sepan.

—Pero, suena tan engreído decirle a la gente que eres buena en esto o en aquello —protesté.

—No es engreimiento si es la verdad —me aseguró.

Ruth seguía la regla *kosher*, así es que traía en una canastita de picnic la comida que consumiría cada día en la oficina. Almorzaba en su escritorio, en una esquina donde abría un mantelito blanco y colocaba un termo y unos envases

Tupperware en colores coordinados. De una gaveta cerrada con llave sacaba un lindo plato de porcelana, un platito hondo, una taza con su platillo haciendo juego, y unos cubiertos grabados. Después de poner la mesa, inclinaba la cabeza y decía una oración antes de empezar a comer. Cuando acababa de almorzar, volvía a orar y lavaba todo en el lavamanos del baño de damas, usando una esponja que guardaba en una bolsita plástica, y líquido de fregar que llevaba en una botella de *Tupperware*. Luego, secaba todo con una toallita de cocina limpia que traía de su casa todos los días.

—Es importante —decía, mientras guardaba en su canasta los envases plásticos limpios—, ser educada a la hora de comer. Y es aún más importante, ser agradecida.

Devolvía la vajilla y los cubiertos a la gaveta bajo llave.

—Se puede saber mucho de una persona por lo que come y por como lo come.

Sus elaborados rituales garantizaron que yo jamás comiera delante de Ruth. Desde que me había mudado al Longacre, mis comidas consistían en un pedazo de pizza o de comida china que comía en mi cuarto, si no, me sentaba en el *Automat* con un tenedor en una mano y un libro en la otra, tan embebida en la lectura que apenas probaba la comida.

Los pronunciamientos más frecuentes de Ruth tenían que ver con las relaciones entre los hombres y las mujeres. Había estado casada con el mismo hombre durante cuarenta años, y se le humedecían los ojos y la voz se le ponía ronca cuando hablaba del amado Morey, ya difunto.

—Él fue el mejor hombre que jamás haya existido —decía, con una hipérbole poco usual en ella. Morey había sido médico y, según Ruth, la había idolatrado.

—Lo trataba como a un rey. Me desvivía por él. Aunque yo trabajara fuera, todas las noches preparaba y servía la cena en la mesa, y a la hora de acostarme, me ponía una camisa de dormir bonita.

Sonreía al recordarse en lo que yo imaginaba que serían los camisones de satín de Jean Harlow.

—Me sorprende que usted trabajara, digo, como él era médico...

—Me daba lo que yo quisiera, pero a mí no me gustaba pedirle dinero.

—Ay sí, yo entiendo.

—Yo tuve suerte con Morey, pero tengo amigas atrapadas en unos matrimonios terribles, porque no tienen su propio dinero ni destrezas para conseguirlo. No hay nada más patético.

—Vaya, Ruth, nunca pensé que usted fuera feminista.

—¡Muchacha, deja eso! No le hagas caso a toda esa bazofia feminista de que los hombres frieguen y hagan trabajos domésticos. Un hombre tiene que ser hombre. Y, oye otra cosa —añadió—, nunca dejes que te vea con crema en la cara ni rolos en el pelo.

Ruth y yo tuvimos muchísimas conversaciones como ésta entre una y otra fecha de entrega de nuestras revistas. Trabajábamos en escritorios adyacentes en la parte de atrás del salón, que se utilizaba para guardar las publicaciones anteriores. La parte del frente del salón era oscura y estaba alineada con cubículos para los vendedores, pero un ventanal de pared a pared, que miraba hacia la Calle Cuarenta y uno, iluminaba nuestra área.

Un día, Ruth me preguntó sobre mi vida y yo le conté la versión concentrada que le contaba a todo el mundo. —Nací en Puerto Rico, vine a Nueva York a los trece años. Soy la mayor de once. No, mi mamá no tuvo tantos hijos porque seamos católicos. Sí, ella ha oído hablar de los métodos anticonceptivos, pero no cree en tomar pastillas. No, yo no quiero tener muchos nenes cuando me case.

—Déjame decirte algo —me ofreció Ruth—. Haz lo que hice yo. Cásate con un hombre que te quiera a ti más de lo que tú lo quieras a él. Siempre te va a tratar bien.

—¿Y cómo se puede saber si él la quiere a una más de lo que una lo quiere a él?

—Ah, eso se sabe —rio—. No te preocupes.

La próxima vez que cené con Alma, le pasé la sugerencia de Ruth.

—Yo no creo que una tenga ningún control sobre eso —dijo Alma—. Además, ¿por qué él se va a quedar con una si una no lo quiere a él?

—Yo creo que lo que ella quiere decir es que una lo quiere, pero no tanto como él la quiere a una.

—¡Eso es cruel, Negi!

—Cuando quieres a alguien, no lo quieres todo el tiempo —le dije—. Quiero decir, a veces, él hace cosas que te revientan los nervios.

No le di ejemplos de cuando ese alguien se encierra en el cuarto contiguo a hacer llamadas telefónicas en una lengua que tú no entiendes, o cuando insiste en escogerte la ropa, o cuando se desaparece por Europa durante semanas y sigue escribiéndote que seas una "niña buena".

—A veces, una llega a preguntarse si de verdad lo quiere o no —ella se me quedó mirando, esperando que yo dijera más. Yo me moví, inquieta—. Bueno, ya tú sabrás cuando te enamores.

—¿Y quién dijo que no estoy enamorada ahora? —me preguntó con los labios apretados.

Ahora me tocó a mí quedarme mirándola. La ancha cara de Alma era pálida, como la de Mami, y sus cejas, sus pestañas y su pelo eran espesos y negros. Una constelación de manchitas marrones salpicaba su nariz y sus pómulos redondos. Cuando se ruborizaba, las pecas se tornaban del color del vino, y su frente y sus labios irradiaban un color rosado.

—¿Quién es? —susurré. Hasta donde yo tenía entendido, Alma nunca había tenido novio. Cuando yo todavía era virgen y hablábamos de sexo, ella se sentía incómoda y cambiaba de tema. Yo pensaba que Alma era una mojigata y me deleitaba en escandalizarla diciendo cosas como "Si mi virginidad es tan valiosa, se la debería vender al mejor postor". Sin embargo, una vez que tuve relaciones sexuales dejé de hablar sobre el tema—. ¿Quién es? —presioné.

—Te lo digo otro día —dijo Alma—. No te lo puedo decir ahora.

—¿Es tu jefe? ¿Te estás acostando con tu jefe en NBC?

—¡Uy! ¿Por qué haría yo tal cosa? Perdería mi empleo. —Se estremeció—. Ni lo pienses.

—Está bien, está bien, era sólo por curiosidad. En mi oficina, según Ruth, las dos secretarias están acostándose con sus jefes. Yo he llegado a pensar que es un requisito de empleo.

—Pues no lo es —Alma le hizo un gesto al mozo para que trajera la cuenta.

—Lo siento, no quise insultar tu profesión.

Todavía parecía ofendida, así que la acompañé hasta la estación del tren. Dejó caer la ficha en la ranura y empujó el pesado torno de madera.

—¿Te dije que me voy a mudar al Longacre? —me preguntó con una sonrisa y, sin esperar respuesta, bajó las escaleras hasta el andén.

12. ¿Tú crees en la reencarnación?

Alma se mudó a tres puertas de la mía, a una habitación que daba hacia el edificio de apartamentos de ladrillo amarillo que quedaba en la Octava Avenida. Era más pequeña que la mía, pero igual de soleada y con muebles idénticos.

—¿Cómo fue que lograste convencer a Titi Ana que te dejara ir? —le pregunté mientras la ayudaba a arrastrar una maleta enorme dentro del cuarto.

—Hablé con ella —me contestó Alma.

—No puede haber sido tan fácil.

—Es que ella no quería que me fuera como te fuiste tú.

Sentí un calentón que me subió de pies a cabeza, y el cráneo me ardía como si hubiera tenido el pelo en llamas.

—¿Así es como lo ve la familia? ¿Yo soy el ejemplo de cómo no debe irse uno de la casa?

—Perdóname, Negi. Eso no sonó bien. Lo que quise decir es... tú sabes...

—Sí, yo sé —respondí, revolviéndome el pelo para que el calor escapara. Lo que ella quería decir era que nosotras habíamos hablado incesantemente de cómo no repetir las vidas de nuestras madres, pero yo había prolongado el ciclo de tener relaciones sexuales fuera del matrimonio con un hombre que ya me había abandonado.

—Estoy perdida —dije, y me dejé caer en la butaca

de vinilo verde—. Condenada a ser el estereotipo de la puertorriqueña de piel oscura en *welfare* que se acuesta con cualquiera; lo único que me hace falta es un par de nenes desnudos y unos rolos color de rosa en el pelo.

—¡Chica, tú eres tan dramática! En primer lugar, tú no eres tan oscura, tampoco estás en *welfare* ni andas acostándote por ahí, ¿verdad? —preguntó, como para estar segura.

—¡Ojalá!

Alma se ruborizó y me dio la espalda.

—Vente, ayúdame con esta maleta.

La subimos a la cama y los cierres se abrieron de golpe.

—¡Suerte que eso no pasó en el *subway*!

La maleta iba a explotar de tantas faldas dobladas, blusas de algodón con cuellitos *Peter-Pan* y suéteres. Alma era gordita (según ella, de huesos grandes) y bien formada, un poquito más alta que yo. Ella se comparaba con la escultura de la Venus de Milo, pero con brazos y más busto. Sin embargo, no usaba los suntuosos pliegues y drapeados de una estatua clásica. Se vestía como la mamá en *The Adventures of Ozzie and Harriet*, con faldas estrechas, blusas frescas en colores pasteles, y chaquetas de punto abotonadas a la cintura. Ella pensaba que lucía profesional; yo pensaba que parecía una santurrona.

Suspiró como desanimada ante tanta falda y blusa.

—No tengo ganas de desempacar ahora —me dijo—. ¿Por qué no me enseñas el vecindario?

Empezamos por mi cuarto, donde fui a recoger mi cartera.

—Aquí al lado está Daisy Mae —le dije—. Yo no le sé el nombre a ninguna de las mujeres que vive aquí, así que les he dado un apodo y les inventé una historia —le expliqué—.

Daisy Mae es como una versión más vieja de la chica en *Lil'Abner*: rubia, tetona y exuberante. Se peina con dos rabitos. Al lado de ella está Tex. Tiene las piernas arqueadas y el pelo bien cortito, como un hombre. Usa mahones y botas de vaquero. Ella y Daisy Mae se pasan todo el tiempo una en el cuarto de la otra.

—¿Tú te inventaste eso o es verdad?

—Es verdad. Las dos tienen acentos sureños y se turnan para cocinar unos guisos apestosos que comparten con otras mujeres del edificio.

—¿Tú has probado alguno?

—Nunca me han ofrecido.

Cuando salimos del Longacre, la tarde de octubre estaba fresca y ventosa.

—Vamos por la Octava —le dije, doblando en esa dirección—. ¿Tú ves esas dos mujeres negras con falda corta y pelo largo? Ésas son Rayenne y Dayenne, y las dos son prostitutas.

—¿Tú has hablado con ellas? —Alma estaba horrorizada.

—No, yo me inventé los nombres —y les sonreí a las dos mujeres cuando doblamos a la izquierda en la Octava Avenida. Rayenne y Dayenne me sonrieron también.

—Ésta es su esquina. Viven en el vecindario, creo. Y la mayoría de las otras prostitutas también, pero yo nunca las he visto durante el día. Los rostros familiares de las mujeres que trabajaban este lado de la calle entraban y salían de las sombras de las vitrinas y de las entradas de los deteriorados edificios de apartamentos. Alma no podía creer que yo les reciprocara el saludo.

—No me había dado cuenta de que este vecindario

era tan peligroso —murmuró—. ¿A ti no te preocupa que te puedan confundir con alguna de ellas?

Me reí. —¡Alma, míranos! Parecemos monjas comparadas con ellas. Ellas saben que no somos competencia.

—Pero ¿y si los hombres se te acercan creyendo…?

—Pues dices que no estás interesada y sigues andando.

Alma seguía dudando.

—Una vez, había un tipo molestándome —le conté—. Y *Baby Face* (ésa es ella, la que está allí) vino corriendo y le dijo que me dejara tranquila.

Me sonreí con *Baby Face*.

—Lo último que vi fue que los dos iban caminando juntos en dirección contraria.

Alma se debatía entre la curiosidad y el evitar la mirada de las prostitutas.

—Cambia esa cara de susto. Por aquí también hay policías encubiertos por todas partes.

—Eso no me tranquiliza —contestó—, que ellos estén aquí y estén también todos esos criminales andando por ahí.

—Los guardias sólo bregan con las violaciones y con los asesinatos —le dije—, no, con delitos menos graves.

Alma estaba a punto de llorar. —¡Es una broma! —fingió reír.

Pasamos frente a una vitrina decorada con una cortina de cuentas y unas lucecitas de Navidad de diferentes colores. —Ése es el negocio de Cassandra.

En la puerta, un letrero chillón anunciaba "psíquica y lectura del tarot". —Es una gitana, creo, o a lo mejor es puertorriqueña. No está ahí ahora, pero usualmente se sienta junto a la puerta y acosa a todo el que pasa para que entre a conocer su suerte.

—¿Alguna vez has entrado?

—¿Tú estás loca? Si yo le digo Cassandra es porque no puedo imaginar que ella me diría otra cosa que no fueran malas noticias.

—Pero ¿y si tiene cosas buenas que decirte?

—A mí no me interesa estar tan bien preparada. Prefiero que la vida me sorprenda.

Caminamos hasta el *Holiday Inn* de la Calle Cincuenta. Le enseñé a Alma el *deli*, el restaurante chino, la tintorería y la cafetería. Cruzamos la calle y acabamos en *Michael's Pub*, con sus pisos de madera salpicados de aserrín, sus paredes cubiertas de fotografías de músicos y actores famosos, y la vellonera, vociferando el tema de *Hair*.

—Éste es mi restaurante favorito del vecindario —le dije—. Aquí hacen los mejores *hamburgers* con papitas. Tienen mesas con bancos en la parte de atrás.

La llevé hasta una de las mesitas en el mismo centro del restaurante que estaba virtualmente vacío.

—Está tranquilo ahora. Los turistas se van a los sitios más ostentosos, que quedan más abajo. Sin embargo, después de los espectáculos, los actores y los bailarines vienen aquí a comer.

Alma estaba impresionada. Cuando nos sentamos, la canción de la vellonera cambió a la de Marilyn McCoo lloriqueando por "Bill" en *Wedding Bell Blues*.

Alma se estremeció, y miró a su alrededor, como si hubiera habido alguien de pie detrás de ella.

—¿Estás bien? —le pregunté.

—Estoy bien. Es... esa canción.

—Sí, la canción es medio cursi, pero a mí me encanta su voz —le dije.

—Yo no creo que sea cursi —respondió.

Estaba descompuesta. Pensé que el paseo por el vecindario la había asustado. Escuchamos la canción en silencio, y los ojos se le humedecieron. Entonces, me acordé:

—¡Bill! Su nombre es Bill, ¿verdad? El muchacho del que tú estás enamorada...

Se ruborizó.

—¿Él te quiere a ti?

Volvió a estremecerse.

—No sé.

Bill, me confió Alma entre suspiros y gemidos, era un compañero de trabajo en NBC que había nacido en los Estados Unidos, de padres japoneses. Se habían conocido en la cafetería de la compañía; se habían tomado algunos cafés juntos; habían conversado largamente sobre arte, literatura y las dificultades de armonizar las particularidades de las culturas modernas con las tradicionales.

—Ustedes tienen muchísimas cosas en común —le dije.

—Así es. No acabo de entender por qué no me invita a salir.

—Quizás lo debas invitar tú —sugerí.

Alma consideraba que el hombre debía tomar la iniciativa de invitarla, debía llevarla a un buen restaurante, pagar la comida, y no esperar un beso al terminar la noche. Se había mudado al Longacre con la esperanza de que, si Bill la invitaba a salir, pudiera aceptar sin tener que pedirle permiso a Titi Ana.

—Es tan bueno tener a alguien con quien hablar de esto —me dijo Alma, y me hizo sentir que yo era parte de su vida.

La soledad que se apoderaba de mí cada domingo cuando no visitaba a mi familia se alivió con la mudanza de

Alma al Longacre. Comíamos juntas casi todas las noches. Los días libres visitábamos los museos y las galerías de arte o íbamos al cine. Sin embargo, después de tan agradable primer mes, resultó que Alma tenía otras cosas que hacer. A veces, pasaba una semana y no nos veíamos, aunque yo pasaba por su puerta camino al ascensor o al baño, por lo menos, diez veces al día.

Habían transcurrido dos meses desde que Ulvi se había ido, ocho semanas de cartas rogándome que fuera "niña buena", paciente, que confiara en él. "Estoy haciendo mejor que puedo," escribía, "para poder estar juntos nuevamente". ¿Qué era lo que estaba haciendo?, nunca lo dijo y yo no pregunté. Mis cartas a él en Stuttgart iban dirigidas al cuidado de Irmgard Bauer, la Irmchen que él llamaba todas las tardes desde Florida. Estaba viviendo con ella, pensé, con su "buena amistad". Me la imaginaba mayor que él, majestuosa, elegante y rica. La esposa, tal vez, de un diplomático alemán. Traté de sentir celos, pero no pude. En el caso que ella fuera su amante, yo no tendría manera de competir en ningún aspecto, con excepción de mi juventud y mi "inocencia". "Dale mis recuerdos a Irmchen", escribí en una de mis cartas, y él contestó con las mismas palabras que me había dicho cuando yo pregunté sobre ella. "No preocuparte, Chiquita", que era su modo de decirme que no me metiera en lo que no me importaba.

****

Tan pronto pude pagar las clases, empecé a bailar nuevamente. Alternaba entre lecciones privadas de danza india y clases grupales en la *International School of Dance*, cerca de Carnegie Hall. Un día, saliendo de la ISD, me fijé en una mujer que caminaba delante de mí en la primera posición de una bailarina y con un bolso colgado del hombro. Unos minutos después, me sorprendí de verla entrar al Hotel Longacre. La alcancé justo antes de que cerrara la puerta del ascensor.

—Hola —me dijo—, soy Jacqueline. Te he visto en la ISD, y también tus mallas y leotardos secándose en el baño.

Era extremadamente delgada, pálida, casi fantasmagórica, de pelo negro recogido en un apretado moño. Era difícil deducir su edad. Tenía los enormes ojos de ciervo de una niña pequeña, pero sus labios delgados con finas arrugas alrededor de los bordes eran los de una mujer mayor. Estaba completamente maquillada, hasta con pestañas postizas, como si acabara de terminar una función. Me invitó a tomar el té.

Su habitación quedaba en mi piso, pero daba a la Calle Cuarenta y cinco. Todas las paredes estaban cubiertas de imágenes de famosas bailarinas captadas en vuelo o en graciosas posiciones de arabesco. Viejas zapatillas de punta con gastadas cintas rosadas, colgaban del cielo raso. En una repisa debajo de la ventana había una tetera eléctrica, una vajilla para dos, una colección de tes, cafés internacionales instantáneos y galletitas en un jarrón de cristal. Al entrar, Jacqueline se quitó el pañuelo de seda que llevaba alrededor del cuello y lo dejó caer sobre los potes de medicinas en la mesa de noche. En un tendedero plegadizo junto al radiador, estaba tendida su ropa de baile, lavada.

—Así que eres bailarina —le dije—, sonando estúpida hasta a mí misma.

—Tratando, por lo menos —sonrió.

—Pues, a mí me pareces una bailarina —dije y ella se irguió.

Jacqueline había empezado en *ballet* tan pronto aprendió a ponerse de pie. —Mi mamá era bailarina —explicó—, pero entonces se casó con mi papá y se mudó a Skowhegan...

—¿En Maine?

—Sí. ¿Lo conoces?

—Estuve cerca de allí hace un par de años en una gira con una compañía de teatro para la niñez. No recuerdo demasiado del pueblo, pero nunca olvidaré su nombre.

—Como pueblo no es gran cosa, te lo aseguro —rio.

Jacqueline había vivido en el Longacre por más de un año en uno de los pisos inferiores, pero recientemente se había mudado a un piso más alto.

—Es barato, así que puedo usar el dinero para las clases. Ha sido el sueño de mi vida —dijo—, bailar la coreografía de *Balanchine* en un escenario de Nueva York.

Jacqueline hablaba con seguridad sobre su entrenamiento y sobre lo mucho que había aprendido desde que vino a Nueva York. Yo la escuchaba, pero sabía que, a pesar de su moño, sus ojos de ciervo y su postura abierta, no parecía una bailarina Balanchine. Para empezar, cuando más rato pasaba con ella, más vieja se veía, como si hubiera estado envejeciendo ante mis ojos. Su cuerpo frágil no tenía el vigor de una bailarina saludable. Sus extremidades carecían de las suaves curvas y los contornos de la musculatura de una bailarina. Salían como protuberancias de su torso cuadrado, con la rigidez nudosa de las ramas de un árbol desnudo. Cuanto más hablábamos sobre las técnicas buenas frente a las técnicas malas, sobre la genialidad de Nureyev y la longevidad de Margot Fonteyn, más me convencía de que algo andaba mal con respecto a Jacqueline.

Le conté a Ruth de mi té con ella. —Fue tan raro —le dije—, me sentí como el narrador en *Sunset Boulevard*. Pero Jacqueline no ha tenido una carrera como la tuvo Norma Desmond.

—Meshugenah —concluyó Ruth.

—Supongo que podría estar loca, pero a mí me fascina… no sé… su pasión por el baile, supongo. Se ha entregado a algo que probablemente nunca pase. Me pregunto si ella dudará. Si se le habrá ocurrido alguna vez que ya es demasiado vieja, demasiado bajita, demasiado delgada, y de cabello demasiado oscuro para ser la próxima Suzanne Farell.

—No le des tanta importancia. A lo mejor ella es la próxima gran bailarina.

—No, Ruth, no creo que eso suceda, te lo aseguro.

—¿Y tú cómo lo sabes?

—He visto bailar a Suzanne Farell. Es verdad que fue desde el gallinero, pero la vi. No tengo que ver bailar a Jacqueline para saber que ella no tiene la más mínima posibilidad de bailar en el mismo escenario.

—¿Debe ella dejar de pensar que sí puede sólo porque nunca va a suceder? —preguntó Ruth.

—Es una pérdida de tiempo, ¿no? Podría estar… no sé, pintando…, escribiendo un poema o haciendo algo más productivo.

—Déjame decirte algo, *bubuleh* —me dijo Ruth—. La productividad está sobrevalorada. Deja que la muchacha crea que puede ser la próxima Anna Pavlova si quiere. ¿Qué daño le hace eso a alguien?

No volví a ver a Jacqueline durante un par de semanas. Un sábado después de la clase de baile, al salir de un baño caliente, me topé con Jacqueline, que salía de la ducha.

Sin maquillaje, casi no la reconocí. Había perdido la luminosidad de la piel. Ahora era amarilla, al igual que el blanco de sus ojos que lucían desnudos sin las pestañas postizas. Tenía el pelo mojado, pegado al cráneo, pero aun así, podía verle espacios calvos en la parte de atrás de la cabeza. Cuando me vio, un gesto adolorido asomó a su rostro. La saludé y desaparecí dentro de mi cuarto tan pronto pude, sintiendo que, al ver su rostro sin maquillaje, había invadido su privacidad.

Mientras me vestía, una imagen tan vívida me vino a la mente que tuve que sentarme en la cama y frotarme los ojos para alejarla; era Francisco, el amor de Mami, en sus últimos días, esquelético y frágil, los ojos tan grandes y afiebrados que parecían apoderarse de su cara. Sollocé con tal violencia que la cama se sacudía. Habían pasado casi seis años desde su muerte, y yo lo había llorado entonces, pero nunca sola donde nadie pudiera verme.

Mientras lloraba por Francisco, otros rostros se fueron materializando. Papi. Avery Lee, un tejano con el que había salido y que me dijo que, sólo si yo aceptaba ser su amante, podía estar conmigo, porque el casarse con una "chica española" arruinaría su futuro político. Neftalí, el vecino que me gustaba y que había preferido suicidarse antes que admitirle a su mamá que era adicto a la heroína. Jürgen, el piloto ladrón. Uno por uno, los recordé y los lloré como si hubiera tenido guardada cada lágrima que no había derramado por cada hombre que había sido parte de mi vida y había desaparecido de ella. Eran todos uno, cada hombre que había amado, sin importar si los había querido poco o mucho. Su memoria retumbaba en mi conciencia como si me hubiera tomado una droga que me obligara a recordar.

Pero, yo no quise a Jürgen, me dije. "Sí, lo quisiste", me respondía mi propia voz, "pero te asustaba". Yo no quise a Avery Lee. "Sí, lo amabas", me repetía el eco, "pero te despreció". "Yo no quiero a Ulvi", susurré, y lloré con tal fuerza que no escuché la razón para haberlo negado.

Jacqueline tocó a la puerta. Estaba completamente maquillada y tenía una vistosa pañoleta de seda alrededor de la cabeza.

—¿Te gustaría tomar un té? —me preguntó.

La seguí hasta su habitación. Debe haber estado segura de que aceptaría, porque todo estaba dispuesto, como si hubiera estado esperándome.

—Había tocado antes —me dijo mientras vertía agua caliente sobre una bolsita de flores de manzanilla secas —. Pero te oí llorando…

—Yo… es que recordé algo triste —le dije.

—Eso me pasa a mí también.

Me sirvió unas galletitas de mantequilla en un plato decorado con pensamientos violetas. —A veces no puedo evitar llorar. Pero, entonces, recuerdo lo afortunada que soy de estar viva y me vuelvo a alegrar.

Yo desconfiaba de esa clase de optimismo. Nunca me decía que era maravilloso estar viva por temor a que, en el momento que lo hiciera, algo terrible pasara que cambiara mi modo de pensar.

—Nunca hubiera pensado que eras supersticiosa, —rio Jacqueline cuando se lo dije.

—No lo soy. Pero así es mi vida, siempre ando esperando que pase algo malo, que caiga el otro zapato.

Como si hubiera estado ensayado, un par de zapatillas de punta que colgaba del cielo raso cayó al piso, y casi me da en la cabeza. Nos reímos tanto, que pronto olvidé las lágrimas que hacía un rato había llorado.

—¿Te gustaría saber por qué me pongo triste? —me preguntó Jacqueline después de una pausa. Clavó los ojos en el fondo de la taza como si la respuesta estuviera guardada allí.

—Yo estaba comprometida con mi novio de la secundaria —me dijo sin esperar a que yo le respondiera si quería saber o no—. Cuando me diagnosticaron cáncer de ovario, él se fue del pueblo sin despedirse siquiera. Su madre vino al hospital y me dijo que ella esperaba que yo entendiera, pero él, simplemente, no podía lidiar con verme morir.

—Lo siento.

Ahora entendía su apariencia esquelética, y por qué me recordaba a Francisco.

—No quise deprimirte de nuevo —me dijo—. Es que siento que hemos sido amigas durante siglos. ¿Tú crees en la reencarnación?

"¡Ea rayo!", me dije a mí misma. —No estoy segura —le respondí.

—Yo sí —dijo Jacqueline con vehemencia. Me explicó que había sido criada como católica, pero que había estado estudiando otras formas de espiritualidad. —Poco después de mi diagnóstico, una amiga me regaló unos libros sobre budismo. Según mis médicos, yo debería estar muerta ya. ¿Sabes por que estoy viva todavía?

Sacudí la cabeza.

—Porque todavía estoy luchando con las lecciones de esta vida. Cuando me percaté de eso, decidí venir a Nueva York y bailar.

—¿La lección era que debías estudiar *ballet*?

Se rio. —Uno no entiende la lección hasta que se muere.

—¿Y de qué sirve entonces?

—Te guía hacia tu próxima encarnación.

—¿Así es que en tu próxima vida tú vas a ser una prima *ballerina*?

Se estremeció. —No se trata de ser algo. Se trata de estar viva cada momento. Bailar es lo que me hace sentir viva. Por eso lo hago. Tú deberías saber de lo que te estoy hablando, ¿verdad?

—Lo se, sí, claro que sí —le dije, para evitar que siguiera. Jacqueline hablaba con la pasión de los proselitistas que los sábados por la tarde aparecían en nuestra casa en Brooklyn, repartiendo *El Atalaya* y mirando por encima de nuestros hombros para echarle un vistazo a nuestra vida pecaminosa. Tenía los ojos desorbitados de los *Hare Krishnas* calvos, vestidos con batas color azafrán, que golpeaban tambores, repicaban campanas y cantaban la misma melodía interminable, mientras trataban de vender margaritas marchitas. Su confesión de que estaba muriendo fue menos inquietante que la posibilidad de quedar atrapada en su habitación escuchándola hablar sobre sus creencias de la otra vida.

—Yo he leído un poco sobre el budismo, el hinduismo y el islam, por el tipo de baile que practico —le dije, con la esperanza de evitarme un sermoneo.

—Entonces, sabes que nuestro encuentro no ha sido una coincidencia, que las dos tenemos una lección que enseñarnos —me dijo tocando mis manos. Sus dedos se sentían secos y frescos.

—Ajá —mordí una galletita para evitar una discusión metafísica.

Las discusiones sobre religión me hacían sentir incómoda. La gente siempre suponía que todos los puertorriqueños eran católicos o, por lo menos, religiosos. Yo no era ni una cosa ni la otra, y estaba al borde del ateísmo, pero no era lo suficientemente valiente para rechazar completamente a Dios. Lo que yo tenía que decir sobre mis creencias religiosas lo resumía una canción de Laura Nyro, popularizada por la Banda *Blood, Sweat, and Tears*: "Juraba que no había cielo, pero rezaba por que no hubiera infierno".

Más tarde, en mi habitación, lloré otro poco, esta vez por Jacqueline. No me cabía en la cabeza cómo sería su vida al saber que cada segundo era un regalo que había excedido sus expectativas. Debe haberla consolado imaginar otra vida guiada por las lecciones de ésta. Pero me preguntaba, si esas lecciones, le aparecían en un destello de introspección o si, como en mi caso, se pasaba el día dando tropezones, esperando reconocer las claves y las señales con significados más profundos.

Admiraba que Jacqueline hubiera tomado lo que le quedaba de vida y lo hubiera dedicado al arte. ¡Qué mejor uso para la vida podía haber! En comparación, mis días productivos, con deberes secretariales y salario predecible, parecían un desperdicio. No me sentía "viva" mientras medía las pulgadas de columnas en los anuncios de *Microbiology News*. Pero me sentía viva, como me había sugerido Jacqueline, cuando practicaba combinaciones y mudras, cuando cada músculo de mi cuerpo se estiraba y palpitaba, cuando entraba en esa especie de trance que se requería para interpretar las intricados historias-bailes de Bharata Natyam.

Y también estaba el sexo. Me sentía completamente viva entonces, pero a diferencia de las lecciones y las prácticas de baile, no lo buscaba, fiel a la promesa que le había hecho a Ulvi de esperarlo y de "ser una niña buena".

Eso no quiere decir que no lo extrañara. Anhelaba ser tocada, abrazada, besada y acariciada. Extrañaba, no sólo el contacto humano, sino la atención masculina. Pero cada vez que un hombre me hacía alguna insinuación, trataba de hablarme en la calle, o se me acercaba mientras yo estaba embebida leyendo un libro en la cafetería o en la Biblioteca Pública, inmediatamente lo rechazaba, como si fuese un apestado. En el trabajo, uno de los vendedores jóvenes tenía interés en mí, pero le hice saber que tenía novio y desalenté sus coqueteos e insinuaciones. No confiaba en mí misma lo suficiente para aceptar una cita cuando lo que yo quería era algo más.

Sin embargo, tenía una vida social activa. Asistía al *ballet* con bailarines de la ISD, y al teatro con amigos actores, pero éstas apenas podían ser consideradas citas, puesto que la mayor parte de esos amigos eran homosexuales. Castos besos en las mejillas, cogiditas de manos, y fuertes y amistosos abrazos eran el alcance de nuestra intimidad física.

Alma, por otra parte, había hecho progresos con Bill. Él, finalmente, la había invitado a salir, y después de unas cuantas citas se consideraban una pareja. Hasta estaban hablando de casarse.

—¡Qué bueno! —le dije cuando me lo contó.

—Sí —me dijo con tristeza—, pero su familia no me quiere.

—¡*Oy vey*!

Los papás de Bill no querían que él saliera y, mucho menos, que se casara con Alma.

—Desde antes de conocerme, le estaban haciendo la vida imposible —me explicó—, porque pensaban que yo era negra. Él decía que, si me veían, cambiarían de parecer. Me llevó a su casa y fueron atentos, pero le prohibieron que siguiera conmigo porque soy puertorriqueña.

Me miró.

—¡No puedo cambiar quien soy!

—¿Cuántos años tiene este tipo? —le pregunté.

—Tiene mi edad, pero sus papás son bien tradicionales. Él tiene que honrarlos y respetarlos o, si no, lo repudian.

—¿Y es rico?

—No.

—Entonces, ¿por qué se tiene que preocupar de que lo repudien, digo yo, si no tienen nada?

—¡Ése no es el punto, Negi! —se sopló la nariz—. No podría volver a verlos más. Tendría que escoger entre ellos y yo.

La situación de Alma era tan romántica como un poema —el verdadero amor, frustrado porque los padres se oponen—, un Romeo y Julieta japo-rriqueño.

—Te va a escoger a ti —la tranquilicé—, no te preocupes.

—Yo no quiero que me escoja a mí, si eso va a significar que tenga que renunciar a su familia —dijo—. Ésa no es la mejor manera de empezar un matrimonio.

La forma como Alma estaba manejando la situación era digna de admirar. Trabajaba en pos de un futuro con Bill, tratando de ordenar su vida en un patrón organizado a lo largo de los años. Era considerada con él y con su familia. Era abnegada. Aparte de haberse mudado al Hotel Longacre, estaba haciendo las cosas del modo como las hacía "una nena puertorriqueña decente", es decir, poniendo en primer lugar los deseos de los padres y las madres. El estilo de Alma hacía que el modo como yo manejaba mi propia vida pareciera improvisado y meramente reactivo.

Cuando, buscando que me diera algún consejo que yo pudiera darle a Alma, le conté a Ruth el dilema de Alma, me dijo:

—Si no debe ser, no será.

—Pero ¿y eso de que el amor todo lo puede?

—Ésas son tonterías.

—Pero, tú y Morey…

—Ah, eso era diferente —dijo—, pero no elaboró.

Fui a casa en Navidades, y llegué cargada de bolsos llenos de regalos para ponerlos debajo del árbol. Las cartas de Ulvi me instaban a ahorrar, pero yo nunca había ganado tanto dinero como el que estaba ganando ahora y me encantaba comprarles juguetes a los nenes más chiquitos; juegos de manicura en estuches de piel, a las nenas más grandes; figuritas de porcelana, a Mami y a Tata. Las mesas estaban repletas de las tradicionales comidas de la época, incluso los pasteles que les tomaba tanto tiempo hacer a Mami y a Tata. Me pasé la Navidad y el Año Nuevo comiendo, bebiendo coquito bautizado con ron, bailando con mis hermanas y hermanos, y con mis tías y tíos, y con mis primos y primas que tocaban a la puerta y cantaban aguinaldos, mientras se bamboleaban por los pasillos con los brazos repletos de comida y regalos.

Nos abrazamos, nos besamos, hicimos ruido, y recibimos el 1970 con tanta euforia, que yo debí haberme imaginado que las cosas nunca volverían a ser iguales. Estaba tan contenta con mi familia que nunca sospeché que ésta era la última Navidad que pasaría con Mami, Tata, don Julio, don Carlos, y mis cinco hermanas y cinco hermanos, todos juntos en una misma habitación. Entre el ruido y la risa de nuestra celebración, no oí cuando cayó el otro zapato.

13. "Ustedes los puertorriqueños son tan románticos".

Ulvi llamaba una semana sí y otra no, y siempre posponía su regreso.

—Es más difícil que pensé, Chiquita —decía—, estoy trabajando fuerte. Ser paciente.

—Pero, han pasado cuatro meses —le recordé justo después de Año Nuevo.

—No es tiempo largo —me dijo—. Vamos a estar juntos. No te preocupes.

No me escribiría por algún tiempo porque estaba "haciendo negocios" en el Medio Oriente.

—¿Qué clase de negocios? —pregunté.

—No preocuparte, Chiquita —respondió.

Cuatro meses me parecían mucho tiempo. No me importaba estar sola, la soledad era algo que había deseado toda mi vida. Era la espera lo que me traía loca, la incapacidad de hacer planes porque, en cualquier momento, Ulvi podría pedirme que me reuniera con él en alguna parte. Cada vez que me llamaba, tenía un nuevo esquema, otro "negocio" que hará "todo posible".

Las primeras semanas que estuvo en Alemania se dio la posibilidad de que pudiera reunirme con él allí, pero llamó aterrado para decirme que "las cosas han cambiado" y pensándolo bien, mi viaje allí no resultaría. Entonces, podría ser que fuera a

Hollywood, donde su amigo, el productor Sydney Solow nuevamente le había ofrecido su casa de huéspedes, si Ulvi quería intentar conseguir trabajo en alguna película allí. Una vez más, los
planes no resultaron como él quería. Estaba explorando otras
oportunidades, me dijo, pero yo dejé de preguntar sobre ellas.
Nada parecía resultar como él lo esperaba.

—Te está dando largas —me dijo Ruth—. Una chica
tan linda como tú debería estar saliendo y divirtiéndose.

—Pero, si yo me divierto muchísimo —protesté.

Ruth arqueó una ceja y volvió a su trabajo sin decir
una palabra.

Hacía poco que había empezado a confiarle a Ruth
cosas de Ulvi. Fue un error, porque ella le tenía un boicot
perpetuo a todo lo alemán, y le desagradó Ulvi desde el momento en que supo que vivía en Stuttgart.

—¿Qué es lo que buscas en un hombre tan viejo
como tu mamá? —me preguntaba—. ¿Es eso lo que ves en
él, un padre sustituto?

—Suspéndeme a Freud, Ruth —le dije.

—Cuando tú vas, yo vengo de regreso —continuó
—, y un hombre mayor quiere sólo una cosa de una muchacha como tú.

—Entonces, no son sólo las puertorriqueñas las que
creen eso —le respondí.

—Los hombres son iguales donde quiera —me dijo
—. Sólo te traen *tsuris*.

—Pero ¿y Morey? —le pregunté.

—Él era la excepción —respondió.

—Me pregunto si los hombres hablan sobre las mujeres de la misma manera que nosotras hablamos sobre ellos
—murmuré, después de un rato—. Pensarán que nosotras
somos una lata.

—Probablemente —dijo Ruth.

Los periódicos y las revistas hablaban de una nueva perspectiva para las mujeres, un ideal feminista en el que algo más que los hombres definieran nuestras vidas; pero yo no sabía cómo lograr eso. Tampoco sabían hacerlo Rayenne, Dayenne, *Baby Face*, Ruth, Alma ni Mami. La única mujer que conocía cuya vida no parecía girar alrededor de los hombres, era Jacqueline. Después que me contó que su novio de la secundaria la había dejado plantada, jamás lo volvió a mencionar. Yo suponía que alguien con cáncer terminal tendría cosas más importantes por qué preocuparse.

Jacqueline desaparecía por días y, cuando le preguntaba dónde iba, me decía que "al tratamiento". No le gustaba hablar sobre su enfermedad, decía, porque quería mantenerse optimista. No me podía imaginar cómo podía mantenerse optimista sabiendo que iba a morir.

—Pero, todos nos vamos a morir —dijo, lo cual tenía mucho sentido.

Aún así, no me gustaba pensar en eso. Yo no era tan optimista como para pensar que la vida era maravillosa, pero tampoco era tan pesimista para suponer que la muerte fuera inminente.

****

A finales de enero, Ruth tuvo unas reuniones a puerta cerrada con Mr. Margolis, de las que salía echando chispas.

—¿Quién se cree ése que es? —murmuraba. No estaba segura de si me hablaba a mí o a sí misma. No decía sobre qué habían sido las reuniones y yo no la presioné. Pasados unos días, Mr. Margolis me llamó a su oficina.

—¿Cómo te llevas con Ruth? —preguntó.

—Es estupenda —le contesté—. Me ha enseñado muchísimo. Los clientes la adoran y es divertidísimo trabajar con ella.

Él pareció aliviado. Francine me sonrió ampliamente cuando salí, lo que me llevó a pensar que había escuchado la conversación con el jefe, detrás de la puerta cerrada.

El teléfono de mi escritorio estaba sonando cuando regresé. Era Mami.

—Llamó el alemán —se oía asustada.

—Ulvi es turco —la corregí—, es que vive en Alemania.

—No, no el turco ése —me dijo—. El otro. *Jergen's.*

—¿La crema de manos?

—*Jergen's, Jergen's* —repitió como si yo fuera sorda. También estaba hablando alto—. Con el que te ibas a casar.

—¿Jürgen?

—¡Ése mismo! —me dijo—. Llamó. ¡Está en la cárcel! Ay Dios mío, Negi, ¿qué podrá ser? Pidió tu número, pero yo no se lo di.

—¿Está en la cárcel?

Ruth me miró desde su escritorio. Me viré y cubrí el receptor. Mami estaba nerviosa, insistiendo en que fuera a Brooklyn inmediatamente. Poco a poco, le fui sacando que Jürgen me había llamado para decirme que todavía me amaba y quería casarse conmigo.

—Tiene que estar loco pa' llamar *collect* desde la cárcel pa' pedirte que te cases con él.

—¿Que llamó *collect*?

—Más vale que te vengas pa'cá —dijo Mami—, por si vuelve a llamar.

—No, Mami —le dije—. Si vuelve a llamar, no aceptes la llamada, y se acabó.

—¿Por qué está en la cárcel?

—¡Qué sé yo! Hace más de un año que no lo veo.

—¡Ay, gracias a Dios! Yo pensé que estabas con él de nuevo, ahora que el turco ése está por allá.

—No, Mami, no estoy con él ni con ningún otro hombre. El turco regresa pronto.

Colgué, y no sabía si reír o llorar.

Cuando me viré, Ruth me estaba observando.

—¿Qué está pasando?

Me estaba riendo, pero tenía lágrimas en los ojos.

—Un antiguo novio que llamó a mi mamá collect desde la cárcel porque quiere casarse conmigo.

A Ruth se le querían salir los ojos.

—Contigo uno no se aburre nunca, ¿verdad?

—Yo no estuve dispuesta a casarme con él antes, ¿por qué me querría casar con él ahora?

—Ustedes los puertorriqueños son tan románticos —sonrió—. Probablemente, piensa que te va a impresionar.

—No es puertorriqueño —le dije, cortante—, es alemán, podría ser hasta judío —añadí—, y regresé a mi trabajo.

—Perdóname. No quise decir eso —me dijo Ruth.

—No importa.

Estaba molesta. Lo que hubiera querido decirle era: "¿Por qué es que la gente nunca quiere decir las cosas del modo en que las dice? ¿Por qué esperan hasta después que lo dicen para darse cuenta de que no querían decirlo así?".

Era viernes, y Ruth, como de costumbre, se fue temprano, por el *sabbat*. Yo todavía tenía que terminar un trabajo, pero se me hacía difícil concentrarme. Mi imaginación febril era una maldición. Me hacía revivir conversaciones en las que era más ingeniosa, más valiente, más serena de lo que era en realidad. Urdía escenarios inverosímiles donde representaba papeles heroicos improbables.

No había manera de que Jürgen pudiera saber dónde trabajaba o vivía yo ahora. Pero, tenía miedo de salir por la puerta del número 11 de la Calle Cuarenta y dos oeste, porque lo imaginaba a él, esperándome en el *lobby*, vestido de preso, con la bola y la cadena en la mano. Salí por la puerta de al lado con el tiempo justo para encontrarme con Alma para cenar. Tenía montones de planes para el sábado siguiente, que era Día de San Valentín. A ella le parecía que Bill ya estaba listo para proponerle matrimonio. No le dije nada de Jürgen y de la posibilidad de que ya se hubiera robado el avión que habría colmado la copa.

Ese domingo fui a Brooklyn. Mami todavía estaba azorada con la llamada de Jürgen, y una vez más le aseguré que, si ella no volvía a aceptar otra llamada con cargos revertidos, él no la molestaría más. Ella contestó que cambiaría su número telefónico si los hombres iban a seguir llamándome desde la cárcel.

—Ése es el único hombre que me ha llamado a mí desde la cárcel.

No me hizo caso.

—Con esa gente uno nunca sabe. Ellos hablan unos con otros.

Me fui temprano, porque no quería entrar en discusiones sobre quiénes podrían ser "esa gente" y qué podrían estar diciendo de mí.

Jacqueline había pegado una notita en mi puerta preguntándome si tenía tiempo para cenar con ella. En los meses que hacía que nos habíamos conocido, yo había ido a recitales y a espectáculos de baile con ella, pero nunca la había visto comer otra cosa que no fueran las galletitas de mantequilla que me servía con el té. La tarde estaba agradable y caminamos hasta el *Carnegie Deli* porque ella tenía antojo de comerse "un auténtico sándwich de pastrami al estilo neoyorquino". Cuando se lo sirvieron, Jacqueline inhaló profundamente.

—Aaah —suspiró—, ¡huele tan rico!

En sus dedos huesudos, la mitad del sándwich que levantó lucía incongruente, demasiado grande para sus manos. Apenas le cabía en la boca, pero mordió un pedacito y lo fue masticando completamente, como para licuarlo.

—¡Ay, está tan rico! —exclamó con tal entusiasmo que los demás parroquianos se dieron vuelta para ver lo que había ordenado. Ella se ruborizó y se limpió los labios.

—Hacía tanto tiempo que no me comía uno —dijo—. ¡Está delicioso!

Con la piel encendida y los ojos brillantes, Jacqueline lucía más animada de lo que jamás la había visto. Comimos en silencio la mayor parte del tiempo. Yo hubiera querido planificar nuestra asistencia a los espectáculos de la próxima temporada del *Joffrey Ballet*, pero no me atreví a interrumpir su inmenso gozo.

Después del sándwich de pastrami pidió un pedazo de bizcocho de queso cubierto de cerezas. Esto lo consumió también con tal deleite que yo ordené un pedazo para mí, a pesar de que estaba a punto de explotar por la tortilla de setas y queso que había ordenado. Cuando salimos del restaurante, la noche había refrescado. Una nieve suave caía de los techos de los edificios y bailaba alrededor de las luces de la calle.

—¡Es tan hermoso! —exclamó. Se me adelantó saltando y, canturreando unas notas del Cascanueces, bailó unos pasos de *La Danza de los Copos de Nieve*. Los transeúntes la aplaudieron, y ella se inclinó con la profunda reverencia de las prima *ballerinas*. Caminamos tomadas del brazo hasta *Times Square*, dejando que los copos de nieve se derritieran en nuestro pelo, hablando sobre lo mucho que nos encantaba Midtown, de lo vivo y animado que era siempre, y de cómo aun sus áreas más sórdidas eran parte de su encanto. Ninguna de las dos podía entender por qué no nos sentíamos amenazadas en un vecindario que la mayor parte de la gente evitaba. Cuando les pasamos por el lado, saludamos a Rayenne y a Dayenne, que temblaban en la esquina.

—Hola, chicas —dijeron. Era la primera vez que las oía hablar.

Cuando en nuestro piso nos despedimos frente al ascensor, Jacqueline me besó en la mejilla.

—Me he divertido tanto. Gracias —me dijo.

Me abrazó.

—Estoy tan contenta que podría bailar el resto de la noche.

Y saltó con gracia por todo el pasillo. Al llegar al final hizo una pirueta y saludó con una reverencia. Yo aplaudí. Ella dobló en la esquina, y desapareció.

Mi teléfono estaba sonando.

—*Jergen's* volvió a llamar —dijo Mami—. Esta vez no llamó *collect*. Quería tu número, pero le dijimos que te habías casado y te habías mudado. Así no te molesta más.

—Hiciste bien, Mami. Gracias.

Unos minutos más tarde volvió a sonar el teléfono. Era Ulvi, llamando desde Riyadh. No hablamos mucho porque la llamada era cara, pero él quería decirme que todo iba bien y que pronto íbamos a estar juntos.

—Mañana me reúno con un par de príncipes —me

dijo——. Algún día vendrás aquí conmigo, Chiquita ——añadió——. Todas las mujeres usan velo. Es precioso.

Después que nos despedimos, me imaginé vestida como la versión hollywoodense de *Schehrazada*, con pantalones de harem bordados en lentejuelas, envuelta en velos de chifón de colores brillantes, y con mis dedos adornados con sortijas de piedras preciosas.

****

En el Longacre teníamos un sistema telefónico antiguo, aun para los estándares de 1970. La recepcionista, que durante la semana era Mrs. O'Dell, pasaba las llamadas a través del cuadro telefónico y se quedaba en línea hasta que se lograba la conexión. Cuando Mrs. O'Dell estaba de turno, yo abreviaba mis conversaciones, porque con frecuencia escuchaba cierto *clic-clac* que no se escuchaba de noche ni durante los fines de semana.

Cuando estaba saliendo para el trabajo el lunes por la mañana, sonó el teléfono. Era Mami, histérica.

——Negi, el FBI acaba de llamar preguntando por ti.

——¿Que qué?

——¡Tuve que darles tu número! Probablemente te están llamando por lo de *Jergen's*. Yo sabía que ese hombre te iba a traer problemas.

——Cálmate Mami. Todo va a salir bien, yo no lo veo a él hace siglos. Probablemente están llamando porque él me llamó a mí.

——Yo voy a dar de baja este teléfono hoy mismo ——dijo.

Tan pronto colgué, el teléfono volvió a sonar.

——Querida ——susurró excitada Mrs. O'Dell——, tienes

una llamada. Dice que es del FBI. ¿Te lo paso?

—Sí, Mrs. O'Dell —respondí, tratando de sonar como si algo así me pasara todos los días.

El hombre se identificó como el agente Carson, y quería hablarme "de un cierto Jürgen Müller que trató de contactarla a usted hace un par de días".

Clic-clac-clic.

Le sugerí que, durante mi hora de almuerzo, nos encontráramos frente a la Biblioteca Pública de Nueva York, por la entrada lateral en la Calle Cuarenta y dos. Cuando colgué, los dientes me castañeaban y tenía los dedos adormecidos. Cuando el ascensor me dejó en el *lobby*, Mrs. O'Dell se inclinó sobre el escritorio de recepción para verme ir; detrás de sus grandes lentes, sus ojos estaban a punto de salírsele de las órbitas.

Las horas hasta mi período de almuerzo fueron un suplicio. Cada vez que miraba el reloj de pared, veía que sólo habían pasado cinco minutos desde la última vez. Ruth se dio cuenta que estaba intranquila y preguntó qué me pasaba, pero yo no le hice caso y seguí zarandeando papeles de un lado al otro de mi escritorio, como si estuviera haciendo algo remotamente parecido a mi trabajo. Salí cinco minutos antes de la hora para mi travesía de cruzar la calle.

Era un día brillante y agradable. Los copos de nieve de la noche anterior se habían derretido y ahora eran charcos en las cunetas. Observándome mientras cruzaba la calle, un hombre alto me esperaba en las escalinatas de la Biblioteca, Tuve que serenarme porque, aparte del modo como estaba vestido, se parecía a Jürgen, con su mismo tono de pelo rubio, sus ojos verdes y facciones angulosas. Tenía un corte de pelo militar y estaba vestido como uno de los policías en *The Naked*

City, de traje oscuro y corbata, camisa almidonada blanca, zapatos negros, pesados, y un sobretodo oscuro de solapas anchas. Me mostró su placa y me dio pánico.

—¿Estoy metida en algún problema? —pregunté.

Su rostro no perdió su expresión neutral.

—Sólo tengo unas preguntas.

Estaba temblando, así es que entramos y nos sentamos en una mesa de esquina en el salón de lectura.

—¿Jürgen Müller la llamó a usted el viernes pasado? —preguntó.

—Llamó a casa de mi mamá. Ya no vivo allí. Pero supongo que ya usted sabe eso —le sonreí. Pero él no sonrió.

—¿Ha tratado él de comunicarse con usted desde entonces?

—Llamó anoche otra vez —le dije—. Pero ella no le dijo cómo localizarme.

—¿Sabe ella de dónde estaba llamando él?

—La primera vez llamó *collect* desde la cárcel, y eso la dejó loca. El agente Carson asintió.

—Lo de la llamada *collect* no fue lo que la asustó —corregí—. Es que a nosotros nunca nos habían llamado desde la cárcel —añadí—, para que supiera que nosotros éramos puertorriqueños respetuosos de la ley. —Ella le dijo que yo estaba casada y me había mudado. Estaba asustada y quería sacárselo de encima.

—¿Usted lo conoce por algún otro nombre?

—¿Quiere decir un alias? —le pregunté.

Al agente Carson no le gustó que yo lo corrigiera.

—Sí, un alias.

—No.

—¿Usted está absolutamente segura de que no ha

hablado con él en los últimos días?

Lo fulminé con la mirada, sin saber bien por qué había pasado de asustada a hostil.

—Jürgen Müller se escapó de una cárcel federal el viernes por la noche —dijo el agente Carson después de una pausa y yo casi me caigo de la silla.

—¡Ay, Dios mío! Él ha estado en nuestra casa. ¿Por qué me estaría buscando? ¿Necesito protección policíaca?

—Nosotros también nos preguntamos por qué la está buscando a usted —me dijo.

—A lo mejor sé demasiado —insinué, y la mejilla izquierda del agente Carson se contrajo.

—Estábamos comprometidos, pero yo rompí el compromiso. No lo he visto desde el verano de 1968. Desde agosto —añadí—, porque supuse que él necesitaba datos específicos.

El agente Carson preguntaba y yo contestaba con veracidad, diciéndole todo lo que yo sabía sobre Jürgen. Era de Hamburgo; sus padres todavía vivían allí. Era piloto y la última vez que hablamos me dijo que tenía un trabajo piloteando el avión privado de un jeque egipcio de Alejandría.

El agente Carson tomaba notas en una libretita de espiral que tenía aire oficial. Yo esperaba que terminara de escribir.

—Me dijo que robaba aviones y los vendía en Suramérica y en el Oriente Medio. Al principio no le creí —expliqué—. Me parecía tan improbable. ¿Es por eso que está... estaba... en la cárcel?

Hizo caso omiso a mi pregunta.

—¿Dijo algo sobre automóviles?

—En nuestra primera cita dimos un paseo de prueba en un *Porsche* y cada vez que salíamos él tenía un carro deportivo diferente, pero nunca se me ocurrió que pudieran ser robados. Me siento tan tonta.

También, me sentí aliviada. Nunca le había hablado a nadie del pasado delictivo de Jürgen.

—¿Dónde dijo él que conseguía los carros?

—Nunca pregunté. No quería saber, supongo.

Era embarazoso mirar al fornido agente Carson con su corte de pelo militar y su corbata fuertemente anudada.

—¿Cuándo fue la última vez que habló usted con él?

Le expliqué que yo había roto el compromiso por teléfono, mientras Jürgen estaba en Los Ángeles. El agente Carson seguía aguijoneándome, y le conté de Donny, el *bartender* irlandés en cuyo apartamento se quedaba Jürgen, de la novia de Donny en Long Island, de Flip, su amigo, que se reunió con nosotros en Jones Beach, después de cruzar el país en un *Jaguar*.

—¿Era robado también? —pregunté, y el agente Carson miró para otro lado.

—¿Tiene usted alguna idea de dónde puede estar? —pregunté.

—No.

Sacó una tarjeta de presentación de su bolsillo y la deslizó sobre la pulida mesa.

—Llámeme si trata de contactarla otra vez. ¿De acuerdo?

Pasé los dedos sobre las negras letras grabadas al relieve en la prístina tarjeta blanca. En la esquina izquierda aparecía el logo dorado del FBI.

—¿Puedo preguntarle algo?

—No puedo ofrecerle información alguna que forme parte de esta investigación.

—No, yo no espero que usted haga eso, por supuesto que no. Sólo… quiero saber por qué él estaba en la cárcel… y… y dónde. ¿Debo preocuparme de que él vaya a ir a casa de mi madre? Él no era violento, por lo menos, no, conmigo… Yo nunca he tenido problemas con la Policía. Mi mamá mandó a desconectar el teléfono…

Cerré la boca para no seguir disparateando.

—Él podría tratar de comunicarse con usted nuevamente. Avísenos si lo hace.

—Él se me declaró a las pocas horas de conocerme. Nunca pude entender eso… ¿Querrá eso decir que él realmente me amaba? Quiero decir, yo nunca creí… Él dijo que no era impulsivo…

El agente Carson se enderezó la corbata, miró alrededor del silencioso salón, colocó las manos sobre la mesa y se las examinó.

—Usted es una joven encantadora —dijo—; probablemente se enamoró de usted a primera vista.

Habló como si cada palabra le costara.

—No tenía que decirme eso.

Ahora me tocó a mí examinarme las manos.

—No estaba buscando un cumplido.

—La llamó porque quiere estar con usted. Si vuelve a contactarla, me llama.

No le contesté, aturdida ante la idea de que hubiera dos hombres al margen de la ley rivalizando por mi atención.

—¿Alguna otra cosa?

El agente Carson rompió mi embeleso.

Tenía muchas preguntas, pero sabía que él no me iba a decir la verdad. Nos dimos la mano y esperé hasta que saliera por las anchas puertas. Me sentía vigilada, como si cada antiguo erudito en el salón de lectura, cada investigadora miope, cada bibliotecario, fuera un agente del FBI estudiando cada uno de mis movimientos.

Me dirigí hacia los periódicos y busqué el *New York Times* de ese fin de semana. La fuga no era noticia de primera plana. Enterrada en la edición del domingo, aparecía la historia de nueve hombres que habían escapado de la *Federal House of Detention* el viernes por la noche, unas horas después de la primera llamada de Jürgen. Según el periódico, él era austriaco y no, alemán, así es que el cuento de que era de Hamburgo era un embuste. Jürgen era uno de sus alias. Estaba preso por entrar ilegalmente en los Estados Unidos, y permanecía detenido en espera de una vista preliminar.

Leí la historia varias veces, pero siempre arrojaba la misma información esquemática. Me preguntaba si el agente Carson sabría algo sobre las demás actividades ilegales de Jürgen, antes de que yo, en mi pánico y en mi deseo de ser una buena ciudadana, lo denunciara al dar más información de la requerida. Me sentía culpable de haber traicionado a Jürgen, quien el mismo agente Carson había dicho que me amaba, y esperaba que no lo capturaran. Estrujé la tarjeta del agente del FBI y la tiré en el cesto de la basura que había frente al número 11 de la Calle Cuarenta y dos oeste. Si Jürgen llamaba, la única manera de subsanar mi deslealtad era no entregándolo. Que lo encontraran ellos.

Estuve pendiente de los periódicos durante el resto de la semana, buscando la noticia de la captura de Jürgen. El último informe sobre la fuga de la prisión apareció el sábado siguiente, Día de San Valentín. Tres hombres, descritos como asaltantes de banco, fueron encontrados temblando, en la parte de atrás de un camión refrigerado lleno de carne de res que había sido secuestrado un par de días antes. Se habían afeitado las cabezas para cambiar de apariencia. Ninguno de ellos era Jürgen. Durante semanas, estuve esperando una llamada telefónica, un emplazamiento para testificar en un juicio, algo. Pero nunca llegó.

****

Cuando ese sábado por la tarde regresé de la clase de baile, había recibido una tarjeta postal de Ulvi, que estaba en Ceilán. "Es país bello", escribió. "Algún día lo veremos juntos. Te quería aquí conmigo. Te quiere, Ulvi". La tarjeta tenía un matasellos de semanas atrás, cuando yo creía que andaba por el Oriente Medio.

Arriba encontré un ramo de pálidas rosas rosadas con una tarjetita que decía "Feliz Día de San Valentín. No quise despedirme porque sé que nos volveremos a encontrar. Cariños, Jacqueline". Corrí hasta su habitación y toqué a la puerta. Nadie contestó. Llamé a recepción.

—Lo siento —la voz de Mr. Winslow, el recepcionista de los fines de semana, se quebró—. Jacqueline nos dejó.

—¿Se murió?

—Regresó con su familia.

Hubo un largo silencio.

—Está muy enferma; usted lo sabe.

—Sí, Mr. Winslow, lo sé. ¿Tiene usted alguna dirección de ella?

—Lo siento, no puedo darle esa información.

—Si yo le escribo una carta, ¿usted se la puede remitir?

—Supongo que puedo hacer eso —dijo dubitativo.

—Gracias —y colgué antes de que se arrepintiera.

Le escribí a Jacqueline una larga y llorosa carta diciéndole lo mucho que la iba a extrañar y dándole la dirección de Mami, por si acaso Ulvi regresaba y yo había tenido que mudarme del Hotel Longacre.

—¿Usted tiene planes especiales para el Día de San Valentín? —preguntó Mr. Winslow mientras buscaba la dirección de Jacqueline en la bitácora del hotel.

—Ya quisiera yo —le dije.

Empezó a decir algo, pero yo me despedí y salí del edificio con idea de buscarme algo de comer en el colmado que quedaba a la vuelta de la esquina. No tenía ganas de sentarme sola en un restaurante lleno de parejas enamoradas mirándose a los ojos. Rayenne y Dayenne estaban en la esquina, temblando en sus disfraces rojos y blanco.

—Feliz Día de San Valentín —les dije, y ellas rieron.

El reflejo de la luz fluorescente del colmado era deprimente. Caminé los pasillos de arriba abajo sin tener idea de qué comer. La comida ya cocinada no se veía fresca, así es que decidí cocinar yo. Mis únicos utensilios de cocina en el Longacre eran: una sartén de teflón, una espátula, una cuchara, un tazón y una tetera eléctrica, que fui comprando según mis habilidades culinarias fueron progresando, hasta que pude batir huevos y hervir agua para el café instantáneo. Cogí media docena de huevos y una barra de mantequilla y me dirigí a la caja registradora.

—Con permiso —dijo una voz detrás de mí. El hombre más guapo que había visto jamás sonreía frente a mí, con un cesto de compra vacío en su mano izquierda y en la derecha, una caja de comida congelada—. ¿Usted sabe cómo hacer esto?

Tenía un acento fuerte. Cogí la caja y leí las instrucciones en voz alta.

—Coloque en una olla de agua hirviendo de tres a cinco minutos. Escurra y sirva con cebollas salteadas o crema agria.

—¿Quiere cenar conmigo? —preguntó.

Coloqué la caja en la canasta.

—No me gustan los *pierogies* —contesté, y me alejé.

Mientras pagaba, controlé el deseo de averiguar si estaba tratando de levantar a otra candidata para su comida congelada. No había caminado por la congestionada acera más de unos pasos, cuando escuché su voz nuevamente.

—¿Le gustan más los huevos? —preguntó.

Rayenne y Dayenne se habían desentendido de los carros que paseaban por la Octava Avenida para estar pendientes de mi intercambio con Gorgeous George.

—No estoy interesada —le dije, y seguí caminando. Rayenne y Dayenne se acercaron hasta quedar entre nosotros.

—Esta noche no come huevos —agarró mi bolso con la compra y jugando lo tiró al cubo de la basura de la esquina. Quise enojarme, pero me reí. Rayenne y Dayenne se retiraron.

—¿Habla español? —dijo.

Tenía un acento tan fuerte en español como en inglés. —¿*Fala português?* —volvió a intentar, y había tanta esperanza en su gesto y hacía tanto frío afuera que accedí a cenar con él.

Caminamos a través del gentío, mirando abstraídos las luces de *Broadway*. Me dijo que su nombre era Oscar, que era brasileño, que vivía en Río, y que me había seguido hasta el colmado.

Tenía una piel de un cálido color oliva, los ojos color

avellana, el pelo marrón, y una voz dulce que subía y bajaba con suaves vocales y consonantes inesperadas. Él comprendía el español, pero le daba trabajo hablarlo. Yo no hablaba portugués, pero lo entendía mejor que su inglés. De alguna manera logramos comunicarnos; él, en portugués y yo, en español. Justo a la salida de la Quinta Avenida, nos sentamos en una mesita, en la parte de atrás de un estrecho restaurante en penumbras, lleno de parejas que murmuraban y se tomaban las manos, mientras las botellas de *champagne* se enfriaban en las hieleras de metal colocadas al lado de las mesas.

—¿Por qué —me preguntó—, estás sola en el Día de los Corazones?

—Porque mi novio es un ladrón de bancos que, para poder casarnos, escapó de prisión a principios de esta semana, pero fue capturado anoche.

Oscar chifló.

—¿Y tú?

—Estoy en Nueva York por asuntos de negocios.

No pregunté.

Comimos y tomamos *champagne*. Entendíamos la mitad de lo que el otro decía, quizás menos. Después de cenar quiso bailar, así es que caminamos hasta el *Coco Lounge* en la Cincuenta y tres, que estaba repleto. Oscar, sin embargo, sabía cómo ofrecer propinas antes de recibir el servicio. Estábamos sentados tan lejos de la pista de baile en ese club tan atestado, que era mejor seguir bailando que regresar a la mesa después de cada pieza. Era un excelente bailarín, suelto y musical. Habían pasado meses desde que había estado en los brazos de un hombre heterosexual, y los de Oscar se sentían fuertes y sólidos. Olía rico, a una combinación de especias y sudor que era embriagante. Bailamos hasta el amanecer y salimos cuando empezaba a clarear el cielo de una helada mañana. Al golpearme el aire frío, se rompió el encanto. Quise regresar al Hotel Longacre y caer derrumbada en mi cama estrecha. Para mi sorpresa, Oscar no protestó. Caminamos tomados de la mano, riendo y hablando nuestro poliglotismo. Cuando llegamos a la esquina de la Cuarenta y cinco con Octava Avenida, él fingió buscar los huevos y la mantequilla que me había tirado a la basura la noche anterior. Quedamos en descansar y reunirnos más tarde para cenar.

Dormí todo el domingo. Mientras me vestía para salir me dije que no le estaría siendo infiel a Ulvi si todo lo que hacía era comer y bailar con Oscar, el brasileño. Desafortunadamente, eso no fue todo lo que hicimos.

****

El lunes me fui directamente al trabajo desde el St. Regis, donde había pasado la noche con un hombre cuyo apellido nunca pregunté. Dejé a Oscar profundamente dormido en la enorme cama de la habitación decorada en brocado, y entré en una clara y fría mañana de la Quinta Avenida. Sentí que me había quitado un peso de encima, pero no quería detenerme a pensar qué era lo que había estado cargando. Me senté en el mostrador de *Chock Full O'Nuts* y pedí una taza de café. El espejo detrás del mostrador reflejaba un rostro que no reconocí. Era yo, feliz. Evité mirarme a los ojos. Reprochaban a la persona detrás de ellos. Después de haber mancillado mi reputación de "nena puertorriqueña decente" al fugarme con Ulvi, con Oscar, el brasileño, había soltado gozosamente mi débil posición como *mujer puertorriqueña decente*. Pero no me arrepentía, y tampoco me sentía menos "niña buena" de lo que me sentía el día antes de que Ulvi "me hiciera el daño".

14. Otro tren vendrá.

Ruth se dio cuenta de que algo me había pasado, y lo mismo Francine. La ropa del domingo por la noche, demasiado elegante para la mañana del lunes, olía a cigarrillos y a sudor ajeno, a una noche de baile, a besos entre boleros. Durante mi hora de almuerzo, fui a casa a cambiarme. Cuando regresé a la oficina, Francine me contó que Ruth y Mr. Margolis habían discutido. Ruth había salido enfurecida y, presumiblemente, iba camino a su casa en New Jersey. Francine estaba tratando desesperadamente de comunicarse con ella, porque ese día vencía el plazo de entrega de las revistas que Ruth tenía a su cargo, y los materiales de producción tenían que enviarse por mensajero a la imprenta en Long Island.

El trabajo de Ruth era más complejo que el mío, sus clientes, más importantes para la compañía. Siempre era meticulosa con sus expedientes y mantenía los archivos bien organizados. Tan pronto miré su escritorio, que aun en medio de un arranque de furia había dejado recogido, le dije a Francine que no, que yo no podía hacer el trabajo de Ruth.

—Me decepciona que no quieras ayudarnos en esta crisis —dijo Francine.

Me mantuve firme. Yo no iba a hacer el trabajo de Ruth porque, si lo hacía, aunque sólo fuera para ayudar a la gerencia a salir de este aprieto, estaría socavándola a ella, y ya había traicionado a suficientes personas.

Francine se sentó en el escritorio de Ruth y trató de descifrar lo que debía hacer. Me seguía preguntando sobre un diseño que no había sido aprobado, y si un anuncio que estaba en la bandeja de los trabajos para corregirse ya estaba listo. Yo contestaba a sus preguntas sin facilitarle la tarea. Así se les pasó la hora límite de entrega. Regresé al Longacre y me acosté temprano, resuelta a buscarme otro trabajo.

Cuando desperté a la mañana siguiente, recordé algo que me había pasado hacía unos años. Había salido para la escuela más tarde que de costumbre, y corrí para alcanzar el tren. En el primer escalón de la estación del tren elevado, oí el traqueteo en la vía. Corriendo por las escaleras me abrí paso entre el gentío, pero las puertas se cerraron de golpe, justo cuando llegué al andén. Estaba furiosa conmigo misma por haber salido tarde de casa, por no haber corrido con suficiente rapidez, por haber perdido el tren segundos antes de que arrancara. Maldiciendo en voz baja, me decía que ése iba a ser el principio de un día terrible de frustraciones y conexiones perdidas. Molesta, caminé a zancadas hacia el fondo de la estación, mirando hacia atrás cada dos segundos, ordenándole al próximo tren que acabara ya de llegar retumbando por las vías para poder subirme y llegar a tiempo a la escuela. Cuando llegué al final del andén, las luces delanteras de un tren que se asomó por el túnel en dirección contraria, relumbraron. Otro tren vendrá. Escuché las palabras como si alguien las hubiese dicho en voz alta, y me di cuenta de que las había dicho yo. Otro tren vendrá. ¿Por qué apresurarme? ¿Por qué preocuparme? ¿Por qué enloquecerme? Otro tren vendrá. Y así mismo fue: otro tren que llevaba mi ruta entró en la estación. Se evaporó mi mal humor. Entré en el vagón sonriendo, segura de que en la vida perdería muchos trenes más, de que más puertas se cerrarían en mi cara, pero de que otro tren siempre vendría retumbando por las vías en dirección mía.

****

Ruth volvió después de que Mr. Margolis le enviara flores para dejarle saber, como ella frecuentemente le recordaba, que era indispensable. Unos días más tarde, un amigo me habló de un puesto como asistente del recientemente nombrado Director Ejecutivo del Museo de Arte Moderno (MOMA). Él insistía en que la plaza era perfecta para mí, porque querían llenarla con una mujer negra o puertorriqueña. Era la primera vez en mi historial de empleo que ser puertorriqueña constituía una ventaja, así que llamé para hacer una cita.

Alma me ayudó a preparar un resumé que destacara mi trabajo en *Lady Manhattan* y la experiencia de oficinista en *Margolis*. A ella le parecía que, dado que mi estilo era más bohemio de lo que ella consideraba apropiado para una oficina ejecutiva, para la entrevista, yo necesitaría un ajuar con aire más conservador. Le recordé que éste era un museo lleno de gente artística que, probablemente, usaba a diario una vestimenta mucho más extravagante que la que yo creaba para mis espectáculos de baile.

—¿Qué pasa si el turco llama y quiere que vayas a encontrarte con él en Alemania? —preguntó Alma.

—Él quiere vivir en Nueva York; así que esto sería perfecto —le respondí. De hecho, ése era su último plan.

Casi nunca hablaba de Ulvi con Alma ni con otra gente, porque nadie podía entender mi lealtad hacia él.

Me había pedido que lo esperara, yo le había prometido hacerlo, y aunque habían pasado seis meses sin que tuviera una idea clara de cuándo o de si finalmente regresaría, yo seguía esperando. Una parte de mí creía que nunca volvería, que se esfumaría en mi pasado como había hecho Jürgen, o como Jacqueline, quien nunca respondió a mi carta.

Ulvi escribía dos o tres veces por semana, llamaba casi todos los meses, todavía juraba que quería que estuviéramos juntos. Yo le respondía como él esperaba, con promesas, juramentos y garantías de que yo todavía era "tu Chiquita", todavía era "una niña buena". Sin embargo, hice algunos ajustes. Mi fin de semana con Oscar, el brasileño, me había enseñado que, si llegaba, yo estaría abierta al romance, si bien no, al amor.

Salí con un *disc jockey*, hermano de un bailarín de la ISD. Salí con uno de los vendedores de *Margolis*, hasta que Ruth me comunicó que era casado. Salí con un hombre con quien durante meses había intercambiado frases amables en el ascensor del número 11 de la Cuarenta y dos oeste, antes de que se atreviera a invitarme a salir. Las citas, generalmente, terminaban con un decoroso beso en el *lobby* del Hotel Longacre, y miradas anhelantes mientras las puertas del ascensor se cerraban y yo subía hasta el séptimo piso. Si bien carecían del encanto y del magnetismo de Oscar, el brasileño, el atractivo que estos hombres tenían era que no me exigían demasiado. Yo disfrutaba de su compañía, ellos parecían disfrutar de la mía y, después de un tiempo, se convertían en mis amigos, y como ocurría con los chicos homosexuales que me acompañaban al teatro y al *ballet*, nuestras citas se libraban de la tensión sexual. Con el tiempo, me convertía en la confidente de sus romances más fructíferos.

****

Elaine, quien trabajaba para el nuevo Director del Museo de Arte Moderno, me llamó para una entrevista. Era una mujer pequeña, de piel cremosa como de nata, de un corazón tierno que ella escondía detrás de una actitud pragmática y resuelta. Buscaba a alguien que fuera su asistente cuando su jefe, John Hightower, comenzara a desempeñarse en su cargo en el MOMA, el primero de mayo. Examinó mis credenciales y parecía convencida de que yo podría hacerme cargo del trabajo, pero todavía tenía que hablar con otras personas. Algunos candidatos tendrían que entrevistarse nuevamente con John, quien tomaría la decisión final.

No supe de Elaine por un par de semanas. En el ínterin, las cosas en *Margolis* se pusieron color de hormiga brava. La carga de trabajo aumentaba, y Ruth y yo teníamos que trabajar jornadas más largas para poder cumplir con nuestras fechas límite, y como nadie más podía hacer nuestro trabajo, no podíamos tomarnos días de descanso. La tensión estaba agotando a Ruth. Se veía ya como la anciana que era, y a veces lucía tan demacrada que me preocupaba que le diese un colapso.

Elaine me llamó para avisarme que estaba entre las finalistas para la posición en el Museo, e hicimos una cita para que John me entrevistara. Dejando a un lado las recomendaciones de Alma, me puse un traje vistoso de diseño indio y cepillé mi larga melena hasta que brillara.

Entré en su oficina, y desde su enorme escritorio, John me echó una mirada, y antes de que pudiera presentarme, dijo:

—Está contratada.

Ruth estaba tan contenta de que me dieran el trabajo

que, por primera vez desde que nos conocimos, me abrazó. Mi último día en aquel trabajo, me entregó una tarjeta y una cajita forrada de terciopelo envuelta en papel de seda. Adentro había unos aretes de perlas.

—Me las compré con el primer cheque de mi primer trabajo —me dijo—, mucho antes de que tú nacieras.

—¡Ruth, yo no las puedo aceptar! Son especiales.

—A caballo regalado no se le mira el colmillo —me reprendió—. Déjame ver cómo te quedan.

Me las puse y sonreí.

—¡Bellas! *Gey gezunt*. Que para bien sean —me dijo.

—Ay, gracias, muchísimas gracias, las voy a atesorar siempre.

Nos abrazamos por segunda vez desde que nos conocimos. Guardé los aretes en su cajita de terciopelo, para usarlos en ocasiones especiales. Cuando me miraba al espejo, siempre veía a la chica que Ruth veía, la del *chutzpah*.

****

A los pocos días de comenzar como Asistente de la Asistente del Director Ejecutivo del Museo de Arte Moderno, Elaine me entregó un paquete de papeles escritos a mano, cada uno grapado a la carta que contestaba. En las entrevistas, Elaine y John no me habían preguntado y yo no había dicho nada relativo a mis pocas destrezas como mecanógrafa.

—Haz dos o tres al día. No hay prisa —me dijo Elaine, notando mi desaliento.

Sin embargo, escribir a maquinilla, con todo lo intimidante que era, no sería mi mayor reto en el MOMA.

Contestaba el teléfono para Elaine y John y, desde el principio, casi todas las llamadas que entraban en la oficina del Director Ejecutivo anunciaban una crisis.

Mami siempre decía que yo era como Papi en la manera como manejaba los conflictos. Ella le gritaba, y él, en lugar de gritarle también, se alejaba, lo que la enfurecía a ella aún más. Yo hacía lo mismo. Siempre que fuera posible, evitaba las discusiones y la discordia, en casa o fuera de ella. Si yo venía caminando por la Quinta Avenida y alcanzaba a ver los carteles pintados a mano y el enjambre de manifestantes que con el puño al aire y entonando canciones folclóricas protestaba en contra de la guerra o a favor de los derechos civiles, cogía para otro lado. Si en alguna fiesta, mis amistades se expresaban con demasiada intensidad en contra de Vietnam, sabía que había llegado el momento de irme. Cuando alguien quería hablar seriamente sobre política, religión, las elecciones que se aproximaban, el fracaso de *The Great Society* o la renovación urbana, cerraba la boca o cambiaba el tema hacia algo más superficial, como el cine o los 40 éxitos musicales de la semana. Por lo único que sentía pasión era por mi familia, por el baile, por los libros, y por mi trabajo que, no importaba cuán aburrido fuera, siempre me tomé muy en serio.

—Tú no eres bien informada, Chiquita —me decía Ulvi con frecuencia—. Tú no puedes tener opiniones.

Hubiera podido tenerlas, pero no las tenía.

Cuando empecé a trabajar con John y con Elaine, no sabía que los museos y las organizaciones de arte, en general, eran instituciones contenciosas cuyo juego político era mucho más complicado que los insignificantes dramas y las intrigas sexuales de *Margolis & Co.* No sabía que las galerías que tan amorosamente exploraba casi todos los domingos eran campos de batalla, que para alguna gente los *Lirios de Agua* de Monet no eran el tranquilo refugio de belleza que yo siempre experimentaba, sino un símbolo de la hegemonía europea blanca en el mundo del arte. No sabía lo que quería decir hegemonía. No sabía que los círculos de poder del mundo del arte, cuando no estaban explotando a las "minorías" en el arte, simplemente ni las estaban tomando en cuenta. Nunca me había detenido a pensar si Pablo Picasso era un hombre blanco, o si los artistas jóvenes, cuyas obras formaban parte de la colección del Museo, se habían "vendido". Nunca había cuestionado por qué todos los nombres en las placas colocadas al lado de los cuadros eran nombres de hombre o por qué la mayor parte de esos hombres estaban muertos o eran mayores que Mami y que Ulvi.

No sabía qué pensar de los agresivos hombres y mujeres que, vestidos con *jeans*, con el pelo revuelto y oliendo a marihuana y a pacholí, insistían en que tenían derecho a un lugar junto a Picasso, Dalí y Giacometti. Para poder entender el desconstructivismo y el arte conceptual, para poder mirar la carga de un camión de bloques de hielo, amontonados en el jardín del Museo, bajo una temperatura de 90 grados, y encontrarle sentido —o no encontrárselo— mientras se iba derritiendo, se requería mayor sofisticación intelectual de la que yo poseía. ¿Por qué el artista no dibujó los bloques? ¿O los pintó? ¿O por qué no creó mejor una escultura que pudiera estar allí todavía al día siguiente? Simplemente, no lo entendía.

Por lo menos una vez a la semana, sonaba mi teléfono y un guardia de seguridad del Museo me anunciaba que teníamos algún lío. Grupos de teatro de guerrilla montaban representaciones en las salas. Grupos de manifestantes montaban piquetes frente a alguna de las exhibiciones. Los artistas y las artistas organizaban "sit-ins" en el jardín. Las exigencias eran siempre las mismas: una reunión con John para ventilar injusticias que ellos esperaban que él abordara.

John había dirigido el Consejo de Arte del estado de Nueva York antes de venir al MOMA. Conocía a muchos de los manifestantes y simpatizaba con sus puntos de vista, pero también era sincero con ellos. Él podía entender por qué querían tener voz en cómo se manejaba el Museo, pero no, no iba a dejar que fueran ellos quienes lo manejaran. Escuchaba respetuosamente, mientras los manifestantes se quejaban de que las personas de la alta sociedad, quienes componían una gran parte de la Junta de Síndicos, usaran su posición para adelantar sus propias causas en vez de promocionar, comprar y exhibir buen arte. Les decía que no había posibilidad alguna de que el Museo vendiera sus colecciones de arte de más de treinta años para hacer espacio para artistas más contemporáneos. Comprendía su frustración, les decía, pero iban a tener que trabajar con él si querían ver cambios, y no podían esperar que los resultados se dieran de la noche a la mañana.

Como la persona de contacto entre el resto del mundo y la oficina del Director Ejecutivo, yo estaba en el centro de la controversia sin tener ningún poder para influir en ella. Cada vez que de la Oficina de Seguridad llamaban para informarnos de saber que había problemas en las galerías, yo bajaba a investigar y, si podía, suavizaba la situación. Usualmente, lo único que se requería era la promesa de una reunión entre John y el grupo que, en ese momento, estuviera reclamando su atención. Otras veces, Seguridad tenía que llamar a la Policía para que removiera a los manifestantes, y la historia aparecía en el *New York Times* del día siguiente.

Uno de los líderes de las manifestaciones era un artista muy conocido cuyo trabajo formaba parte de la colección del Museo. Ralph Ortiz era un puertorriqueño nacido en Nueva York, autor de *Destructivism*: *A Manifesto*. Su serie *Archeological Finds* presentaba muebles —principalmente sillas y colchones — rotos, quemados, destruidos. Era miembro activo de *Guerrilla Art Action Group*, y bajo el título de *Destruction Realizations* montaba una serie de escenas en las que desbarataba aún más muebles e instrumentos musicales. También sacrificaba pollos. Aparte del hecho de que ambos teníamos progenitores puertorriqueños, no teníamos nada más en común, por lo menos, eso creía yo, pero me equivoqué.

Mientras seguía cuestionando muchas de las políticas del MOMA, Ralph estaba en proceso de fundar el Museo del Barrio, un museo de base comunitaria que él imaginaba como un lugar dedicado al trabajo de artistas puertorriqueños y también latinoamericanos. Tenía pasión por el arte precolombino, por los rituales de los pueblos originarios del hemisferio americano, por sus tradiciones. Pero no era tan etnocéntrico como para no escuchar música clásica europea, o leer a Nietzsche, Kierkegard y Sartre, o conversar con vehemencia sobre el papel del artista en la sociedad. Él fue el primer intelectual puertorriqueño que conocí. No era tan rico como Avery Lee, el petrolero tejano, ni tan misterioso como Jürgen, el fugitivo federal, ni tan guapo como Oscar, el brasileño, ni tan elegante como Ulvi, pero aun así, caí rendida ante él.

Mi posición entre los artistas belicosos y la administración del Museo complicaba mi relación con Ralph. ¿A quién le sería leal? Siempre que uno de los grupos con los que Ralph estaba comprometido aparecía para poner objeción a alguna exhibición, para impedir un estreno, o para interrumpir alguna reunión de la Junta de Síndicos, yo bajaba a atenderlo. En esas confrontaciones, yo representaba "el *establishment*" y él, el futuro del arte. Por lo menos, así lo veían ellos. La ironía de que fuera el rehén de "lo establecido" me daba risa.

En uno de esos encuentros, a raíz de que algunos miembros del grupo de teatro guerrillero fueran expulsados de las galerías después de una representación improvisada en la que se usó sangre de oveja, los manifestantes se reunieron frente al Museo. Liderando ese grupo estaba Ralph, agitando el puño, gritando consignas, exigiendo que John bajara y se reuniera con ellos. Yo medía cinco pies cuatro pulgadas y pesaba apenas cien libras. Ralph medía mucho más de seis pies y tenía un afro que se acicalaba con una aspiradora, para que, al esponjarse, pareciera frondoso.

En la confrontación con él y con sus amigos iracundos, sentí miedo. Aquí estaba el hombre en cuyos brazos me había recostado la noche anterior, gritando con la cara distorsionada por la furia. Sentía como si hubiera estado gritándome a mí, no, a la política del Museo. Casi lloraba cuando les pedí que, por favor, se retiraran. John se reuniría con sus representantes, pero no, en ese momento, ni allí.

No había cómo apaciguarlos. Me retaron. Cómo podía yo, una puertorriqueña, no entender de qué se trataba. Me había vendido, estaba actuando como blanca.

Se parecían a mí esos rostros marrones que gesticulaban en dirección mía, gritándome, insultándome. Yo tendría que haber estado del lado de ellos, no, del lado contrario de la controversia.

—Soy la única puertorriqueña en una posición administrativa aquí —dije, dejando a un lado por un momento su reto a mi identidad—. Ustedes exigen que haya representación de puertorriqueños y negros en el personal del Museo. Bueno, pues yo estoy aquí, y ustedes van a tener que ayudarme a hacer bien mi trabajo, para que más gente como yo sea contratada.

Mi lógica, sacada de la manga en ese instante, tuvo sentido para ellos. Ralph y Tom, otro de los líderes, calmaron a los manifestantes. Les prometí concertarles una cita con John. Se retiraron de mala gana, todavía murmurando que yo había traicionado a mi gente. Me hice como que no los oía, pero cada palabra, cada inflexión llena de odio eran como agujas calientes que hincaban mi piel.

Cuando estuvimos solos, Ralph trató de convencerme de que él y sus amigos no tenían nada personal en contra de mí, de que yo no debía interpretar sus actos como un ataque en contra de Esmeralda Santiago. Era arrogante, decía él, pensar así, puesto que él sabía y ellos sabían, que yo tenía muy poco poder para hacer algo más que concertar citas. Yo era, en pocas palabras, un *token*.

En menos de doce horas fui acusada de ser una vendida, una traidora a mi gente, y una figura nominal, pero el día no había terminado aún.

—¿Dónde estabas anoche? —preguntó Ulvi, cuando más tarde esa noche contesté el teléfono en el Longacre. No pude pensar con suficiente rapidez para inventarme una mejor mentira, y le dije que estaba enferma y había pasado la noche en la sala de emergencia. Me preguntó qué era eso tan grave que me aquejaba y que me había obligado a ir al hospital, y yo fui montando una mentira sobre otra, esperando que él las creyera. Mientras más detalles pedía, más creativa me ponía yo con la descripción de las personalidades de las enfermeras que me atendieron, del médico que no podía dar con lo que me pasaba, de los especialistas que fueron consultados, de los estudios y los rayos X. Lo que fuera que me había tenido tan enferma, se había curado solo, y me devolvieron a mi casa, y por eso, esta noche él me había encontrado en el Longacre, pero anoche, no. Yo me convencí a mí misma de que eso era lo que había pasado, pero sentí que Ulvi, no. Me dijo que sabía que le estaba mintiendo, y colgó.

Yo no tenía un número telefónico donde llamarlo. Ulvi usualmente no llamaba durante la semana; raras veces llamaba más de una vez al mes, y acababa de hacerlo hacía unos días. En las últimas semanas debió haber notado mi frialdad, mis cartas más cortas y menos frecuentes, y una renuencia a escribirle o a decirle demasiado sobre mi trabajo. Después de once meses, yo había renunciado a la idea de que él volvería, y había continuado adelante mi vida.

Un par de días después, recibí una carta de entrega inmediata en la que Ulvi me explicaba lo difícil que había sido luchar para poder tener un futuro conmigo. "No es fácil, Chiquita", escribió, y yo me preguntaba si a él le parecía que era más fácil para mí, una mujer saludable de veintidós años, vivir a la expectativa de esos finales felices que él me pintaba, después de haberme dicho que no podía casarse conmigo. ¿De qué clase de futuro hablaba? ¿Tendría yo que ser su novia el resto de mi vida? Al menos, mis amoríos no venían acompañados de promesas, y yo agradecía eso. Cero promesas, cero desencantos. Todo era más claro así.

—¿Cómo puedes hacer eso? —quería saber Alma—. Tu esposo está en Europa, y tú estás saliendo con otros hombres. Eso no está bien.

—Él no es mi esposo.

El noviazgo de Alma con Bill había sobrevivido las objeciones de sus padres. Parecía ser que su amor por Alma había vencido su oposición. Todavía no la querían, pero a Bill no le importaba. Mientras tanto, el ejército lo había reclutado y quería casarse con Alma antes de partir. Ella esperaría su regreso. Castamente, suponía yo.

Ulvi llamó unos días después. Me había perdonado, dijo. Él entendía lo difícil que se me hacía estar sola todo ese tiempo y me tenía una sorpresa, me dijo. Tenía una oportunidad en Tejas.

—No lo he decidido, Chiquita, depende de ti.

—¿De mí? ¿Cómo?

—Vamos encontrar en algún sitio. Yo puedo conseguir pasaje barato para las Bahamas. Un amigo me dijo de *Paradise Island*. Será luna de miel. Podemos discutir. Yo espero que tú has ahorrado dinero. No puedo pagar tu pasaje.

Todavía hoy, no sé por qué le dije que sí.

15. "Te quería aquí conmigo".

Tomamos vuelos que aterrizarían en Nassau con sólo unos minutos de diferencia; Ulvi, desde Stuttgart; yo, desde Nueva York. Estaba nerviosa de volver a verlo y de que él me viera a mí. ¿Se vería tan mayor como era? ¿Se daría cuenta de que no estuve todo un año sentada en la habitación del Hotel Longacre esperando su llamada?

Cuando llegué al terminal después de pasar la aduana, allí estaba él, juvenil, contento de verme, agitando la mano, sonriente. Mis dudas se desvanecieron y volé a sus brazos y me sumergí en su mundo. En los brazos de Ulvi, me olvidaba de todo y de todos. Me sentía segura y amada. No me percaté de la esbelta rubia que teníamos al lado hasta que me la presentó.

—Ésta es Claudine —me dijo—. Ésta es Chiquita, mi novia.

Claudine se alegraba de conocerme, dijo, y tan pronto me besó las mejillas, se dio vuelta y nos pidió que la siguiéramos a un auto que nos esperaba, donde ya estaba guardado el equipaje de Ulvi. Al frente se sentó Reinhardt, un joven que también había llegado en el vuelo desde Stuttgart, y se iba a hospedar en el Paradise Hotel, adonde nos dirigíamos. Claudine era la gerente.

El hotel era un edificio bajo, largo, que daba a una espléndida playa en forma de media luna con arena muy blanca. Antes de registrarnos, Ulvi me tomó de la mano y me indicó que daríamos una vueltecita por los alrededores.

—¿Nos vamos a quedar aquí? —pregunté.

—Quizá —respondió.

La oficina y el restaurante al aire libre quedaban en el centro del edificio construido con bloques de concreto empañetados en cemento, y con techo de cinc corrugado. Estaba lo suficientemente deteriorado como para que, en el folleto que tomé en el mostrador de recepción, fuera descrito como "casual". Las habitaciones daban a la playa. Al fondo quedaba el bar techado de paja y achatado, junto a la piscina repleta de alemanes quemados por el sol.

—Nos quedamos —dijo Ulvi después de nuestro paseo.

Claudine se había puesto un bikini con un *sarong* encima, y estaba ahora recibiendo oficialmente a los huéspedes. Ella misma hizo nuestro registro, y le aseguró a Ulvi que nos había dado una de las mejores habitaciones. Era grande y cómoda, tenía un ventilador en el techo, un aire acondicionado en la ventana y una cama grande. Al entrar, me sentí nerviosa y me resistí al abrazo de Ulvi.

—¿Por qué tan tímida? —preguntó.

—Yo... Yo no sé. Ha pasado tanto tiempo.

Le gustó esa respuesta, y fue suave y considerado, enredándome de nuevo en su vida de secretos y caricias.

A la mañana siguiente nos sentamos en el *lobby* a llenar tarjetas postales con la foto del hotel. Claudine animaba a los huéspedes a que las enviaran a sus casas, y yo le escribí una a Mami, otra a Alma y otra a Elaine y a John. Mientras estábamos comprando sellos en el mostrador, alcancé a ver un par de las tarjetas que Ulvi estaba enviando, una para Irmchen, en Stuttgart, y la otra para Siri, en Ceilán. Sólo pude leer la última línea de la tarjeta de Siri: "Te quería aquí conmigo. Te quiere, Tu Ulvi". Él se dio cuenta que yo estaba leyendo por encima de su hombro, y respondió a mi mala educación con una mirada iracunda. Cambié la vista y me pregunté quién sería Siri, pero no dije nada, porque eso sólo habría confirmado que había estado averiguando lo que no me importaba.

Ulvi quería relajarse y divertirse, así es que durante los primeros días no hablamos de sus planes. Nadaba en el mar, mientras yo me sentaba en una silla de playa, inmersa en Sartre, a quien Ralph había insistido que yo debía leer. Fuimos a Nassau con Reinhardt, quien había alquilado un carro y estaba empeñado en explorar la isla. Por las tardes, íbamos hasta los pueblecitos cerca del mar, y allí en la orilla esperábamos a que los pescadores trajeran la pesca del día. Comíamos directamente de la concha, la carne dulce y temblorosa de los caracoles con un chorrito de jugo de limón. Por las noches, íbamos a los clubes nocturnos y al casino, de nuevo con Reinhardt, quien parecía tener interminables cantidades de dinero en efectivo que le complacía gastar invitándonos. En su apartamento, al otro extremo del Hotel, Claudine se organizó una fiesta de cumpleaños que Ulvi y yo abandonamos tan pronto los invitados empezaron a fumar pasto. Un hombre que Ulvi conoció en uno de los casinos, nos llevó en su avioneta hasta otra de las islas de las Bahamas donde estaba construyendo una villa de condominios a lo largo de la cristalina orilla. Ulvi lo había convencido de que nosotros, a lo mejor, invertiríamos en uno.

Cada vez que quería hablarle a Ulvi sobre "nuestro futuro" había algún sitio donde ir, más gente que conocer, otras cosas más importantes.

—Paciencia, Chiquita —decía—, hay tiempo.

Yo había pedido, y me habían concedido ocho días

de vacaciones, a pesar de que llevaba en el Museo menos de tres meses. Tenía ocho días para asegurarme un futuro con Ulvi o para decirle adiós para siempre. En aquel momento me había parecido mucho tiempo. Me habían parecido dos opciones claras cuando cerré la puerta de mi habitación detrás de mí, cuando me detuve donde Alma a despedirme, cuando iba camino al aeropuerto, mientras iba sentada en el avión leyendo *Being and Nothingness*, angustiada por las ineludibles responsabilidades en mi propia vida.

Después del desayuno, al quinto día de nuestro viaje, Ulvi decidió que había llegado el momento de "discutir ciertas cosas". Y yo descubrí que, durante esos días de descanso y fiesta, él había estado observándome.

—No me gusta tú bebes ahora —me dijo, porque había ordenado un ron con *Coca-Cola* y limón, en dos ocasiones esa semana.

—Tu *bikini* muy pequeño —dijo sobre el traje de baño que llevaba usando cinco días sin que me hubiese dicho nada.

—Tú hablas muy libre —dijo sobre mi capacidad de mantener una conversación trivial con Reinhardt y con el desarrollador de condominios.

Me disculpé por haber tomado ron dos veces en una semana, pero él también lo había hecho y no parecía que eso presentase ningún problema. Mi *bikini* era pequeño porque hacía un año, cuando él estaba escogiéndome la ropa, que me lo había comprado. Yo hablaba libremente con Reinhardt y con el hombre de negocios porque ellos habían hecho preguntas que me parecía que habría sido una mala educación no contestar.

—Muy bien, Chiquita, no te apures —me perdonó —. Ésta es la situación.

Tenía muchas, cómo se dice, castañas en el fuego en Europa y en el Oriente Medio, muchas posibilidades para hacer dinero y para dirigir películas. Tendría que quedarse en Europa un par de meses más hasta que las posibilidades se volvieran realidad.

—No, Chiquita, no puedes venir conmigo, debes esperar en Nueva York.

—Pero llevo un año esperando —protesté. Sin embargo, a él no le parecía que un año fuera mucho tiempo, si considerábamos que con que una sola de sus posibilidades se lograra, podríamos estar juntos.

—¿Nos vamos a casar? —le pregunté.

Hizo una mueca, irritado.

—No, yo no puedo casarme contigo.

—Entonces, ¿por qué tengo que esperarte? ¿Por qué debo estar contigo? ¿De qué clase de futuro me estás hablando?

—Vamos a estar juntos —me dijo—, mucho tiempo.

—Pero, si no hemos podido lograrlo por más de un par de meses. ¿Por qué debo creer que, si espero otra semana, otro mes, otro año, las cosas van a ser diferentes?

—Tienes confiar en mí, Chiquita —me dijo—. No puedes estar conmigo si no confías en mí. ¿Confías en mí, Chiquita?

Sus preguntas venían envueltas en caricias, abrazos y besos, por lo que era imposible decir: "No, yo no confío en ti", o "No, no quiero estar contigo". ¿Cómo iba a poder decirlo cuando él me abrazaba con tanta fuerza, cuando me decía que me amaba? Sí, en las Bahamas, y a pesar de las tarjetas para Irmchen y para Siri, él me dijo que me amaba.

—Confío en ti.

Sin embargo, tan pronto me soltaba y tenía un momento para pensar, para repasar cada encuentro desde que habíamos llegado a *Paradise Island*, ya no estaba tan segura. Antes de que su caricia se hubiera enfriado en mi piel, ya estaba discutiendo con él de nuevo. Si me amaba, no estaba bien que él estuviera en Alemania o viajando a ciudades lejanas, mientras yo estaba sentada en mi habitación en el Hotel Longacre, sola, esperando. No le confesé que yo tenía amistades, que salía, que había hombres en mi vida. Según lo veía yo, era un asunto de justicia. Él me debía, por lo menos, siete meses, desde el día que se fue hasta el día que conocí a Oscar, el brasileño. Estaba enojada con él por haberme abandonado; conmigo misma, por haberlo esperado, y con sus promesas, con sus mentiras. Me odiaba a mí misma y lo culpaba a él por ello.

Lloré constantemente los últimos tres días en aquel hotel destartalado en *Paradise Island* a la orilla de aquella playa virginal. Mis lágrimas lo ablandaron. Su pequeña Chiquita estaba llorando, a veces sin control, porque lo quería tanto, quería tanto estar con él, lo había extrañado tanto. Eso era lo que él decía. Me pidió que, por favor, dejara de llorar, por favor, contrólate, me dijo, vamos a hablar de esto con calma.

Lo que Ulvi no sabía, y yo apenas entendía, era que la mitad del tiempo, mis lágrimas no tenían nada que ver con lo que estábamos discutiendo. Yo bloqueaba lo que él estaba diciendo y me ahogaba por la ira que me había estado tragando por viejas injusticias, por el dolor largamente reprimido, por la indignidad de los insultos a los que no había respondido, por los temores que no podía superar. Me avergonzaba demasiado decirle: "No estoy llorando por ti, estoy llorando por la vez que se me cayó la última moneda que tenía y rodó por una alcantarilla, y tuve que pararme en la estación del tren a pedirle a la gente unos centavos para poder llegar a mi casa en Brooklyn. ¿Tú alguna vez has mendigado, Ulvi? ¿Alguna vez has visto la expresión de la gente cuando pides? Yo sólo quería llegar a casa".

Estaba segura de que Ulvi se arrepentía de haberme pedido que me reuniera con él en las Bahamas, y yo me arrepentía de haber venido. ¿En qué estaba pensando? En Nueva York yo tenía un buen trabajo, un novio interesante, un lugar barato donde vivir, amistades divertidas, una familia cariñosa.

—Yo no te necesito, Ulvi Dogan —le dije en medio de una de nuestras discusiones, y él me envolvió en sus brazos y murmuró:

—Sí, sí me necesitas, Chiquita.

****

La última noche que pasamos en *Paradise Island*, apreté mi oído contra su pecho y escuché su corazón mientras él me acariciaba el pelo. Me tomó por la barbilla para poder mirarnos, y me dijo que mis lágrimas le habían hecho ver lo difícil que había sido el pasado año para mí. No me lo había querido decir antes por no crearme expectativas. Él tenía una oportunidad en Tejas.

Ya se me había olvidado lo de la oportunidad en Tejas.

—Tú sabes que yo no ciudadano americano —continuó—, no puedo entrar y salir de los Estados Unidos como tú.

Había sido aceptado en la Escuela de posgrado de *Texas Tech University*, en Lubbock. Mientras fuera estudiante podría permanecer en los Estados Unidos.

Me incorporé y lo fulminé con la mirada.

—¿Te ibas a mudar a Tejas sin decirme nada?

—No, no había decidido hasta ahora —me dijo. No sabía si iba a ser posible que yo fuera con él, porque no tenía idea de dónde iba a estar viviendo. Tenía muy poco dinero. No podía mantener a dos personas.

—Yo puedo trabajar —le ofrecí—. Te puedo ayudar.

Me lo agradeció, pero me dijo que no podía decidirse nada hasta que él fuera a Lubbock. No estaba seguro de querer ser estudiante nuevamente, tenía casi cuarenta años y hacía mucho tiempo que no hacía asignaciones. Su inglés, tal vez, no sería lo suficientemente bueno. Sin embargo, era el único modo de poder permanecer en los Estados Unidos legalmente. No quería hacerlo como lo hacían otros extranjeros, quedándose más tiempo de lo que les permitía la visa.

—No importa lo que decido, siempre te voy a cuidar, Chiquita, lo prometo.

****

—Tú tienes que estar loca para hacer esto —me dijo Elaine cuando le dije que renunciaba a ser su asistente para mudarme a Tejas con un hombre un año mayor que mi mamá. En los tres meses que había trabajado en el Museo, mi relación con Elaine había sido estrictamente profesional. No éramos amigas, no discutíamos nuestras vidas privadas ni hablábamos de los demás. Su vehemencia me sorprendió. Estaba tan segura de que yo estaba cometiendo un error que me llevó a almorzar a un restaurante caro e invitó a Carol, la jefa del Departamento de Impresos. Carol era mayor que Elaine, y yo supuse que estaba allí para aportar la perspectiva de una mujer madura.

—Un hombre que te lleva diecisiete años sólo quiere una cosa —me aconsejó Carol.

—Y yo pensé que sólo las mujeres puertorriqueñas y las judías pensaban eso —murmuré.

—Las episcopales blancas también —respondió.

—Porque es cierto —añadió Elaine.

Las dos me contaron sobre cierta decisión que habían tenido que tomar en sus vidas y cómo habían tomado la decisión equivocada y todavía se arrepentían de ello.

Gracias a Sartre, sabía de las consecuencias negativas de cada opción que se tomaba en la vida, y había hecho una lista de lo que perdería, pero aun así, había decidido irme con Ulvi.

—Yo he aprendido que no existe eso de una buena decisión —dije—. Sólo tienes la decisión con cuyas consecuencias puedes vivir o la decisión que te mata.

—¿Estás dispuesta a sacrificar tu vida por ese tipo? —me preguntó Elaine.

—No, pero no quiero arrepentirme después. Debo cumplir con mi decisión de dejar a mi madre para poder estar con él.

—Esmeralda, eso no tiene ningún sentido —dijo Elaine—. Existe la misma posibilidad de que te arrepientas de haberlo dejado todo para seguirlo a él.

—Pero, por lo menos, habré hecho una decisión consciente —le dije.

—Te estás tomando el asunto del existencialismo demasiado a pecho —me dijo Carol.

—Si le digo que no ahora, nunca voy a tener otra oportunidad. Si le digo que sí, siempre puedo cambiar de parecer.

—Pero para entonces vas a estar en Lubbock, Tejas —me recordó Elaine.

—No vayas a salir encinta —me sugirió Carol.

Ulvi me envió un telegrama a los pocos días de llegar a Lubbock. No quería que fuera a reunirme con él porque le estaba costando trabajo conseguir un apartamento para una pareja.

—Pero ya lo notifiqué en el trabajo —le dije, cuando me telefoneó.

—Eso no es inteligente, Chiquita —me dijo—. Te dije que no estaba seguro de que me quedaría.

Había olvidado esa parte.

Llamó de nuevo después de un par de días para decirme que había encontrado un sitio. Reservé mi pasaje y llamé a Mami para decirle que me mudaba a Tejas.

—¿Con el turco ese? —me preguntó.

—Sí, Mami, con el turco ese.

—Ay, mi'ja, yo no sé por qué tú crees que después de todo este tiempo….

—Mami, por favor.

—Es tu vida, lo sé…

—Sí, es mi vida.

—Que la Virgen te favorezca y te acompañe —me dijo, soltándome con una bendición.

16. ¿Tú eras un *gaserbaiter*?

Había escuchado la expresión *Big Sky Country*, pero aun así fue impactante pararme en el patio de nuestro apartamento y ver esa inmensa escudilla celeste encima de nosotros. El cielo en Tejas era inmenso, y el terreno era plano como una tortilla. La temperatura afuera subía a más de 100 grados. El *Texas Panhandle* se encontraba en medio de una de las peores sequías desde la Gran Depresión. Las gramas tenían el color de la avena y crujían bajo los pies. El aire estaba cargado de un fino y amargo polvo rojo que se me metía en el pelo y en los pliegos de la piel, y era casi imposible lavármelo del cuerpo.

Nuestra vivienda quedaba en una casa tipo rancho, en un complejo residencial a un par de cuadras de la Universidad. Los dueños vivían en la parte del frente. Nosotros alquilamos la parte de atrás, una habitación amueblada con baño y una cocinita. Cuando los dueños me conocieron, quisieron saber si era mexicana.

—No, soy puertorriqueña —les dije.

—Ah, qué bueno —dijo la esposa, pero el esposo no estaba tan seguro.

Las clases no habían empezado, así que mi primer día en Lubbock, Ulvi sacó del garaje dos sillas de extensión y, esa tarde, nos sentamos a tomar el sol bajo una temperatura de cien grados. Tan pronto me relajé, Ulvi quiso hablar.

—¿Dónde estabas la noche que llamé y dijiste estabas en hospital?

Durante las próximas dos horas me interrogó sobre cada aspecto de la historia que yo le había contado. Recordaba los detalles mejor que yo y me señalaba las inconsistencias.

—Estás diciendo mentiras —me decía.

—¿Cómo puedes pedirme que confíe en ti —le dije—, si tú no confías en mí?

—Por que no digo mentiras a ti, Chiquita. Yo sólo digo verdad.

—Yo también —argüí—. ¿Por qué no puedes aceptar eso?

—Si admites que mientes, lo acepto —me dijo.

—No estoy mintiendo —insistí.

—Bueno, Chiquita, no mencionaré más.

Y nunca más lo hizo.

Dos semanas después de mudarnos, nuestros caseros nos dijeron que teníamos que buscarnos otro sitio donde vivir. Los vecinos se habían quejado.

—Tienen que entender —nos dijo el esposo—, no hay más gente de color en este vecindario.

—Les podría resultar incómodo a ustedes —añadió la esposa.

—¿Entonces, por qué nos alquilaron el apartamento desde un principio? —le pregunté, y Ulvi me fulminó con la mirada.

—Encontraremos otro sitio —les dijo.

—Les devolveremos el dinero del depósito.

—Son los vecinos —dijo la esposa, ladeando la cabeza y asomándose coqueta por entre sus pestañas como si hubiera sido Scarlett O'Hara.

—Gracias —les dijo Ulvi cuando se iban.

Estrellé un cojín contra la puerta que la pareja cerró al salir.

—Eso no ayuda, Chiquita —dijo Ulvi. Su ecuanimidad me enfurecía.

—Racistas, imbéciles prejuiciados... ¿No te da rabia?

—Es no bueno excitar —Ulvi trató de calmarme—. No cambia nada.

—¿Tú no tienes coraje?

—Ésta no es primera vez que ocurre. En Alemania, lo mismo. Gente prejuiciado contra los *Gastarbeiter*.

—¿Contra quién?

—Trabajadores huéspedes es como llaman los turcos y otra gente que viene a trabajar. Los alemanes no quieren ellos porque traen costumbres y lengua de su antiguo país. Son diferentes de los alemanes.

—¿Tú eras un *gaserbaiter*?

—*Gastarbeiter*. No, yo fui a Alemania como estudiante.

Me alzó del sofá. —Vamos, Chiquita, hay que encontrar apartamento.

Mientras Ulvi visitaba la Oficina de Vivienda de *Texas Tech*, yo fui a la Oficina de Empleos. Los trabajos en los que más tiempo había permanecido eran el trabajo de oficinista en *Fisher Scientific Company*, donde estuve cinco meses; el trabajo de secretaria en *Lady Manhattan*, donde también estuve cinco meses; y los ocho meses en *Margolis & Co*. Pero fueron los tres meses en el Museo de Arte Moderno lo que más le impresionó a la encargada. Me refirió a la biblioteca para que me entrevistara Mrs. Crisp, una mujer pequeña, delgada, de labios fruncidos y ojos plegados con patas de gallo. Me preguntó si podía empezar al día siguiente.

Ulvi tenía algunos avisos de apartamentos, pero era difícil moverse por Lubbock sin un carro.

—¿Trajiste tu dinero, Chiquita? —preguntó.

Me quedaban como trescientos dólares después del viaje a las Bahamas y el gasto del pasaje a Tejas. Se los di, y él prometió devolvérmelos cuando yo se los pidiera.

—Servirá para el pronto de un carro —me dijo. Un par de días después, me recogió en la biblioteca en un *Camaro* turquesa nuevecito.

Encontramos un apartamento al otro extremo del campus, cerca del estadio de fútbol y de las canchas de tenis. A unas cuadras de distancia, las vías del tren dividían la comunidad mexicana del resto del pueblo. El mes de mayo anterior, un tornado había devastado el vecindario, matando a 26 personas e hiriendo a 500. Todavía no había conocido a una sola persona mexicana ni a nadie con un color de piel ni remotamente parecido al de Ulvi o al mío. Lubbock y *Texas Tech University* eran los sitios más blancos donde había estado.

—Yo creía que había mucha gente negra en el sur —le comenté a Mrs. Crisp.

—Esto no es el sur —me respondió—; esto es Tejas.

El mostrador de Circulación quedaba frente a un atrio que tenía una fuente, alrededor de la cual el estudiantado se reunía a charlar y a estudiar. Mis primeros turnos prestando libros y respondiendo a preguntas de estudiantes fueron estresantes, porque no estaba acostumbrada al acento del oeste de Tejas.

—*Mai ay jéiv apísa páiper?* —preguntó una joven, y tuvo que repetírmelo por lo menos tres veces antes de que yo entendiera que lo que quería decir era "May I have a piece of paper", si le podía dar una hoja de papel. Me sentí como una idiota.

También tuve que acostumbrarme al estilo tejano. En Nueva York, el pelo largo, lacio, partido al medio, el maquillaje natural para ojos y labios, los *paisleys* indios y los diseños "psicodélicos" eran considerados la última moda para las mujeres. Para horror de mi madre, que cosía *brassieres*, era *chic* ir sin sostén, aunque se tuviera un busto que se bamboleara con cada paso que una diera. En Tejas, el maquillaje de ojos bien recargado, el pelo batido y tieso por la laca, los pechos erguidos e inmóviles, y la ropa planchadita, en colores pastel era lo que estaba de moda. Los muchachos se enrollaban los ruedos de los mahones a lo Elvis o usaban chinos con tachones y camisas de cuadros abiertas al cuello. Mis faldas mini eran escandalosas en la biblioteca a pesar de que, según los estándares de Nueva York, apenas eran mini. Con frecuencia, mis compañeras de trabajo me sugerían cómo cambiar mi estilo demasiado natural por otro más tejano. Yo estaba dispuesta al cambio, pero no había manera de que Ulvi aceptara.

—Vas a parecer chica barata —decía.

La biblioteca estaba siembre concurrida, y aunque mi trabajo no requería más que un mínimo de concentración, nunca era aburrido. Lo que más me gustaba era pasearme por la biblioteca acomodando los libros en los anaqueles, regresándolos a su lugar y asegurándome de que no hubiera nada mal puesto. Ocasionalmente, escondida por los rincones remotos, me encontraba con alguna parejita amorosa. Se separaban de un brinco y se acomodaban la ropa tan pronto me veían, mientras yo fingía arreglar estivas de libros que no se habían tocado en meses.

Ulvi estaba en el Programa de Ingeniería Industrial de la Maestría en Ciencias. Entre clases, se sentaba en el atrio de la biblioteca a descifrar fórmulas con su regla de cálculo. Las diferentes claques habían marcado sus territorios y llegué a poder reconocer quiénes eran *cheerleaders*, quiénes eran atletas y quiénes, los estudiantes de Ciencia.

Doreen, una de las *cheerleaders*, ostentaba un título de reina de belleza. Tenía pelo largo color miel, ojos azules meticulosamente maquillados, labios pintados con colores escarchados, y ropa que resaltaba al máximo su fina cintura y sus largas piernas. Estaba siempre rodeada de otras rubias efervescentes o de *running backs* y *tight ends* de cuello ancho. Un día, levanté la vista desde mi escritorio y, para mi sorpresa, vi a Ulvi sentado entre las *cheerleaders*. Doreen estada posada en el brazo de su butaca, sonriendo, como si acabara de ganar el título de Srta. Simpatía. Ulvi me vio, pero no hizo el menor esfuerzo por, aunque fuera, disimular sus coqueteos. Estuvo otro rato sentado con las chicas, que no paraban de reír, y cuando al final del día vino a recogerme, no comentó nada, ni yo, tampoco.

Preguntarle qué hacía con Doreen, prácticamente sentada en su falda, me traía recuerdos de las discusiones de Mami con Papi y con don Carlos por culpa de otras mujeres. Traía a mi memoria imágenes de mujeres sollozándoles a sus trabajadoras sociales que sus maridos las habían dejado por unas putas. Me recordaba a mujeres desgreñadas peleando por un hombre allí mismo, en la acera, donde los vecinos las señalaban y se reían de su estupidez.

Una mujer peleando por un hombre era algo patético, y yo había decidido, siendo todavía niña, que los celos no formarían parte de mi vida o, por lo menos, la manifestación pública de los celos. Rehusé dejarme provocar por el *flirteo* de Ulvi. No le daría el gusto de hacerle saber que había herido mis sentimientos. No era consciente de ello en ese momento, pero la organizadora de listas que había en mí estaba compilando una, archivando cada heridita, cada insulto, para alcanzar una gran explosión.

Hicimos amistades en Lubbock, o mejor dicho, Ulvi hizo y me las presentó a mí. Había un grupo de oficiales de la Fuerza Aérea que tenían por delante carreras tan brillantes que el Gobierno de los Estados Unidos estaba pagándoles los estudios de Ingeniería. Todos tenían nombres muy americanos, tales como Don, Joe, Pete y Jerry. Los viernes por la noche nos reuníamos en *Cappy's*, justo en los límites de la ciudad, para hartarnos de bagre frito, panecitos rociados con miel y, los hombres, de cerveza doméstica.

En Lubbock regía la ley seca, pero había clubes privados a los que la gente podía afiliarse por una noche para emborracharse todo lo que quisiera. Por la periferia de la ciudad había pueblos donde no aplicaba esa ley y donde se encontraban tiendas de licores y bares, uno detrás de otro. Los viernes y los sábados por la noche, las carreteras hacia esos pueblos se atestaban de estudiantes universitarios y parranderos.

En Lubbock, el mejor amigo de Ulvi era Gene Hemmle, a quien Ulvi había conocido años atrás, cuando cruzó el país en su *Rolls Royce* blanco y, por razones que nunca supe, paró en Lubbock.

Gene era el Director del Departamento de Música en Texas Tech. Era un cantante maravilloso y todavía ofrecía conciertos y recitales a sus agradecidos amigos y colegas. Vivía en las afueras del pueblo, en el *Depot*, una estación y vagones de tren convertidos en vivienda que él compró y trasladó al solar contiguo a la casa y a la tienda de antigüedades de su madre. Sus fiestas en el *Depot* atraían a la gente más interesante y más artística de Lubbock y áreas adyacentes, al profesorado de Artes y Humanidades y a un círculo de señoras ricas, de edad avanzada, que adoraban a Gene y financiaban sus proyectos.

Después que la mayoría de los invitados se retiraba, algunos nos quedábamos a saborear un cordial y a admirar sus colecciones de alfombras, cerámica y joyas de los nativo americanos. Gene era también un talentoso narrador y, después de un coñac o dos, nos contaba historias de sus excéntricas benefactoras.

"Midió su *Cadillac* para asegurarse de que era más largo que el de Trudy y, cuando vio que no lo era, le mandó a alargar medio pie a las aletas. Bueno, ¡podrán imaginarse que Trudy no iba a permitir que eso quedara así!"

Cuando no andábamos con la gente de la Fuerza Aérea o con los artistas, cenábamos en las casas de estudiantes y de facultad procedentes del Oriente Medio. Metin era un profesor turco que estaba fascinado con Ulvi. Organizó una presentación de Susuz Yaz y fue allí que conocimos a mucha más gente del Oriente Medio de la que yo hubiera imaginado que vivía en Lubbock, Tejas. La Universidad tenía el prestigio de ser una excelente escuela para ingenieros petroleros y para estudiosos del desarrollo de la agricultura en tierras áridas. También, había arquitectos libaneses, matemáticos turcos, estudiantes de Medicina egipcios, ingenieros sirios, geólogos jordanos y lingüistas palestinos.

Cuando nos invitaban a sus casas, los hombres se quedaban en una habitación discutiendo de política, mientras sus esposas les servían. Después que los hombres comían, las mujeres se retiraban a la cocina o a la habitación a chismear, a comer y a bailar. La mayoría de las mujeres también eran estudiantes graduadas, biólogas o químicas, que hablaban el cortante inglés británico de los internados. Eran serviles con los hombres que estaban en la sala, pero entre ellas eran boconas y atrevidas, y contaban chistes sucios que me hacían ruborizar. Más que las fiestas en el *Depot* o las cenas con el grupo de la Fuerza Aérea, las reuniones con nuestros amigos del Oriente Medio me hacían añorar mi casa. Me recordaban los domingos por la tarde con mi familia, las fuentes de comida, la música, la risa, los chismes, el constante tocarse, abrazarse y besarse en las dos mejillas, los apretones de mano, y el sobito en los hombros entre las mujeres.

En cada reunión, después de la elaborada cena venían los acordes quejumbrosos del laúd, el ritmo de los tambores y el ulular de la música griega, turca y libanesa. Los hombres bailaban en círculos en la sala. Las mujeres se recogían las blusas debajo de los sostenes, se bajaban las faldas hasta la cadera y danzaban en la cocina o en el dormitorio. No importaba cuán seria fuera como científica, cada mujer sabía ondular sus brazos como serpientes, y poner a temblar su abdomen y a vibrar sus nalgas con gracia y precisión.

En una de las fiestas, el anfitrión nos oyó bailando en la cocina y nos llamó para que bailáramos para los hombres. Se sentaron en el piso en un círculo y aplaudían mientras cada una de nosotras, empezando por la esposa del anfitrión, nos turnábamos para bailar. Para mostrar su aprecio, los hombres tiraban monedas a los pies de las bailarinas. Yo fui una de las últimas en bailar. La música, las palmadas, los silbidos, el deleite de volver a bailar, eran excitantes. Tal y como me habían enseñado las mujeres, hacía ochos con las caderas, enrollaba el vientre, serpenteaba los brazos y vibraba con tal abandono que el público no me dejaba ir.

—¡Más! —gritaba—. ¡Otra vez!

Chasqueando mis dedos, ondulando, girando, girando hasta que la habitación se volvió un borrón y la música y las voces, un zumbido, con el sudor chorreándome por las sienes hasta deslizarse entre mis pechos, bailé con frenesí. Hasta que alcancé a ver a Ulvi, con cara larga.

Cuando regresamos al apartamento, me abofeteó.

—Tú avergüenzas a mí —dijo—, delante mis amigos.

Mi mayor placer, bailar, había quedado prohibido, a no ser que bailara con él.

****

Como trabajaba en la biblioteca y la conocía bien, Ulvi me pidió que lo ayudara con su investigación. Estuve horas con el *Reader's Guide to Periodical Literature*, preparando, en tarjetas 3 x 5, una bibliografía de artículos que abordaran los temas para sus trabajos monográficos y para su futura tesis. Su inglés no era lo suficientemente bueno como para poder comprender el lenguaje técnico de los artículos. Yo los leía y se los resumía en un lenguaje más sencillo, con la ayuda de un diccionario, porque muchos de esos términos eran tan extraños para mí como para él. Al finalizar el semestre, yo sabía más de lo que hubiera podido imaginar sobre el tema de su tesis de ingeniería industrial: la historia y los usos potenciales de la tecnología fotoeléctrica.

Según se acercaban los días de fiesta, y con la tristeza sobrecogedora y el aislamiento que sentía en Lubbock, fueron creciendo en mí las pequeñas heridas que había ido almacenando. No tenía amistades propias. No podía contestar el teléfono ("podía ser negocios"), no podía ir sola a ningún sitio porque no sabía guiar, y de todos modos ¿a dónde hubiera ido en Lubbock, Tejas? La amistad de Ulvi con las *cheerleaders* me mortificaba. Las llamadas de Irmchen a extrañas horas del día y la noche ("Ich liebe dich, ich liebe dich, ich liebe dich!", exclamó en una llamada particularmente animada) me deprimían. Las visitas a las familias del Oriente Medio cesaron, por lo que perdí la camaradería de las mujeres. Vivía rodeada de una tapia muy alta con un portón controlado por Ulvi, una tapia que crecía cada vez más mientras sus paredes se iban cerrando, achicando así el espacio en el que me movía.

Lo disimulaba bien. Acostumbrada a separar a Negi de Esmeralda en Nueva York, ahora las separaba a las dos de Chiquita. Esmeralda no existía en Lubbock. Nadie podía pronunciar mi nombre, que en el trabajo era tronchado a *Ez*. Deferente y tranquila en nuestro apartamento y con nuestras amistades, en la biblioteca era cooperadora y risueña. A mis compañeros y compañeras de trabajo les caía bien Ez, pero, con excepción de Gene, el resto de la gente me trataba como lo que era: una extensión de Ulvi, invisible sin él.

Dos estudiantes que estaban tomando un curso de Literatura española ofrecieron pagarme para que les revisara sus monografías antes de entregarlas. Acepté y terminé la tarea un día antes de lo esperado. Cuando los dos jóvenes entraron en la biblioteca, les dije que los trabajos estaban listos, pero los había dejado en casa. Sugirieron llevarme a recogerlos durante mi hora de almuerzo para poder llevarlos entonces a que los pasaran a maquinilla. Esperaron en el *lobby* del edificio mientras yo los buscaba. Cuando salíamos, llegó Ulvi, y se bajó del carro como si tuviera miedo de que nos fuéramos a ir sin él. Se detuvo justo frente a nosotros y miró a los hombres con tal rabia, que sus sonrisas y espontaneidad desaparecieron. Los presenté, y expliqué por qué estábamos allí. Ulvi les dio la mano y les dijo que él me llevaría de vuelta al trabajo. Camino a la biblioteca no me dirigió la palabra, pero cuando me recogió esa tarde había estado rumiando por horas.

—¿Por qué metes hombres en nuestra casa?— preguntó tan pronto entramos en el apartamento.

Le expliqué que el asunto con los estudiantes había durado menos de diez minutos.

—Toma menos tiempo hacerlo —me dijo, implicando que yo había tenido sexo no con uno, sino con dos hombres durante la media hora que me permitían tomar para almorzar.

—¿Cómo puedes pensar algo así? —le grité—. Todos estos meses no he podido ni respirar sin consultar contigo. Tú sabes exactamente dónde estoy a toda hora. ¿Cómo puedes acusarme de serte infiel?

No hubo manera de convencerlo de que ninguno de esos muchachos eran mis amantes.

Pasé la noche desvelada, repasando la lista de las ofensas que había compilado en los cuatro meses que había pasado en Lubbock. A la mañana siguiente, en vez de irme a trabajar, llamé a Mrs. Crisp y renuncié. Empaqué mis pertenencias y llamé a *Continental Airlines*. Como le entregaba mi sueldo todas las semanas, tuve que pedirle dinero a Ulvi para poder comprar el pasaje de regreso a casa. Así como no podía creerme que no lo estaba engañando, tampoco creyó que lo dejaría. Con una sonrisa altanera, me llevó hasta el banco, de donde retiró trescientos dólares. En un silencio hostil me llevó al aeropuerto, esperando que en cualquier momento yo me echara a llorar y le rogara que me perdonara. Cuando me bajé del *Camaro* frente al área de salida, fue obvio que la cosa iba en serio. Tomó mi mano.

—Chiquita, no hagas esto —dijo suavemente.

No miré hacia atrás mientras entraba en el terminal. A la hora de almuerzo ya estaba en Nueva York, montada en un taxi camino a la Calle Fulton.

—¡Sorpresa! —dije, cuando Mami abrió la puerta.

****

En el año y medio que había vivido fuera de casa, todo había cambiado. Norma y Alicia tenían novio, y Héctor ya tenía una novia formal. Delsa estaba estudiando para técnica de Rayos X en el *New York Medical Center*, y se había mudado a los dormitorios allí. Alma se había casado con Bill y estaban viviendo en Queens. Su hermana, Corazón, también se había mudado, y Titi Ana había dejado el apartamento de casa de Mami porque resultaba demasiado grande para ella sin sus hijas. Don Carlos y Mami se habían separado. Don Julio y Tata no se hablaban.

Habiendo caído inesperadamente en el torbellino de la vida de mis parientes, no tuve que dar demasiadas explicaciones. Dieron por sentado que había venido a pasarme con ellos los días de fiesta, pero mi cara larga y mi desánimo probablemente revelaron mi humor. Bailé, comí y celebré con el mismo abandono de los años anteriores, pero cada vez que sonaba el teléfono, brincaba, esperando que fuera Ulvi.

Fui a Manhattan y llené solicitudes de trabajo en un par de agencias, pero los días de fiesta eran un mal momento para buscar trabajo. Una grabadora me informó que el teléfono de *The Grace Agency* estaba desconectado. Cuando pasé por allí, el nombre de Grace no aparecía en la lista de inquilinos que había en el *lobby* y la puerta de su oficina estaba cerrada con llave. A través del cristal de roca podía ver las cajas que nunca abrió, todavía colocadas contra la pared.

Según el *New York Times*, John estaba bajo fuego, tanto con la Junta de Síndicos como con el personal del Museo de Arte Moderno. Los empleados estaban organizándose para formar una unión, y la Junta de Síndicos esperaba que él evitara que lo hicieran o, si no, que renunciara. No me pareció un buen momento para pasar a verlos a él y a Elaine. *Margolis & Co.* se habían mudado del número 11 de la Calle 42 oeste. Pasé por el Longacre y Mrs. O'Dell me dijo:

—No, querida, lo siento, no tenemos vacantes. ¿No te gustó Tejas?

Para dondequiera que miraba, Nueva York me parecía tan hostil como siempre que me sentía sola, confundida o insegura sobre lo que quería. Hubiera deseado volver a almorzar con Elaine y con Carol para decirles que tenían razón. Lamentaba haber dejado mi excelente trabajo, mi novio interesante, mi habitación soleada en el Hotel Longacre y mi enérgica familia. Me sentí tan perdida como me sentí el primer día que llegué a los Estados Unidos, insegura de donde estaba y temerosa de lo que pasaría después.

Lo que pasó después fue que llamó Ulvi.

****

Mami se preguntaba por qué Ulvi no me había llamado desde que yo había llegado a Brooklyn.

—Está viajando —le dije, lo que resultó ser cierto. Había pasado los días de fiesta en Santa Fe, con Gene.

—Estaba enojado con tú, Chiquita —dijo—. Pero, tenemos discutir en persona.

—No voy a volver.

Tosió, y sentí que soltó el teléfono y se sopló la nariz.

—Tengo gripe —dijo. Llevaba varios días enfermo y febril. No quería molestarme porque sabía que yo disfrutaba a mi familia. Esperaba que hubiera pasado unas felices fiestas. Esperaba que yo considerara regresar.

—No voy a volver —le repetí.

—Tenemos que hablar esto, Chiquita —dijo—. ¿Por qué te fuiste tan repente?

Debí haber colgado. Pero, decidí contestar sus preguntas. Era complicado decir lo que tenía que decir desde el único teléfono que tenía Mami, pegado a la pared de la cocina, la habitación más congestionada de la casa. Sentada en el piso, de cara a la pared, con el cordón enredado por el cuerpo, y encorvada sobre el auricular, le expliqué a Ulvi lo mucho que me hería que él esperara que yo confiara en él cuando él no confiaba en mí.

Detrás de mí, envuelta en una nube de humo de cigarrillo, Tata salió de su cuarto arrastrando los pies para empezar la comida. Dejó correr el agua, dio golpes con las ollas, y chancleteó de la alacena al fregadero a la estufa, quejándose de don Julio que ni siquiera estaba allí para oírla.

Cubrí el teléfono con la mano y me encorvé aún más.

—Me diste una bofetada —le dije a Ulvi, tragándome las lágrimas—. Me heriste los sentimientos más que el cachete, porque estuvo mal lo que hiciste. Los hombres no les deben dar a las mujeres.

—Lo siento, Chiquita —me dijo con voz arrepentida —. No pasará más nunca.

Raymond salió corriendo de la sala, persiguiendo al perro que chilló y buscó refugio en mi falda. Me lo saqué de encima y le hice señas a él para que se fuera.

—Tú criticas cada cosita que yo hago, o que no hago —murmuré en el teléfono.

—Yo sólo quiero enseñarte lo correcto.

Su voz era tan dulce como la jalea de guayaba. —Tienes tantas cosas que aprender. . .

Norma pasó cargando una tanda de ropa y preguntando si alguien quería añadir su ropa blanca, porque iba a poner la lavadora. —¿Y dónde está el *Clorox*?

—No es mi culpa que no sea una buena ama de casa —le dije a Ulvi—. Mi mamá no me obligaba a hacer tareas porque yo soy la inteligente y tenía que estudiar.

—Yo sé que tú eres chica lista, Chiquita.

Franky y Charlie me halaron por la manga porque querían jugar canicas. Cubrí el teléfono y les grité que me dejaran quieta y volví a mi conversación.

—Yo trabajo todo el día y entonces tengo que hacerte la investigación; no es justo que encima de eso tú esperes que yo limpie la casa y cocine —dije cuando volví a la conversación con Ulvi.

—Entiendo —murmuró.

Alicia me dio una palmada en el hombro y me preguntó cuándo iba a terminar la llamada.

—Llevas horas hablando.

—¿Quieres regresar? —Ulvi preguntó con voz ronca, y cuando no respondí, dijo:

—Vuelve, Chiquita.

—Mi hermana necesita el teléfono —le dije—. No puedo seguir hablando.

Al día siguiente, recibí un telegrama. "SI PREFIE-
RES ESTAR DE VUELTA, TE ESTOY ESPERANDO
AMOR. POR FAVOR LLAMA."

A la hora de almuerzo del día siguiente, ya estaba de
regreso en Lubbock.

17. "No preocuparte, todavía tienes a mí".

Encontré trabajo como secretaria del administrador de un pequeño hospital privado que quedaba a sólo dos cuadras del apartamento. Remplacé a Donna, una mujer joven de pelo negro, ojos avellana y piel melocotón, que tenía los dientes del mismo color marrón que tenían los dedos manchados de nicotina de Tata. Donna fumaba, pero me dijo que sus dientes marrones eran producto del agua de Lubbock.

—Vas a notar que mucha gente por aquí tiene manchas marrones en los dientes —dijo. Ya lo había notado.

Mi jefe, Mr.Parks, era un hombre flaco, de cara larga, voz chillona y un carácter sobrio y soso. Se pasaba horas fuera de la oficina, lo que me dio la oportunidad de practicar la mecanografía hasta que logré terminar una carta completa, con sus copias al carbón, sin ningún error.

Cuando Mr. Parks estaba en la oficina, hablaba por teléfono o se reunía con los médicos dueños del hospital. Los socios tomaban las decisiones médicas o administrativas importantes, y Mr. Parks ponía en marcha sus planes y deseos. Entre esos planes, los más apremiantes eran los detalles relacionados con terminar la construcción de un nuevo hospital en las afueras del pueblo, que reuniría lo más nuevo que existía. El proyecto andaba retrasado, y Mr. Parks tenía mucha presión, por un lado, de parte de los médicos y por otro, de los arquitectos, contratistas y suplidores.

Una de mis tareas era filtrarle las llamadas, y pronto llegué a ser la empleada más popular del hospital. Todo el mundo quería ver a Mr. Parks. Los suplidores me traían dulces, flores y chucherías, para que yo los acomodara en su agenda. Los jefes de departamentos me traían café y galletitas cuando yo no había podido tomarme el receso, y entonces aprovechaban para preguntarme si Mr. Parks había revisado el presupuesto que habían sometido para escritorios y archivos nuevos. El contratista me llamaba "cariño" y quería averiguar cómo andaba el humor de Mr. Parks antes de llegar con la noticia de que había un nuevo retraso.

Me sentía más contenta trabajando en el hospital que en la biblioteca. Era mi mundo, no, el de Ulvi. A Ulvi no lo veía desde el momento en que salía del apartamento por las mañanas para caminar hasta mi oficina, hasta que regresaba por las noches. Yo prefería no saber en qué andaba, aunque con frecuencia me encontraba pedacitos de papel con nombres de mujeres y números de teléfono escritos por ellas mismas: Nancy, Mary Lou, Betty, Cindy, Bobbie Jo, Susie. Los nombres eran siempre de aquellas a quienes yo imaginaba como "chicas americanas perdidas", de otro modo, ¿por qué iban a darle su número de teléfono a un extranjero de treinta y nueve años con una chaqueta de cuero y un carro deportivo?

Las llamadas a Irmchen disminuyeron durante las horas cuando yo estaba en casa, pero en la esquina del tocador que compartíamos crecía el montón de cartas que ella le enviaba, como si hubieran sido polinizadas por la ausencia. Él nunca las botaba, aun cuando cualquier otro pedazo de papel iba directamente al cesto de la basura tan pronto dejaba de ser útil. Una vez, en Nueva York, al comienzo de nuestra relación, estuve registrando sus pertenencias, pero no había encontrado nada que me preocupara. Ahora, que estábamos viviendo juntos y que había cartas, pedacitos de papel y misteriosos sobres de Alemania y Turquía, no miraba. No quería saber, temerosa de lo que significaba *saber*.

Yo estaba ganando buen dinero en el hospital, especialmente cuando trabajaba horas extras ayudando a Donna o a los directores de departamento, mientras nos preparábamos para mudarnos al nuevo local. Ulvi también había encontrado trabajo a tiempo parcial en el taller de encuadernación de la biblioteca.

Asumió las tareas domésticas que tan mal yo desempeñaba. Su don para mantener el orden pronto me alivió de la ansiedad que se apoderaba de mí en cuanto se me pedía que me ocupara de mi entorno. Mantenía el apartamento limpio y recogido, iba al colmado y hacía la comida cuando no teníamos una invitación a cenar, llevaba la ropa a la tintorería y la recogía. Yo cambié, con gusto, el limpiar, el recoger y el cocinar, por las largas horas en que, inclinada sobre gastados volúmenes, hacía la investigación para su tesis de maestría en Ingeniería industrial. El futuro prometedor de la tecnología de la fotocélula en la automatización de las tareas repetitivas era infinitamente más fascinante que el poder anti-grasa del detergente de platos *Palmolive*, en comparación con el de *Lemon Joy*, o la "apretabilidad" del papel sanitario *Charmin*.

Ulvi era un invitado muy estimado en las cenas. Leía varios periódicos al día, estaba suscrito a las revistas *Time* y *Newsweek*, se sentaba absorto frente al televisor para ver las noticias de la tarde y los programas de discusiones políticas de los domingos por la mañana. Sus viajes añadían credibilidad a sus opiniones, que él expresaba con pasión y autoridad. Odiaba a Richard Nixon y a Henry Kissinger. Pensaba que los judíos controlaban los medios de comunicación y las grandes empresas. Disertaba extensamente sobre el monopolio que ejercía Hollywood sobre el mundo del espectáculo, y se ubicaba junto a artistas cinematográficos del calibre de Visconti, Bergman, Polanski y Antonioni, a quienes él afirmaba haber conocido y haber visto trabajar. En casa, y con sus amigos extranjeros, con frecuencia declaraba: "los americanos son tan ingenuos". Le sorprendía que los americanos fueran tan ignorantes en relación con todo lo que tenía que ver con el resto del Planeta y tan optimistas en lo relativo a la posición de los Estados Unidos en el mundo. Prefería la compañía de gente que hubiera viajado, especialmente, si habían descartado las tradicionales vacaciones en Europa por algo más audaz.

Nuestras veladas predilectas eran las que pasábamos en casa de Günter y Laila. Él era la viva imagen del orgullo ario: alto, rubio, guapo, de ojos azules, de espalda recta, de voz sonora, de amplia sonrisa de dientes blancos y parejos, de modales cordiales que se esfumaban cuando se enfadaba. Günter era un ejemplar alemán de belleza varonil tan espectacular que era difícil comprender qué le había visto a la callada, sencilla, pequeña y tímida Laila, que era sueca, pero no había heredado el vigor de sus ancestros vikingos. Laila era tan delgada y delicada que, cuando la conocí, pensé que estaba enferma. Cuando los llegué a conocer mejor, vi que su fortaleza estaba en su carácter y no, en su físico. Ella podía silenciar el estridente humor de Günter con el aleteo de sus pestañas.

Los viernes por la noche, Günter y Laila organizaban fiestas para ver diapositivas. Laila era una panadera consumada que horneaba panes artesanales con recetas que encontraba en antiguos y desconocidos libros y folletos en sueco, alemán o inglés. Los invitados traíamos vino y queso. Günter y Laila nos servían panecillos calientitos o crujientes domos de pan hechos de harinas integrales, con sabor a nuez, que partíamos en fragantes trozos tan sustanciosos como una comida. Teníamos que comentar sobre el pan según comíamos y Laila iba anotando nuestras impresiones, porque estaba reuniendo sus mejores recetas para escribir un libro.

La persona a quien le tocaba compartir sus diapositivas narraba lo que estábamos viendo en la opalescente pantalla enrollable. En la sala oscurecida de Günter y Laila, rodeada de las fragancias de los panes, los quesos y los vinos, el mundo se ampliaba ante mis sorprendidos ojos.

Niños de enormes barrigas nos miraban impávidos, las orillas de sus ojos y bocas moteados de moscas.

—¿Estaba viva esa niña cuando le tomaste la foto? —pregunté. Sí, lo estaba y estaba hambrienta.

Domos de comején crecían sobre la llanura de Kenya, altos como una casa. Las mujeres jirafas de Tailandia brindaban sonrisas melladas, sus alargados cuellos adornados con anillos de bronce elevaban sus cabezas a tal altura sobre sus hombros, que no parecían pertenecer a sus cuerpos. Un faquir indio cubierto de cenizas colgaba un bloque de su pene. Disminuidos santos sonreían benevolentes desde las desteñidas paredes de las catedrales de piedra de *Cappadocia*.

Ulvi y yo siempre éramos las personas más oscuras en la sala. Por eso, los demás esperaban que tuviéramos mayor conocimiento sobre las culturas recogidas en las diapositivas, aunque éstas fueran tan extrañas para nosotros como para el resto de los invitados. Ulvi podía conversar elocuentemente sobre política, gobierno y religión. Yo no tenía opiniones, sólo preguntas.

—¿Por qué es —pregunté una vez—, que todas las diapositivas que vemos en estas reuniones, enseñan gente pobre? ¿Por qué es tan fascinante la pobreza?

La pregunta quedó colgando como una acusación. Nadie contestó, ni uno solo de los cuatro estudiantes de posgrado de Filosofía que había en la sala, ni el psicólogo, ni el de la maestría en Trabajo Social. Me dio vergüenza haberlos retado, y Ulvi, que tenía mejores modales que yo, cambió el tema hacia alguno que nuestras amistades no tuvieran que defender.

De ahí en adelante, me guardaba las preguntas y me enfocaba sólo en la información que contenían las fotos. ¿Cómo sonaba el idioma en esos rótulos tan coloridos en esa congestionada calle japonesa? ¿Qué utensilios se utilizaban en ese pueblito filipino para las tareas cotidianas de cocinar, sembrar y construir? El fotógrafo se sorprendía de que hubiera notado una herramienta tirada en la tierra al lado de ese hombre de Samoa, y le preguntara para qué se usaba. La tela alrededor de la cintura de esta mujer de Nigeria tenía colores que no parecían naturales y un patrón regular. ¿Habría sido hecha en una fábrica?

—¿Ese hombre, tiene puestas unas chancletas plásticas de meter el dedo?

Y así mismo era. En medio del desierto Masai, un guerrero llevaba puestas unas chancletas *flip-flop* de goma color verde. Se convirtió en un chiste recurrente el que yo viera detalles que nadie más veía, porque todos miraban la foto, mientras yo me concentraba en las minucias.

—Nosotros vemos el bosque —reía Günter—, Chiquita ve los dientes del gusano que mastica las hojas del árbol.

Durante la semana, después del trabajo, Ulvi y yo cenábamos, y entonces él me dejaba en la biblioteca, donde yo trabajaba en su investigación hasta la hora de cerrar. Me pasaba la mayor parte del fin de semana en la biblioteca o en el apartamento, examinando y revisando los textos de los trabajos que él escribía y que estaban llenos de unas fórmulas impenetrables que yo ni miraba. Una mecanógrafa profesional los pasaba al formato estándar, antes de que Ulvi entregara los trabajos a los profesores.

Cuando no tenía un experimento o algún otro trabajo urgente en la Escuela de Ingeniería, a Ulvi le gustaba guiar sin rumbo cierto. Me recogía en el hospital y nos dirigíamos hacia la salida del pueblo.

—¿A dónde vamos? —le preguntaba.

—No sé —respondía.

—¿Estaremos de vuelta esta noche?

—No.

—No me traje el cepillo de dientes.

—Esto es América —decía—. Puedes comprar cepillo de dientes dondequiera.

Nos deteníamos en las cafeterías o en los restaurantes mexicanos a la orilla de las carreteras de dos carriles que desaparecían en el llano horizonte. Quedé encantada la primera vez que la planta rodadora dio vueltas frente a nosotros como en las películas de vaqueros que tanto me gustaban. Nos deteníamos para ver monumentos desconocidos o lugares históricos que, con frecuencia, eran poco más que una placa en un poste de metal que conmemoraba cualquier escaramuza, o el nombre de un camino de ganado ya en desuso desde hacía mucho tiempo. Nos quedábamos en moteles de a cinco dólares la noche con chirriantes anuncios de neón. A uno le faltaba la n de la palabra *Vacancy*, y a mí me dio gracia porque lo leí en español: "Vaca sí".

Pasábamos horas en el carro, pero no compartíamos intimidades ni largas conversaciones sobre la vida, la política, el futuro. Ulvi sintonizaba la radio en las estaciones de música *pop* y escuchábamos a Tony Orlando y Dawn cantando "Knock Three Times" o a Donny Osmond suplicando "Go Away Little Girl". Yo viraba la cara hacia la ventanilla del pasajero y veía las millas pasar volando, avistando fugazmente aquello que me sorprendía por las rectas y desiertas carreteras. Un buitre picoteando los despojos de un animal. Un tractor lejano arrastrándose por un campo de algodón, seguido por una nube de polvo. Una hilera de torres de perforación de petróleo bombeando lentamente, como pájaros gigantes hundiendo sus picos en la arena.

A veces me preguntaba en qué pensaba Ulvi durante esos largos viajes. Mi propia mente bullía de ideas, mayormente relacionadas con su tesis o con maneras de mejorar mi trabajo. ¿Pensaría en turco, alemán, inglés? ¿Pensaría? ¿O estaría su mente callada y en blanco como su rostro? Yo iniciaba conversaciones que él terminaba con respuestas monosilábicas. Hacía preguntas que suscitaban un conciso "Yo no sé, Chiquita". Después de intentar captar su atención dos o tres veces, desistí y me metí en mi propia mente, donde los pensamientos se disparaban en inglés y en español, sin límites, sin foco, sin oposición, sin enunciarse.

****

Una vez el hospital se mudó a las afueras de Lubbock, yo dependía totalmente de Ulvi para ir y venir de mi trabajo. Le pedí que me enseñara a guiar, pero él contestó que ésa no era una buena idea, puesto que nosotros teníamos un solo carro que él necesitaba, y sería un gasto innecesario comprar otro vehículo, que pasaría todo el día en un estacionamiento.

Las primeras semanas en el nuevo hospital fueron excitantes. Hubo casa abierta para los miembros de la comunidad, visitas guiadas para la prensa y los políticos locales, las llegadas de los nuevos médicos que se unían al consorcio, sesiones de capacitación para los nuevos empleados. Como secretaria de agenda de Mr. Parks, yo estaba en el centro de estas actividades, contestando al teléfono, concertando citas, recibiendo a las visitas.

Siendo la única persona que dominaba el inglés y el español en el hospital, con frecuencia los médicos me pedían que tradujera para sus pacientes o sus familiares. Así conocí, finalmente, a los mexicanos de Lubbock. Se presentaban en las oficinas de los médicos o en las salas de emergencia sólo cuando estaban seriamente heridos, o tan enfermos que ya no se podía hacer nada más que procurar que se sintieran cómodos en sus últimos días de vida. Los parientes, sentados junto a sus camas, les susurraban palabras cariñosas y se turnaban para rezar el rosario. Besaban las manos de los médicos cuando, mediante un milagro de la Ciencia, el paciente mejoraba un poco o recobraba el sentido necesario para reconocer a un ser querido. Las muertes se acompañaban con gritos desgarradores y sedantes que se inyectaban en los brazos que agitaba una esposa enloquecida o un marido histérico.

Algunos de los médicos extranjeros hablaban con acentos muy cerrados. Trixie, la directora de la oficina de expedientes médicos, con frecuencia me llamaba para que yo escuchara partes de los dictados, porque la persona que transcribía no podía entender lo que el médico estaba diciendo. Acostumbrada a los extranjeros, no me daba trabajo descifrar las grabaciones a veces confusas y hechas de prisa.

Yo prefería el contacto directo con los pacientes y los médicos a la cada día más tediosa rutina de la administración de la oficina. Cuando supe que había una vacante en la oficina de expedientes médicos, le pedí a Trixie que me considerara para ese trabajo.

—Pero eso sería un descenso para ti —me dijo—. Eres una secretaria ejecutiva. La posición que tengo es de *transcripcionista*.

—A mí no me importa el título, mientras me sigan pagando lo mismo.

Me llegó a encantar el nuevo trabajo cuando hice el cambio a la oficina de expedientes médicos. Con los dedos posados sobre las teclas de una *IBM Selectric* nuevecita y los audífonos conectados a la grabadora, pasaba los informes que el médico dictaba después que veía a cada paciente. Aprendí la terminología médica rápidamente, porque mucha de ella venía del latín y era tan cercana al español que podía deletrear palabras que nunca había oído antes, sin buscarlas en el diccionario. Quedaba sorprendida ante la riqueza del vocabulario médico, ante su complejidad, ante la belleza del lenguaje de la enfermedad, de la sanación y de la muerte. Me estremecía ante un diagnóstico de carcinoma atrocítico metastático, lloraba por un aneurisma abdominal fatal, me regocijaba que la fibrilación atrioventicular paroxismal de etiología desconocida, no necesariamente fuera a matar al joven que la padecía.

Me sentía íntimamente conectada con los médicos, algunos de los cuales nunca vi, pero cuyas voces entraban en mi cabeza por los audífonos ocho horas al día. Llegué a reconocer las emociones que ellos no podían mostrar en los exámenes médicos o en las cirugías, pero que coloreaban el austero lenguaje científico de su trabajo. Podía notar cuando un paciente había afectado al médico, porque su voz se quebraba, o porque, antes o después de un diagnóstico, había largos silencios que no tenían nada que ver con estar cotejando notas o haber perdido el hilo del pensamiento. Deseaba haber tenido alguna manera de confortar a un médico que acababa de perder a un paciente, a pesar de sus mejores esfuerzos. Me llamaba la atención el médico cuyos apuntes quirúrgicos rutinarios se volvían exageradamente explícitos al buscar frases que lo protegieran de una demanda por impericia médica.

Dr. Fletcher, un cardiólogo, dictaba oraciones elegantes y gramaticalmente complejas, en un tono parejo y desapasionado. Era muy cuidadoso al pronunciar palabras difíciles, y, a veces, nos las deletreaba, porque rehusaba firmar algo que no estuviera ortográficamente perfecto. Dr. Omar, el otorrinolaringólogo egipcio, pronunciaba *amígdala* como si se tratara de una fruta dulce y jugosa, y hacía una pausa sobre *cóclea*, alargando las vocales. Dr. Parker, un ginecólogo, bajaba la voz cuando decía *vaginal*, como si la palabra, al igual que el lugar, fuera peligrosa. Dr. Mirza, un obstetra palestino, se deleitaba en anunciar que "la paciente dio a luz un saludable varón". No había mujeres médicos en el hospital. Mi cabeza resonaba todo el tiempo con voces masculinas hablando en ritmos familiares, con las emociones tan bien guardadas que tenía que escuchar cuidadosamente para oírlos sentir.

****

Nunca llamaba a casa porque sabía que Mami no estaba de acuerdo con mi relación con Ulvi, y no quería sentir el reproche en su voz. Excepto yo, nadie más en mi familia acostumbraba escribir cartas. Mami tampoco tenía tiempo para contestarlas y, de haberle escrito, no habría sabido qué decirle. Delsa, que ya no vivía en casa, me llamó cuando murió Abuela, y yo le escribí una carta de pésame a Papi recordando a su santa madre. Pero pasaban meses y ni hablaba con la gente de Brooklyn, ni sabía nada de ella. Sabía que las malas noticias me llegarían. Y las buenas, se acumularían hasta que nos volviéramos a ver.

Hacia finales de la primavera, Delsa llamó para decirme que Mami se había mudado a Puerto Rico.

—¿Por qué?

Porque, respondió Delsa, Brooklyn se estaba poniendo demasiado peligroso, y a Mami le daba miedo por los muchachos. Había vendido la casa; le había pasado su negocio de costura a una amiga, y había regresado con ocho de mis hermanos y hermanas a la Isla. Delsa no quiso irse porque estaba terminando su grado como tecnóloga de Rayos X. Héctor se había mudado con su novia y su bebita.

—¿Tengo una sobrina?

—Sí, y es ¡tan linda!

—¿Y cuándo se fueron Mami y los muchachos?

—Hace un par de semanas —dijo Delsa.

Estaba sentida de que nadie me hubiera avisado antes, de que Mami no me hubiera llamado para despedirse.

Sentía que ahora que no estaba viviendo en casa, ya no contaba para nada. Pero así era mi familia. Éramos apegados, pero no, pegajosos. Una vez que nos íbamos de la casa, ganábamos privacidad sobre nuestras vidas. Mientras yo estuve allí, ellos estuvieron allí. Cuando me fui, ellos también se fueron.

—¿Está todo bien, Chiquita? —me preguntó Ulvi cuando notó mi cara larga.

—Mi familia regresó a Puerto Rico —le dije lo más animada que pude.

—¿Todos? —preguntó.

—Casi todos —respondí.

—No preocuparte —besó mi frente—, todavía tienes a mí.

18. "Eres muy importante para mí".

Al terminar su segundo semestre, Ulvi se enteró de que tenía créditos suficientes para hacer una Maestría en Artes en Medios de Comunicación concurrentemente con la Maestría en Ciencias en Ingeniería. También, como estudiante de posgrado, iba a poder trabajar como asistente de cátedra en fotoperiodismo.

—Tú no tienes experiencia en eso —le señalé.

—Mi película es periodismo —dijo—, es basada en la vida real.

—Pero no es noticia —le argüí—. El periodismo es sobre noticias —rio—. No preocuparte, Chiquita.

Tenía planes de terminar su tesis de Ingeniería y, seis meses después, someter la segunda, en comunicaciones.

—Necesito tu ayuda —dijo—. No puedo hacerlo solo.

—¿Qué tengo que hacer?

—Más de eso que has estado haciendo —dijo—, pero quizás es mejor si también pasas los escritos a maquinilla, para no tener tantos errores costosos como siempre encuentras.

Era frustrante y además caro que yo, con frecuencia, tuviera que devolverle páginas a su mecanógrafa porque había cometido errores ortográficos o porque había sido descuidada en el formato, que se suponía que siguiera las reglas del *Chicago Manual of Style*.

—No tenemos maquinilla —le recordé.

—Yo consigo una.

En un par de días, no sólo había conseguido una maquinilla IBM Ejecutiva, sino también un apartamento nuevo, más claro y más grande que el que ocupábamos cerca de las vías del tren. Este otro era el de la segunda puerta, en la planta baja de un edificio de dos pisos que daba a un jardín que rodeaba una piscina. La sequía había vuelto la grama del color y la textura de la paja, y los arbustos decorativos de las orillas no tenían ni una hoja. A Ulvi le encantaba el edificio porque prácticamente podía zambullirse en la parte más honda de la piscina desde el caminito que conducía a los apartamentos. La maquinilla le pertenecía a la administradora, una viuda llamada Mildred, quien ocupaba las habitaciones más cercanas a las máquinas de lavar y a la entrada posterior al edificio desde el estacionamiento. Ulvi la había sonsacado para que nos dejara usar la maquinilla permanentemente. Como el apartamento estaba amueblado, no tuvimos que mudar demasiado, sólo nuestra ropa, los libros y el televisor portátil, que Ulvi instaló en la habitación para poder verlo a puerta cerrada, mientras yo leía o trabajaba en el cuarto del frente.

El hospital cubría el costo de los cursos universitarios de sus empleados a tiempo completo, así que, durante el verano, me matriculé en un curso de Literatura americana. En las horas en que no estaba investigando la sensibilidad espectral de los diferentes materiales fotocátodos o la historia de los noticiarios televisivos, redacté un ensayo sobre la imaginería religiosa en *The Grapes of Wrath* de John Steinbeck. Cuando terminó el verano, le dije a Ulvi que iba a cambiar mi horario de trabajo para poder tomar más cursos. A él le preocupaba que yo estuviera trabajando demasiado, con el trabajo a tiempo completo en el hospital, los cursos de Literatura y, además, mi "trabajo" como editora e investigadora suya.

—Es más importante que yo termino mi tesis —dijo, y yo le juré que ésa era mi prioridad.

Adopté una rutina que puso a prueba la disciplina que había desarrollado en *Performing Arts* y como bailarina. Escogí dos cursos que se reunían desde las ocho hasta las nueve y media de la mañana. Después de clases, caminaba hasta la biblioteca y estudiaba o investigaba para Ulvi. Al medio día, él me llevaba hasta el hospital, donde yo transcribía notas sobre exámenes físicos y cirugías hasta que él volvía a recogerme. Algunas compañeras de trabajo que vivían cerca de nosotros se ofrecían a llevarme, pero Ulvi no lo aceptaba de ninguna manera. Si él no podía recogerme a las ocho de la noche, yo seguía trabajando hasta que él llegara.

De vuelta en el apartamento, Ulvi tenía la cena lista. A él, y a los oficiales de la Fuerza Aérea, les encantaban los *White Castle*, y a veces me traía una bolsa llena de las famosas hamburguesas pequeñitas, y una batida de vainilla que yo consumía en el carro de regreso a casa.

Como él sólo gastaba dinero en ropa "buena" o "cara", no usábamos la ropa dentro de la casa cuando estábamos solos. Tan pronto entrábamos en el apartamento, nos desnudábamos y colgábamos la ropa para que se aireara. Vivíamos descalzos y desnudos, aun en pleno invierno, con el termostato en 80° y las celosías cerradas, para bloquear a los mirones.

Después de una siesta corta, hojeaba las páginas manuscritas que ya Ulvi me tenía listas para mecanografiar, aclaraba dudas sobre las notas al calce, y examinaba las copias de los artículos que él quería que le leyera y anotara.

Como estaba tan ocupada, Ulvi hacía una vida social sin mí. Yo agradecía y a la vez resentía sus salidas nocturnas. Me gustaba tener el apartamento para mí sola; disfrutaba la lectura de la exigente literatura científica que usaba en su tesis, y el lograr descifrar lo que Ulvi estaba tratando de decir en las notas minuciosamente tomadas que me dejaba después de leer los textos pertinentes y de discutir sus propias teorías con sus profesores. Pero también me fastidiaba tener que quedarme sola en el apartamento haciendo su trabajo, mientras él pasaba un buen rato con sus amistades. Yo nunca tenía una noche libre, ni tampoco mis propias amistades; ni siquiera podía salir a dar una vuelta sin tenerlo a él al lado.

La única vez que saqué a relucir el tema, me recordó que en las Bahamas, yo me había ofrecido a ayudarle.

—Fue tu decisión, Chiquita —me dijo Ulvi—. Tú me empujaste a que viniera a Lubbock. Yo tenía muchas otras oportunidades en Europa.

Sin embargo, limitó sus salidas nocturnas y, después de esa conversación, la mayor parte del tiempo se la pasaba sentado en el sofá, leyendo y revisando las páginas que le había marcado como relevantes para su tesis, o los artículos que él había fotocopiado de las fichas que yo le había anotado en tarjetas 3 x 5 y que le entregaba después de mi jornada de trabajo en la biblioteca. Hablábamos de la organización de la tesis, de los temas que debía cubrir, de las fórmulas que necesitaba para apoyar sus teorías. De una lista que había desarrollado con sus amigotes militares, yo le repasaba las preguntas que con bastante probabilidad surgirían en el examen oral.

Nuestros largos viajes en carro se convirtieron en mini vacaciones. Para lograr que me dieran tiempo libre en el hospital, yo intercambiaba el pago por tiempo extra por días libres consecutivos. Ulvi y yo nos montábamos en el *Camaro* y conducíamos hasta Denver, los Cayos de la Florida, Houston, Aspen y Vail, Taos, Little Rock, en Arkansas. Pasamos muchos fines de semana en Santa Fe, donde nos encontrábamos con Gene a quien, durante la temporada, acompañábamos al magnífico teatro de la ópera para disfrutar de luminosas veladas musicales.

Una fresca tarde de primavera, Ulvi guio hasta un alto mirador que quedaba en el Santa Fe National Forest. Ya era tardecito, y el nuestro era el único vehículo en el área de estacionamiento. Nos detuvimos en el borde de un promontorio que dominaba sobre altas y ondulantes colinas que por el este daban a los Grandes Llanos; por el oeste, detrás de nosotros se elevaban las nevadas cumbres de las Montañas Rocosas. La vista era espectacular, y yo a tanta altura y respirando escaso oxígeno, con la majestuosa naturaleza a mis pies, estaba eufórica. Cuando regresamos al carro, Ulvi comentó que casi no tenía gasolina.

—¿Y cómo llegamos acá arriba?

—Teníamos suficiente gas para subir —dijo—, pero no, para bajar.

—A lo mejor, si esperamos un rato, alguien nos lleva hasta el pueblo a conseguir un poco.

—No, Chiquita. Pronto estará oscuro. No podemos quedarnos. Bajaremos en neutro.

—¿Eso qué quiere decir?

No contestó. Le dio vuelta al carro para que quedara frente a la bajada y, por un momento, pensé que estaba molestándome con eso de que no teníamos suficiente gasolina. Tan pronto colocó el capó hacia el declive, puso el embrague en neutro y se deslizó cuesta abajo por la empinada carretera de tierra, serpenteando por la orilla de la montaña. Era como ir montada en una montaña rusa, el carro a veces patinaba hacia los lados, y por debajo de las ruedas se disparaba una gravilla que caía como una cascada por las laderas hacia el boscoso abismo.

—¡Ulvi, para, que esto asusta!

No habló. Mantuvo los ojos en la carretera, los brazos estirados, los dedos agarrando el volante que él controlaba con ínfimos virajes o súbitas sacudidas que me estrellaban contra la puerta del pasajero o contra el techo. Apreté las manos contra el tablero de instrumentos para evitar golpearme los dientes con él. Sentía el cinturón de seguridad tirando de mis caderas e irritando la parte superior de mis muslos. Le grité que se detuviera, pero no podía; no, mientras nos precipitábamos por la carretera de tierra hacia la carretera principal al fondo, con piedras y cascajo matraqueando debajo de nosotros. Mi mayor temor no era que fuéramos a despeñarnos por un risco (lo que parecía ser su intención), sino que otro carro viniera subiendo en dirección contraria y nos lleváramos a otra gente a la muerte con nosotros. Ulvi guiaba como en un trance, ajeno a mi pánico, los labios sellados en una línea recta.

De algún modo llegamos vivos abajo. Él, tiró el cambio, encendió el motor del carro, sonrió satisfecho y condujo hasta la estación de gasolina más cercana, mientras que en el asiento del pasajero, yo temblaba y me preguntaba por qué estaría tratando de matarnos.

****

—Yo soy buen conductor, Chiquita —me dijo en el hotel cuando ya me había calmado—. Nada iba a pasar.

—¿Cómo lo sabes? Un camión hubiera podido venir subiendo mientras nosotros íbamos bajando.

—Nada iba a pasar —repitió—. Yo nunca te lastimaría, nunca. Eres muy importante para mí.

—Por poco me matas —gemí.

—No, Chiquita, yo estaba en control, lo prometo.

Me acarició la cara, besó los ojos.

—Sólo una persona es tan importante para mí como tú —dijo.

Me tensé y esperé. ¿Irmchen? ¿Siri en Ceilán? ¿Doreen la *cheerleader*?

De su cartera, sacó una foto en blanco y negro como las que se podían obtener en series de cuatro en las cabinas para fotos de *Woolworth's*. Una niñita de ojos tristes y rebelde cabello negro trataba de sonreír, pero no podía.

—¿Quién es? —le pregunté, notando el parecido.

Cogió la foto, la miró, la colocó en su cartera y se quedó mirando a la distancia.

—Mi hermana.

—¿Cuántos años tiene?

—Como diez —respondió—. Es nena pequeña.

—¿Por qué es tan jovencita?

La pregunta pareció avergonzarlo. —Ella es de, ¿cómo se dice? La otra esposa de mi padre.

—¿De tu madrastra?

Asintió.

—¿Dónde está tu mamá?

Lo pensó por un momento, renuente a decir las palabras.

—Ella es murió.

—Lo siento —lo abracé—. ¿Cómo se llama?

—¿Mi madre?

—No, tu hermana.

—Ulviye

—¿Como tu nombre?

—Sí, pero con *ye* al final. Es como hace en Turquía.

—¿Por qué se llama como tú y no como tu madrastra?

—Porque —suspiró, y yo pude darme cuenta de que mis preguntas empezaban a fastidiarlo—, yo soy hombre muy famoso en Turquía y mi padre quiere honrarme.

Quería preguntarle el nombre de su padre, a qué se dedicaba, donde vivían, qué cosas le gustaban a Ulviye, pero Ulvi empezó a rebuscar en el clóset.

—Vamos, Chiquita, vamos a vestirnos para cenar.

La conversación había terminado.

Me alegraba que, junto con su hermana, yo fuera la persona más importante en la vida de Ulvi, a pesar de que había tratado de matarme con el *Camaro*. A lo mejor había pensado matarnos a los dos, pero el recuerdo de su padre y su hermana en Estambul lo había hecho recapacitar. Sacudí la cabeza para aclararla de pensamientos morbosos. Claro que Ulvi no había tratado de matarnos. Era un buen conductor, no había tenido nunca un accidente en el tiempo que lo había conocido, a pesar de que guiaba por encima del límite de velocidad permitido. Si yo hubiera tenido un seguro de vida, me habría preocupado, pero no lo tenía. Aun así, desde ese momento, cada vez que me montaba en el *Camaro*, cotejaba la gasolina y me ajustaba el cinturón de seguridad.

****

Ulvi pasó los exámenes orales y recibió el grado de Maestro en Ciencias con especialidad en Ingeniería industrial.

Gene dio una fiesta en su honor y bromeó sobre este ingeniero textil convertido en ganador del Oso de Oro del Festival de Cine de Berlín, convertido en ingeniero industrial, que ahora estudiaba para lograr una maestría en Medios de comunicación.

—¿Cuándo vas a acabar de decidir qué quieres ser cuando crezcas? —le preguntó a Ulvi, y ambos rieron de sus múltiples encarnaciones y de lo difícil que era "alcanzar el éxito".

—Tú también mereces felicitaciones.

Gene levantó su vaso en dirección mía.

—¿Yo qué hice?

Me abochornaba ser el centro de atracción en un grupo que generalmente no me hacía caso.

—Todos sabemos —dijo Gene—, que este tipo —le dio unas palmaditas en el hombro a Ulvi—, no hubiera podido nunca escribir esa tesis solo. Su inglés no es lo suficientemente bueno.

El rostro de Ulvi se tornó cenizo, la mirada se le endureció, pero mantuvo su sonrisa.

—Chiquita fue gran ayuda —dijo—. Gracias —señaló con su vino hacia mí.

—Todo lo que hice fue corregir un poco la ortografía —dije. Me mordí la lengua para no seguir, para no reclamar el crédito que merecía por las horas pasadas en la biblioteca, por las cientos de tarjetas 3 x 5 con notas precisas, por los resúmenes de lo que empezaba siendo una jerga incomprensible y, según fui aprendiendo a interpretar el lenguaje científico, se convertían en datos lúcidos.

—Y pasé a maquinilla el borrador final.

Cerré la boca.

—Por Chiquita —dijo Gene, y los invitados brindaron por mis habilidades como mecanógrafa.

****

Me apunté en una concentración en Comunicaciones porque el departamento ofrecía clases temprano en la mañana y porque me convalidaron, para la licenciatura, algunos de los cursos en Administración de empresas, Mercadeo y Publicidad que había aprobado en el *Manhattan Community College*. Era un departamento pequeño, y descubrí que Doreen la *cheerleader* era mi compañera de clases. Quería ser mujer ancla de un noticiario de televisión cuando fuera grande. Su novio, Roy, soñaba con ser un reportero de deportes, y los tres tomábamos juntos las clases de Historia de Televisión por Cable y de Radiocomunicaciones. Me caía bien Roy, un futbolista cabezón con un sentido del humor simplón y una obsesión con los sistemas de sonido cuadrafónicos.

Tuvimos que seleccionar un proyecto como trabajo final y yo escogí escribir, producir, dirigir, y narrar una serie de anuncios de interés público en español que se transmitirían por *Radio Texas Tech*. Las cuñas durarían entre diez y treinta segundos y estimulaban a la juventud a no abandonar la escuela.

Ninguno de mis profesores hablaba español, y tampoco estaban seguros de que hubiera hispanohablantes que escucharan la estación de la Universidad, que era una emisora dirigida por estudiantes y con énfasis en las necesidades y gustos tipo *rock and roll* del estudiantado subgraduado. Buscando en el cuadrante radial local encontré una estación de transmisión de poco alcance que servía a la comunidad mexicana. El dueño-locutor accedió a pasar las cuñas de servicio público siempre y cuando no tuviera que hacer nada más.

Nuestro departamento estaba planificando una serie de paneles, conferencias, seminarios y otras actividades para la Semana de los Medios de Comunicación, que se celebraría a mediados de febrero. Se colocaron carteles que animaban a las estudiantes a competir para *Miss Mass Communications*, a quien le correspondería recibir y presentar a los conferenciantes y dignatarios y, también, ser la portavoz para los medios. Además, tendría a su disposición un automóvil nuevo para ir y venir de las actividades programadas.

Mientras esperábamos a que el professor Kestrel empezara la clase, Doreen y Roy estuvieron hablando del auto.

—Es un convertible —ronroneó ella—. Con un tocacintas *eight track*. Yo te dejo conducirlo.

La certeza en su voz me enfurecía. Estaba segura de que había ganado la competencia, a pesar de que otras compañeras nuestras habían concursado. Su confianza despertó en mí una competitividad que yo no sabía que existía.

Después de clase, fui directamente donde la secretaria del Departamento y con mi dinero del almuerzo pagué la cuota de entrada. Aparte de las audiciones, yo nunca había participado en ningún otro concurso, y muchísimo menos en un concurso de belleza, que era lo que yo imaginaba que sería éste, porque, si no, por qué limitarlo sólo a mujeres. No le dije nada a Ulvi hasta la noche de las entrevistas, cuando tuve que salir temprano del trabajo y le tocó llevarme hasta el Centro Universitario.

—¿Por qué haces esto? —preguntó molesto.

—Porque suena divertido —le respondí.

—No es diversión estar público todo el tiempo.

—Es sólo una semana. Además, no voy a ganar. Tu amiga Doreen ya le ofreció el carro a su novio.

Apretó los labios y no dijo una palabra más.

Una junta de prominentes ciudadanos de Lubbock examinó nuestros conocimientos sobre las comunicaciones y nos evaluó en porte, apariencia y habilidad de responder rápida y apropiadamente a una serie de preguntas generales. Varias candidatas fueron eliminadas enseguida y, según fue avanzando la noche, sólo quedábamos tres: Doreen, Lynette, nuestra compañera de clases, y yo.

En aquel salón lleno de la *crema y nata* de Lubbock, me esmeré en impresionar a un funcionario público, a dos amas de casa, al gerente de ventas de una estación de radio y al supervisor de relaciones públicas de la compañía de teléfono.

Doreen podría ser más bonita y podría estar mejor vestida, y ser una veterana en concursos de belleza, una experta en decir banalidades y *perogrulladas* que agradaban al público, pero cada vez que llegaba mi turno frente al panel, yo entraba en aquel salón con determinación, subrayando que la competencia era entre *lo sustantivo* y *lo trivial*.

El tema para las actividades que la Universidad había planificado era "La revolución en los medios de comunicación masiva". Le hice saber al panel que tal revolución no tendría lugar sin gente como yo, ignorada por los medios hasta el punto de la invisibilidad, pero reacia a permanecer callada.

Planté mis pies en el piso, bajé la voz, y asumí mi más convincente acento americano estándar. "Mi experiencia traduciendo para mi madre y para otras personas me ha inculcado una visión de mí misma como voz de aquellos quienes, debido a asuntos culturales o lingüísticos, no quieren o no pueden hablar por sí mismos". Si los miembros del jurado notaron la naturaleza pomposa y pedante de mi afirmación, no lo mostraron. De todos modos, ya lo habían leído en la solicitud, como la razón por la cual estaba compitiendo.

Tres meses en un salón de clases con Doreen me habían demostrado que no había posibilidad alguna de que ella pudiera desarrollar una teoría de su valor para la sociedad, aunque se la soplaran. Recordando el consejo de Ruth de que no debía ser humilde sobre lo que yo hacía bien, le conté al panel sobre mi trabajo de traductora en el Hospital, sobre los anuncios de servicio público en español que se habían estado pasando durante varias semanas, y sobre mis planes de hacer otra serie enfocada en temas de salud.

A veces, en momentos de tensión, me distancio de mí misma, me desdoblo, de modo que parte de mí es observadora, mientras la otra parte actúa. Durante la entrevista, mi parte fantasma actuó como una entrenadora personal, me recordaba que respirara, que sonriera, que hiciera contacto visual con los demás, que expresara mi posición claramente, que controlara mis emociones, que fuera entusiasta sin parecer desesperada. Al final de la última entrevista, regresé a mí misma y me relajé, sabiendo que había hecho todo lo posible por, al menos, demostrar que tal vez Doreen no era la mejor representante de "La revolución en los medios de comunicación".

Las tres finalistas, Doreen, Lynette y yo, esperamos en el pasillo mientras el panel deliberaba. Doreen se comía las yemas de los dedos, un hábito que probablemente adaptó de comerse las uñas, una actividad impropia para reinas de belleza. Lynette estaba sentada con las manos debajo de sus muslos, los hombros caídos y la cabeza inclinada, de modo que su largo cabello marrón tapaba su nariz respingona. Después de la tensión de las entrevistas, yo estaba relajada y, sentada tranquilamente, leía una monografía sobre el primer satélite *Telsat*. Los años que acompañé a Mami a las salas de emergencia con un bebé convulsando me habían enseñado a rechazar los inútiles y contraproducentes "ataques de nervios" que atormentaban a todas las mujeres puertorriqueñas que conocía.

Cuando de la nada apareció un fotógrafo, el panel comunicó que estaba listo para anunciar su decisión. Nos llamaron al salón de conferencias y después de felicitarnos por nuestro desempeño, Mrs. A.C. Verner me anunció como ganadora. Doreen y Lynette sonrieron con entereza, y salieron del salón. Cuando Ulvi llegó a recogerme, yo todavía estaba sonriendo para el fotógrafo.

Ulvi estaba encantado con el convertible blanco que decía en las puertas: *"Pollard Ford* felicita a *Miss Mass Communications"*. Durante las dos semanas siguientes, dondequiera que íbamos en Lubbock, la gente se daba vueltas para saludarnos. En los periódicos locales y en el de la Universidad aparecieron retratos y entrevistas. Yo recibí un dije de oro de *Payson's Jewelers*, que usé en las fotografías tomadas con los dignatarios durante la Semana de los Medios de Comunicación, y lo mejor de todo, también en clase, colgado de una cadena de oro, donde Doreen seguro que lo vería.

****

Al comenzar su segundo año en *Texas Tech*, Ulvi tuvo que decidir qué hacer después de su graduación. Su visa expiraría, pero podrían renovársela si necesitaba más tiempo para terminar una titulación. Decidió hacer un doctorado, lo que le daría, por lo menos, un par de años más. Sus estudios de posgrado no le habían impedido seguir explorando modos de traer su película *Susuz Yaz* a un público norteamericano. Se consideraba un cineasta, no, un ingeniero, y tenía la esperanza de que un doctorado le diera mayor credibilidad, mientras buscaba maneras de mantenerse "en el negocio".

Solicitó a cada programa doctoral en comunicaciones que pudo encontrar, todos ellos distantes del centro de producción del cine comercial. Lo aceptaron en todos, pero sólo *Syracuse University* le ofreció una posición de docente.

Como estaba tan preocupado con su trabajo como asistente de cátedra en fotoperiodismo, y con la papelería y las entrevistas relacionadas con las solicitudes de los programas doctorales, esperaba que yo me hiciera cargo de todavía más trabajo respecto a su tesis, como escribir pasajes completos que él después revisaba y aprobaba. Resultaba así más eficaz, y yo disfrutaba escribiendo. Ulvi, sin embargo, no consideraba que mi estilo coloquial fuera lo suficientemente científico para el tema —la utilización de películas Super 8 mm para los noticiarios de la televisión —, así que empezó a darme notas escritas a mano que parafraseaban puntualmente páginas enteras de libros y monografías. Era obvio que él no las había escrito, porque yo había hecho la investigación, había leído el material antes que él y lo conocía bien.

—No puedes hacer esto sin citar —protesté.

—¿Qué quiere decir?

—Que no puedes incluir esto en tu tesis como si fueran tus propios hallazgos. Tienes que citar el pasaje y entonces hacer una nota al calce sobre quién lo escribió, dónde fue publicado y cuándo.

—Haz lo que sea correcto.

Separar sus interpretaciones de los pasajes citados era

difícil, porque él no había indicado dónde empezaba una cosa y terminaba la otra. Con frecuencia, tomaba un párrafo o una oración de una parte, escribía una frase de transición, y continuaba con material de una fuente diferente. Según se acercaba la fecha límite para someter la tesis, discutíamos todas las noches, porque él pensaba que yo no debía de ser tan meticulosa, y simplemente debía pasar a maquinilla todo lo que él me había pedido que pasara.

—No preocupar tanto, Chiquita —me dijo.

—Es mi trabajo también —insistía—. Yo quiero que quede bien.

—No es tu trabajo —me gritaba—. Es mi nombre en él, no, el tuyo.

Recordé las acusaciones de Eugene y Leo de que Ulvi había tomado la película de otra persona y había reclamado el crédito para sí, y se lo hubiera recordado a Ulvi si hubiera tenido el valor. Lo que hice fue, tragarme el orgullo y pasar a maquinilla lo que me dijo que escribiera, preocupándome solamente por la parte que me tocaba a mí, asegurar una ortografía exacta y un formato según el *Chicago Manual of Style*. El contenido era su responsabilidad. Después de todo, era su nombre el que aparecería, no, el mío.

19. "¡Yo no soy neurótica!"

—Se conoce como *comportamiento pasivo-agresivo* y no es una base saludable para una relación —sugirió Shirley.

—Sí, ése es el problema. Él es demasiado agresivo y yo soy demasiado pasiva.

—Eso no es lo que quiere decir —rio.

Shirley era estudiante de posgrado de Psicología. La había conocido esa primavera, cuando nos encontrábamos continuamente entre los anaqueles en la biblioteca. Cuando abrió la boca y me habló en el familiar acento de Brooklyn, suspiré con tal alivio que un grupo de estudiantes se viró para acallar su risa estruendosa. Shirley era voluntaria en una clínica de salud mental que quedaba a tres cuadras de la Universidad, y la mayor parte de sus pacientes eran mujeres divorciadas. Se vestía con faldas largas y blusas de gasa, calzaba sandalias, dejaba que su rebelde cabello rizo hiciera lo que quisiera, fumaba pitillos de marihuana como si hubieran sido Virginia Slims, y usaba la palabra "fuck" generosamente. Yo la adoraba, y envidiaba su espíritu libre y su inteligencia, aunque me intimidaran sus ideas liberales y su aparente despreocupación por "el qué dirán". Sólo veía a Shirley en la biblioteca o en la cafetería, porque ella era la clase de mujer que repelía Ulvi. "Demasiado libre", hubiera dicho de ella, "demasiado independiente. Una chica americana perdida".

Shirley estaba casada con Lenny, quien también era estudiante graduado de Psicología y que parecía que había caído en el mismo medio de *Texas Tech* directamente de una quema de tarjetas de reclutamiento en Columbia University. En 1972, Lenny era uno de los pocos activistas en el campus —con todo y pelo desordenado, bigote Pancho Villa, y opiniones radicales— que con obstinados y fallidos intentos trataba de movilizar políticamente al estudiantado blanco, clase media, bautista, amante del fútbol americano, pro milicia, consumidor de carne roja, conductor de camionetas con rifles cargados colocados en la parrilla de la ventana posterior, de *Texas Tech University* y sus alrededores.

Estábamos en el *Texas Panhandle* y ningún *hippie* judío y melenudo de Nueva York le iba a decir a su gente lo que tenía que hacer, pero Lenny seguía tratando.

Unos días después de que Ulvi me dijera que el nombre que aparecería en su tesis era el suyo y no, el mío, me encontré con Shirley en la biblioteca, y después de que me animara con cariño a que lo hiciera, le conté lo que me preocupaba. Hasta entonces, nuestras conversaciones habían girado en torno a Nueva York, a los libros, y a la tesis doctoral que estaba escribiendo sobre la vinculación entre la edad al momento de la primera experiencia sexual y la estabilidad de las subsiguientes relaciones íntimas.

Cuando le conté sobre mi cambio de actitud *vis a vis* la tesis de Ulvi, Shirley mencionó el patrón pasivo-agresivo, y como yo no tenía ni idea de lo que ella estaba hablando, me lo explicó.

—Las parejas forman sistemas —me decía—, para mantener a flote la relación. Cuando los sistemas no se basan en la equidad y el respeto mutuo, se desarrolla la neurosis.

—Yo no soy neurótica —protesté—. Pero yo creo que él sí lo es.

Se rio a carcajadas.

—Todo el mundo es neurótico —me dijo—, es sólo una cuestión de grados.

Debido a su entrenamiento como psicóloga, y a su amabilidad y generosidad, nuestras visitas a la biblioteca se convirtieron en sesiones de terapia. Mayormente, yo me quejaba de Ulvi, y Shirley me preguntaba "¿qué vas a hacer sobre eso?", cosa que me mortificaba porque yo lo que quería era que alguien me dijera qué hacer.

—Yo no puedo decirte qué hacer —me decía—, yo puedo ayudarte a ver las cosas de modo diferente. Pero es tu vida. Eres tú quien tienes que hacerla funcionar.

Me apreté los ojos con los puños.

—¡Es que es tan difícil!

Me tomó las muñecas, abrió mis manos y las frotó entre las suyas.

—¿Por qué te quedas con él si eres tan infeliz? —me preguntó.

Quería decirle: aparte de una hermana y un hermano que no veo hace dos años y con los que apenas hablo, estoy sola en los Estados Unidos. No sé guiar. Ulvi controla todo mi dinero, y me da vergüenza pedirle más de lo que me da, porque él sabe que me gusta gastar. Es mi culpa que estemos en Lubbock, porque insistí en que se quedara en los Estados Unidos, a pesar de que él tenía muchas oportunidades en Europa. Además, creo que me ama y que es la única persona en los Estados Unidos que me ama. Lo que dije fue:

—Estoy cansada de estar a cargo de mi vida. Ulvi me cuida y yo lo único que tengo que hacer es investigar para su tesis y pasarla a maquinilla.

—¿Y nada más?

Evité su mirada, pero la sentía esperando a que le admitiera que había simplificado demasiado el asunto. Cuando no lo hice, suspiró, extenuada por mi testarudez.

—Entonces ése es el trato que has hecho, ¿no? —soltó mis manos.

Bajé la cabeza.

Entrar en los detalles de mi vida personal era difícil aun con el suave sondeo de Shirley. "El trato" como lo había nombrado Shirley, iba más allá de lo que ella hubiera podido imaginar o yo hubiera podido admitir en voz alta. Ulvi me abrió las puertas a un mundo que había sido inaccesible para mí hasta que él apareció en mi vida. Como bien me había señalado Alma, Ulvi me había susurrado al oído y me había llevado "lejos de todo esto".

"Todo esto" era tener esta conciencia persistente de mi vida y sus circunstancias, que mis maestras en *Performing Arts High School* endosaban como el futuro material que nutriría nuestra actuación. El único problema era que, antes de actuar, tendría que vivir plenamente las experiencias. "Todo esto" eran los deteriorados y deprimentes vecindarios en los que había vivido, las madres desesperadas para quienes había servido de intérprete en las oficinas de Bienestar Social, los hombres indolentes parados en las esquinas de la calle, las muchachas marchitándose en los poyos de las ventanas de los edificios. "Todo esto" era creer que podría tener una vida mejor que la de esas mujeres y esas niñas, pero sin acabar de creerme que podría. "Todo eso" era el odio internalizado, engendrado por los comentarios racistas de la gente totalmente extraña que, al pasarme por el lado en la acera, me escupían

"¡Spick!" como si hubieran estado esperando justamente esa oportunidad para hacerlo. "Todo esto" era el estrés de balancear lo que esperaba de mí la gente que me quería, con evitar lo que esperaba la gente que me insultaba en la calle. "Todo esto" era leer que las mujeres cada vez asumían mayor responsabilidad por sus vidas mientras yo, cada día, cedía mayor control de la mía.

Prefería fingir que todo estaba bien, sonreír para poder pasar el día distraída de toda la vergüenza y la tristeza que me abrumaba si me detenía a pensar "en todo eso". Shirley estaba penetrando en la farsa. Mientras más hablaba con ella, más difícil era mantener la mente en blanco de todo lo que no fuera mis responsabilidades en el hospital y mi trabajo para Ulvi. Mientras ella siguiera preguntando, hurgando, sosteniendo mis manos, no podría alejarme de mí misma.

Dejé de ir a la biblioteca durante las horas en las que sabía que ella estaba allí. Si la veía venir, giraba en dirección contraria. Si nos cruzábamos en alguno de los caminitos del campus, yo hacía que no la había visto. Una vez, estando Ulvi y yo en la librería de la Universidad, apareció Shirley por la esquina de uno de los anaqueles de Psicología. Iba a saludarme cuando alcanzó a ver a Ulvi, quien, percibiendo que ella era mi amiga, me tomó de la mano y me haló hacia las cajas registradoras. Antes de virarme, nuestras miradas se encontraron por unos segundos. Vi tanta lástima en los ojos de Shirley, que tuve que cambiar la vista.

****

A Ulvi le pidieron que fuera el padrino de bodas de Don, uno de los oficiales de la Fuerza Aérea. Un par de días antes de la boda, discutimos otra vez porque me sentía culpable de estar pasando páginas y páginas de texto sin documentarlas apropiadamente. Estaba tan frustrada, tan avergonzada, que salí corriendo del apartamento sin una idea clara de adónde ir. Pensé telefonear a Shirley y pedirle que me permitiera quedarme con ella unos días, hasta que me llegara el próximo cheque y, con él, la posibilidad de comprar un pasaje de avión que me sacara de Lubbock, pero me abochornaba llamarla después de haberla evitado durante semanas.

Mientras con el auricular en la mano deliberaba sobre si debía llamarla o no, pasó Ulvi en el carro y me vio en la cabina telefónica. Colgué y salí corriendo por la calle, pero él me siguió, hablándome a través de la ventanilla del pasajero, que estaba abierta.

—¿Por qué haces esto, Chiquita? —preguntaba—. ¿Por qué huir? Ven, hablamos, Chiquita, por favor. No hagas esto. Tenemos que hablar.

No tenía adónde ir, a quién acudir. Me volvió a suplicar, y yo me monté en el *Camaro*, me ajusté el cinturón de seguridad, y me senté contra la esquina de la puerta del pasajero, sintiéndome más sola que nunca.

En el apartamento, Ulvi fue tierno y comprensivo del porqué a mí se me hacía tan difícil hacer lo que él me pedía. —Eres buena niña, Chiquita, yo lo sé.

La realidad era, me dijo, que estando casi en la recta final de la tesis, no teníamos tiempo de volver atrás a cambiar los pasajes que "están incorrectos". No había tiempo para localizar todas las fuentes, para volver a pasar a máquina decenas de páginas e insertarles comillas donde fuera necesario, para pasar a un lenguaje más funcional y coloquial el elegante lenguaje científico. —Tiene que ser así, Chiquita. Estamos cerca del final. No dañes.

No lo dañé. Ulvi fue a la despedida de soltero de Don y yo me quedé en el apartamento, pasando sus notas en papel de algodón, como especificaba el *Chicago Manual of Style.*

A la mañana siguiente, mientras nos arreglábamos para la boda, Ulvi me preguntó:

—¿A quién estabas llamando anoche desde la cabina telefónica?"

—A nadie —le dije.

—Estabas hablando con alguien, Chiquita, te vi.

—No llamé a nadie.

—¡No mientas!

Me abofeteó la cara.

Corrí hasta la sala y estaba a punto de escapar otra vez del apartamento, pero él llegó antes que yo a la puerta.

—Arréglate —me dijo—, no podemos llegar tarde.

—¡No voy!

—Te peinas, te pones zapatos, y vienes conmigo.

—Yo no voy para ninguna boda a fingir que somos una pareja feliz.

Su rostro pasó por tantas expresiones diferentes que me fue imposible interpretarlas, porque no conocía el proceso mental detrás de ellas.

—Muy bien, Chiquita —me dijo finalmente—, no vienes.

Regresó a la habitación y lo oí moverse con rapidez mientras terminaba de ponerse el traje de etiqueta.

Me desplomé en el sofá, con la espalda hacia el cuarto, arrugando el lindo vestido que había comprado para la boda. Lo escuché regresar a la sala, detenerse detrás de mí esperando a que me moviera o dijera algo. Tuve miedo de que me agarrara y me arrastrara hasta la iglesia, donde Don y los ujieres esperaban, pero Ulvi sólo se dio la vuelta y, tirando la puerta, se fue.

****

Ulvi presentó su tesis, fue aceptada, y pasó los exámenes orales. Nadie cotejó las notas al calce ni la bibliografía. Nadie protestó por las inconsistencias del lenguaje. Yo me preguntaba si alguien la habría leído. Hicimos planes para irnos a Syracuse. Me hice una idea vaga de que llegaría hasta allí con él y, una vez estuviera en Nueva York, tomaría un tren o una guagua hasta Manhattan y empezaría de nuevo, sin él.

Unas semanas antes de nuestro viaje a través del país, tocaron a la puerta y al abrir, encontré a Alma sonriendo tímidamente.

—¡Hola! —dijo.

Ulvi, que estaba en la habitación acomodándose para escuchar a Walter Cronkite, salió esperando que fuera uno de sus amigos. Después de presentarlo y de que supo que era mi prima de Nueva York, se excusó, regresó al cuarto, y cerró la puerta. Subió el volumen del televisor más de lo habitual, como para dejarme saber que mi visitante no era bienvenida.

—¿Qué haces en Lubbock? —le pregunté tan pronto le serví un vaso de té helado y nos acomodamos una frente a la otra en el sofá.

—Mi marido está estacionado en *Reese Air Force Base* —me dijo, y su mirada saltaba entre la puerta de la habitación y yo—. El lunes empiezo un trabajo en la Universidad.

Llevaba ya dos semanas en Lubbock, viviendo en la Base. A ella y a Bill les había tomado un tiempo acomodarse.

—Sabía que estabas en Lubbock, pero no tenía tu dirección. Entonces me acordé del nombre del turco —miró hacia la puerta—, y de que es estudiante aquí. Y así fue como te encontré.

Hablamos un rato de mi trabajo, de la vida en el *Texas Panhandle*. Le conté de nuestras tiendas favoritas, de las actividades culturales auspiciadas por la Universidad, especialmente las del Departamento de Música de Gene, que ofrecía una rica selección de conciertos y recitales.

—De verdad que no es el fin del mundo —broméé.

—Estoy emocionada de vivir donde nació Buddy Holly.

—¿Quién?

Llevaba casi dos años en Lubbock y nunca había oído hablar de Buddy Holly ni de su esposa María, que, según Alma, era puertorriqueña.

—Pensaba que yo era la única puertorriqueña en West Texas —reí—. Nadie me ha hablado de Buddy y María.

—Está muerto, ¿sabes? —me dijo.

—Eso es lo que saco por andar siempre con extranjeros —suspiré—: un total desconocimiento de la cultura norteamericana.

—Oí decir que la esposa del presidente de la Universidad también es puertorriqueña.

—¡Embuste!

—Mi'ja, estamos en todas partes —dijo riendo.

—Qué pena que ahora que te mudaste para acá nosotros nos mudemos a Syracuse.

Bajó la cabeza y estaba a punto de decir algo, pero lo pensó mejor y no lo hizo.

—Siento haberme aparecido así, sin avisar —me dijo—. Tu esposo se veía molesto.

—No, lo que pasa es que está adicto a las noticias;

eso es todo. Él está obsesionado con todo el lío de *Watergate*, y a mí no me importa eso.

Se levantó.

—Qué bueno verte —me dijo—. A lo mejor podemos reunirnos en algún momento antes de que te mudes.

—Sí, me gustaría.

Le anoté el número telefónico de la casa.

—Pero es mejor que me llames a la oficina —le dije, anotándole ése también—. Estaremos aquí tres semanas más.

Al salir, Alma fijó los ojos en la puerta cerrada de la habitación y después en mí.

—¿Estás bien. . .?, ¿y él?

—Todo bien.

Volvió a mirar la puerta —con temor, me pareció.

—Yo te llamo —dijo, y se fue.

Pegué la espalda contra la pared y cerré los ojos. Tantas cosas habían pasado en los dos años que llevábamos sin vernos. El Hotel Longacre parecía un sueño de antaño. Alma se veía diferente. Había una solidez en torno a ella que no había antes, casi una barrera entre nosotras. Pensé que se debía a que sabía que a mí las cosas no me iban bien.

En una de las cenas de celebración que hubo después de la graduación de Ulvi, conocí a Carmen, la esposa del presidente de la Universidad. Era una mujer bajita, cuarentona, con la palidez transparente y la delicada apariencia que recordaba de Jacqueline, mi amiga bailarina del Hotel Longacre.

—Vi tu retrato en el periódico —me dijo Carmen—, pero estaba en el hospital y no tuve oportunidad de llamarte.

Al igual que Jacqueline, estaba batallando con el cáncer, y prácticamente había pasado los últimos dos años en Dallas. Se cansaba con facilidad, así que no recibía invitados en su casa ni salía mucho.

—Pero es tan bueno hablar la lengua materna con alguien que tiene el mismo acento —sonrió. Intercambiamos recuerdos de Puerto Rico que despertaron nuestra nostalgia. Hacía años que no visitaba la Isla, pero la extrañaba.

—Es como extrañar a la madre —dijo cerrando los ojos al recordar—. Lo que yo quisiera es volver a nuestra finca en Utuado, agarrar un puñado de esa tierra fértil y untármela en el cuerpo.

Abrió los ojos y se ruborizó.

—¡Ay, Dios mío!, óyeme a mí, hablando así. ¿Qué dirá la gente?

—Nadie más la oyó —le dije—. Ojalá yo pudiera hacer lo mismo.

****

Alma no llamó. La busqué en el directorio de Texas Tech, pero no aparecía, por lo menos no, con su apellido de soltera, y yo no sabía el apellido de Bill. El día antes de que Ulvi y yo emprendiéramos la primera parte de nuestro viaje a Syracuse, sonó el teléfono. Era una secretaria del Departamento de Química preguntando si yo tenía alguna idea de dónde podía estar Alma.

—Nos dio su nombre como el de su familiar más cercano —me dijo—. No ha venido a trabajar en un par de días y estamos preocupados por ella.

—¿Llamaron al esposo?

—No hemos podido localizarlo.

—Qué raro.

—Estamos preocupadas porque… no sé si deba decirle esto…"

—Por favor, es mi prima, debo saber.

—Llegó a la oficina el otro día, y estaba bastante golpeada. Tenía cardenales en los brazos, y los ojos y el labio hinchados… —¡Ay, Dios mío!

—Siento habérselo dicho.

—No, no se preocupe. Gracias. Hizo lo que debía hacer.

Me dolían las manos de apretar el receptor contra la oreja.

—Si se comunica con usted, ¿podría decirle que estamos tratando de localizarla?

—Claro que sí.

Recordé la mirada ansiosa de Alma en la puerta tras la cual Ulvi estaba sentado viendo las noticias. A lo mejor tenía miedo por mí, pero ahora veía que tenía aún más miedo de lo que le pasaría a ella cuando regresara detrás de su propia puerta cerrada.

El número telefónico que tenía de ella en Queens estaba desconectado. No tenía ningún otro modo de comunicarme con Alma ni ninguna idea de adónde podía haberse ido. Desapareció por completo, como si nunca hubiera existido, y pasarían veinticinco años antes que nos volviéramos a ver.

****

Ulvi y yo empacamos nuestras pertenencias en un pequeño *trailer U-Haul*, y nos despedimos de nuestras amistades en Tejas. Cuando salíamos de nuestro edificio de apartamentos, Mildred, nuestra casera, derramó un cubo de agua detrás de nosotros para garantizar que algún día regresáramos a Lubbock.

Manejamos hacia el paisaje polvoriento y chato, con el radio del *Camaro* sintonizado en estaciones de noticias que chachareaban interminablemente sobre lo que podía significar que un cheque de gerente destinado para la campaña de reelección del Presidente Nixon hubiera ido a parar a la cuenta bancaria de uno de los ladrones de *Watergate*.

—¿Podemos oír música? —pregunté.

A regañadientes, Ulvi sintonizó el radio en una estación en la cual tocaban los *Top 40*. "Bye, bye, Miss American Pie", cantaba Don MacLean. Canturreé con él para disimular la impaciencia de Ulvi por volver a las noticias. Escuchamos a Michael Jackson cantando Ben, y la versión de *The Candy Man* de Sammy Davis Jr. Cuando Helen Reddy entonó las primeras notas de *I am a woman, hear me roar*, Ulvi decidió que yo había escuchado ya suficiente música.

—Es importante estas noticias —dijo—. Debes prestar atención. Vas a votar por presidente en par de meses. ¿Cómo sabes por quién votar?

—Eso es fácil: George McGovern.

—¿Por qué votas por él? —preguntó.

—Porque parece un buen hombre.

—Hombres buenos no hacen buenos presidentes —dijo—. Política es negocio sucio.

Estaba excitado, como se ponía cuando hablaba con sus amigos sobre los asuntos de actualidad. En ese tipo de discusión, yo me quedaba atrás.

—*Tu* Mr. Nixon es un hombre corrupto —dijo Ulvi cuando yo no contesté.

—Él no es *mi* Mr. Nixon. Yo no voté por él.

—Él es tu presidente. Tú eres afectada por lo que él hace.

—¿Podemos oír música ahora?

—No, escuchamos las noticias.

Sintonizó el radio en una estación AM en Oklahoma y siguió cambiando frecuencias cada vez que la señal se debilitaba. Yo me desconecté, y durante el resto del viaje, me dediqué a contemplar el paisaje cambiante, el horizonte acentuado por graneros y haciendas o salpicado de ciudades cuyo serrado horizonte se alzaba de la planicie del medio oeste, como una pintura en una tarjeta postal. Al terminar el día, me dolía el cuello de tanto torcerlo para no mirar a Ulvi.

No sentí que había salido de Tejas hasta esa primera noche lejos de Lubbock cuando, al ducharme y lavarme el pelo, el polvo anaranjado del *Texas Panhandle* se fue por el desagüe en un remolino. Más tarde, mientras Ulvi se duchaba, saqué de la gaveta de la mesa de noche la guía telefónica y busqué nombres que sonaran hispanos. Era reconfortante encontrar un Ortiz, Fernandez, Rodriguez, Gonzalez, Guillen, aunque ninguno tuviera el acento correspondiente.

Comíamos en ruidosas cafeterías a la orilla de la carretera, dormíamos en moteles apestosos que anunciaban inodoros DESINFECTADOS PARA SU COMODIDAD y camas que vibraban si se les echaba una moneda de veinticinco centavos en una ranura. Después de pasar dos semanas de ocio en la carretera, las escasas luces de Syracuse nos guiñaron, cómplices, como si nos hubieran estado revelando alguna broma. Entramos en la ciudad en la oscuridad de una sofocante noche de agosto y nos registramos en un *Holiday Inn* cerca de la Universidad. A la mañana siguiente, Ulvi fue a matricularse a la Universidad, mientras yo caminé media cuadra desde el Hotel hasta *Snelling and Snelling Employment Agency*. Al terminar el día, Ulvi nos había encontrado apartamento y yo tenía trabajo como secretaria bilingüe en Bristol Myers Internacional. También había descubierto que, desde Syracuse, llegar a la ciudad de Nueva York tomaba, por lo menos, seis horas en carro, y aún más en guagua. No tenía idea de que Nueva York fuera tan grande. Psicológicamente, Syracuse estaba tan lejos de Manhattan como había estado Lubbock. Requeriría algo más que un largo viaje en guagua regresar allí.

20. "Hoy es el primer día del resto de tu vida".

Mr. Darling, mi jefe en Bristol Myers Internacional, se escondía en su oficina a fumar cigarrillos sin filtro, a tomar café y a redactar, en inglés y en español, borradores de cartas escritas con estrechos márgenes y en una letra apretada y pequeña, con tildes precisas en las *tes* y los puntos sobre las *íes*. Grapaba los borradores en la parte de afuera de un cartapacio manila tipo acordeón, a punto de reventar de tanta correspondencia, con sus respectivas respuestas escritas en borrosas copias al carbón. Entre carta y carta, hacía llamadas telefónicas en inglés, español y alemán. Tenía una voz profunda, estruendosa, que se volvía aún más gutural por la ronquera que le causaban los frecuentes ataques de tos que le enrojecían la cara y le hacían aguar los ojos. Cada pieza del mobiliario, cada papel en su oficina, estaba cubierto por una desagradable y pegajosa telilla; el aire amarillo olía a rancio, y las paredes tenían el color marrón del papel de atrapar moscas. Sobre el escritorio y en la credenza bajo la ventana, había montones de cartapacios repletos. Estaban atacuñados en los anaqueles pegados a la pared, se tambaleaban en pilas en el piso a lo largo de los zócalos. Llevaba más de un mes sin secretaria, y su bandeja de *trabajo-por-hacer* estaba repleta de correspondencia que se derramaba y caía en un cajón de madera junto a su butaca.

—Empieza primero por las cartas más viejas —me

ordenó—, las que son para el extranjero tienen prioridad, porque les toma más tiempo llegar.

Suerte que ahora yo escribía a maquinilla con rapidez y exactitud. Me tomó más de un mes ponerme al día con la correspondencia atrasada de Mr. Darling.

Bristol Myers Internacional estaba ubicada en el cuarto piso de un edificio de seis plantas cerca del centro de Syracuse, como a veinte minutos de los humeros que vomitaban un vapor pestilente sobre la planta donde la compañía manufacturaba penicilina. Mi escritorio quedaba directamente frente a la puerta de Mr. Darling. Una fila de archivos de metal de tres gavetas separaba nuestro territorio del próximo ejecutivo y su secretaria.

El área de las secretarias era un corredor sin ventanas, fluorescente, con escritorios frente a las puertas de los jefes. Todos los ejecutivos eran hombres, todas las secretarias, mujeres. Cada mujer había personalizado su espacio con figuritas, fotografías de su familia, flores plásticas en tiestos de cerámica, o enredaderas colgantes de resistente filodendro. Caminando de una punta del área secretarial a la otra, fácilmente podía adivinar la personalidad de la mujer que trabajaba en cada escritorio, con tan sólo leer lo que ésta había pegado en la pared detrás de ella.

Escrito en caligrafía, dentro de un marco incrustado de caracoles y estrellas de mar aparecía el optimista aforismo: "Hoy es el primer día del resto de tu vida". Detrás de un escritorio donde había fotografías de una familia de cabello oscuro con los ojos medio cerrados parada en la cubierta de un pequeño yate de motor, colgaba un rótulo pintado en madera que decía: "¿Qué parte de NO es la que no entiendes?". Debajo del retrato de un gatito aterrorizado que colgaba aferrado de la rama de un árbol, un cartel aconsejaba: "¡Aguántate, *Baby!*". Un jardín de caritas alegres amarillas bordeaba un risueño: "¡Que tengas un lindo día!". Pegada de otra pared había una fotocopia de un círculo con la siguiente instrucción: "Golpee cabeza aquí".

Durante los recesos para tomar café y almorzar, las secretarias se reunían a fumar, a jugar cartas y a chismear, en una sala de descanso a la salida del baño de damas. Fue allí que me enteré de que la secretaria anterior de Mr. Darling había renunciado porque él se había propasado con ella.

—La llevó al almacén y la toqueteó —dijo Vicky, la mujer con el gatito colgante en su pared.

—Jamás permitas que cierre la puerta de la oficina cuando estés allí adentro con él —me aconsejó Pam, la de las caritas alegres.

—No te pongas ropa que lo vaya a provocar —sugirió Liz, la que tenía el lugar donde golpearse la cabeza.

Mr. Darling, que apestaba a cebolla y nicotina, que se sentaba en su oficina ocho horas al día envuelto en humo, cuyas camisas de botones y puños deshilachados ya tenían manchas de sudor en las axilas cuando él llegaba por la mañana, no me tenía tipo de tenorio. Pero, cada una de mis compañeras en esa oficina juraba que él se propasaba con todas las mujeres que trabajaban para él. Inútil fue en insistir que él nunca había sugerido siquiera que veía en mí algo más que la muchacha que pasaba sus cartas a maquinilla y contestaba el teléfono.

—Dale tiempo —dijo Nelly, para quien éste era *el primer día del resto de su vida.*

****

Nuestro apartamento quedaba lo suficientemente cerca como para caminar al Newhouse School en la Universidad, pero demasiado lejos de mi trabajo para ir a pie, así que Ulvi me llevaba y me traía. Había encontrado un apartamento de una habitación en el piso número diecisiete de un edificio nuevo, que habían construido en la Calle Harrison para las personas de la ciudad de edad avanzada o de bajos ingresos. Una de las paredes era una puerta corrediza de cristal que daba a un balcón con una vista panorámica de la I-81 serpenteando a través de las ondulantes lomas del valle Onondaga. A nuestra izquierda, quedaba el *Upstate Medical Center* y, más atrás, el campus de Syracuse University. Fuimos los primeros inquilinos en vivir entre las austeras paredes blancas y los pisos de losetas de vinilo del apartamento.

Como en Lubbock habíamos vivido en lugares amueblados, pasamos una semana en el *Holiday Inn* hasta que nos entregaron una cama y un juego de sala en nuestro nuevo apartamento. También tuvimos que comprar una maquinilla, porque le habíamos devuelto la otra a Mildred cuando dejamos Lubbock.

—Me gustaría matricularme en unos cursos —le dije a Ulvi, pero él me desalentó porque los trabajos que él tendría que escribir, además de la investigación y la redacción de su disertación, serían una carga aún más exigente que el trabajo para la tesis de maestría.

—Prometiste ayudar, Chiquita —me recordó.

A los pocos días de llegar a la ciudad, había asumido de nuevo la rutina que había establecido en Lubbock. Ulvi me llevaba a trabajar por la mañana y me recogía al final del día. Tenía la cena lista. Mientras él veía las noticias, yo tomaba una siesta corta. Entonces, me llevaba a la biblioteca, donde yo llenaba montones de tarjetas 3 x 5 con referencias de libros y artículos sobre el pasado, presente y futuro de las comunicaciones por satélite. Me recogía a la hora acordada y me devolvía a la casa donde, durante un par de horas más, yo pasaba a maquinilla sus trabajos.

Al igual que en Lubbock, Ulvi me prohibió que contestara el teléfono. Su lado del tocador estaba lleno de papelitos con los nombres y números de teléfonos de mujeres. Las cartas y las llamadas telefónicas de Irmchen llegaban con regularidad. Enviaba dinero a Turquía para ayudar a su padre, me decía, y para la educación de su hermanita. Ulviye escribía con frecuencia y un par de veces al año enviaba fotos.

—Lástima —dijo una vez mirando la foto en blanco y negro más reciente—. No es bonita.

—Tiene unos ojos preciosos —le dije. Eran grandes, oscuros, inteligentes.

—Parece demasiado a mí.

Era verdad; según iba madurando, Ulviye parecía un Ulvi en miniatura, lo que habría sido mejor si hubiera sido varón.

Todas las semanas, le entregaba mi cheque a Ulvi y él me daba una mesada. Me compraba la ropa, porque yo nunca escogía piezas "elegantes". Cualquier cosa que me diera, venía con instrucciones.

—Es seda, Chiquita. Debes cuidar no derramar encima.

Naturalmente, yo derramaba.

Nos quitábamos la ropa tan pronto entrábamos en el apartamento cuyo termostato estaba programado para mantener unos agradables 80 grados. Como estábamos tan altos, y por allí no había edificios ni remotamente tan altos como el nuestro, no nos preocupábamos por tener cortinas. Nos sentíamos en completa libertad con las nubes, los lagos y los bosques distantes como únicos testigos de nuestra desnudez.

Fuera porque quedaba mucho más al norte que Lubbock, o porque el cielo se nublaba y comenzaba a nevar a mediados de octubre y no cesaba hasta la primavera, Syracuse parecía tener días más cortos. En diciembre, hacia la media tarde, la noche ya había caído sobre la ciudad. Mis días sin ventanas en Bristol Myers Internacional, seguidos de los oscuros paseos hacia el azul fluorescente de la biblioteca de la Universidad, me deprimían. Me sentía claustrofóbica, y esperaba con ansiedad los sábados y los domingos en nuestro apartamento elevado, donde tendría la vista del cielo y del débil sol tratando de calentar a través de las nubes.

Los amigos de Ulvi de la Universidad nos invitaban a cenas en sus casas casi todos los viernes y sábados por la noche. Era mi recompensa por una semana de trabajo intenso, me decía Ulvi. A diferencia de nuestros amigos en *Texas Tech*, quienes eran mayormente estudiantes de posgrado extranjeros, las personas con quienes compartíamos en Syracuse eran norteamericanos caucásicos, miembros de la facultad o antiguos residentes de la ciudad. Ulvi los había conocido en su trabajo como asistente de cátedra en *Newhouse School* y en sus persistentes intentos de que se presentara su película.

Para el 1972, la película *Susuz Yaz* en blanco y negro tenía ya ocho años, y Ulvi había empezado a referirse a ella como un clásico de la cinematografía turca. Había basado su película, decía, en la historia real de la vida y las luchas de los campesinos turcos. Hacía películas que exploraban asuntos culturales y políticos, explicaba y, para poder mantener su perspectiva estética y política, tenía que trabajar independientemente de Hollywood.

Se refería a su película por su título en inglés, *Dry*

Summer, y decía que *Susuz Yaz* era su primera película, aunque, hasta donde yo tenía entendido, era la única.

Consideraba la versión americanizada como una segunda película, porque los cambios eran sustanciales en relación con la ganadora del Oso de Oro de Berlín en 1964. Desde entonces, Ulvi le había añadido una partitura musical original compuesta por Manos Hadjidakis, un compositor griego, premiado con un Oscar, y grabada por un grupo de músicos formados en *Julliard*, que tocaban juntos bajo el nombre artístico de *New York Rock and Roll Ensemble*. Unas semanas antes de conocernos, Ulvi había filmado unas escenas de sexo al desnudo con una chica de *Long Island* que se parecía a Hulya Kocigit, la primera actriz de la película. Después de haberle incorporado las escenas de sexo a la película, le añadió nuevos créditos que incluían a sus colaboradores americanos, y cambió el nombre de Hulya a Julie Kotch. La idea era que, si la gente en el negocio de la cinematografía que, según él estaba dominado por judíos, veía más nombres judíos entre los créditos, estaría más dispuesta a distribuir la película.

Cuando le pregunté, Ulvi admitió que no había solicitado permiso de Hulya para usar una doble en las escenas en que su personaje aparecía desnuda.

—¿Pero a ti no te parece que eso es injusto? —preguntaba—. La gente va a pensar que está haciendo desnudos.

—No importa que ella piensa —me respondió—. Hay que hacer para que más fácil mercadear película en Estados Unidos.

—Pero si es confuso para mí —le argumentaba—, tiene que ser confuso para otra gente también.

—No preocuparte, Chiquita.

Una "mujer puertorriqueña decente" no cuestiona ni

reta a su hombre, aun cuando sospeche que él no está diciendo la verdad. Estaba tan confundida sobre quién realmente había hecho y era el dueño de *Susuz Yaz* como lo estuvieron Eugene y Leo en Fort Lauderdale.

Ellos sostenían que Ulvi había tenido un papel estelar en la película, pero que no había tenido nada más que ver con su producción. En diferentes momentos y a diferentes personas, Ulvi afirmaba haber producido, dirigido y/o escrito la película, además de haber actuado en ella. El artículo del *New York Times*, que yo había leído, sobre el Primer Premio en el Festival de Cine de Berlín lo llamaba su productor y actor. En la versión en inglés, se le dio crédito a William Shelton como productor, a David Durston como director y a Kemal Inci como guionista. Ninguno de estos hombres estaba en el equipo original que le ganó los premios a la película.

Cuando le preguntaba sobre estas inconsistencias, Ulvi rehusaba discutirlas.

—No preocuparte, Chiquita.

—Pero la gente cree que *Susuz Yaz* y *Dry Summer* son dos películas diferentes.

—Son dos películas diferentes —dijo.

—No es cierto. Es la misma película con sexo —argumenté.

—En negocios —dijo—, a veces tienes exagerar.

Sus "exageraciones" me preocupaban, porque en los tres años que llevábamos juntos cada vez más parecía creerse su propia hipérbole. Sin embargo, mientras más adornaba sus éxitos, más se estrechaba nuestro círculo de amistades, según nos íbamos acercando al centro de poder. Nuestras amistades ya no eran estudiantes de posgrado extranjeros, de pocos medios económicos, fáciles de impresionar. Ahora, visitábamos las casas de catedráticos y decanos, dueños de negocios, políticos de la localidad. La frase "Los americanos son tan ingenuos", tan suavemente dicha por Ulvi, empezó a tener sentido.

En Syracuse como en Lubbock, entre estos profesionales, mayormente blancos de clase media, Ulvi impresionaba con sus logros, sus modales europeos, su guardarropía, su multilingüismo, sus informadas opiniones sobre política americana e internacional, y el modo autorizado y valiente con que las expresaba. Cuando tropezaba con una frase, la gente no se impacientaba porque su inglés no fuera perfecto. Colocando en forma de pirámide sus dedos índices sobre sus labios, Ulvi miraba el cielo raso mientras su auditorio esperaba amablemente en lo que él pensaba lo que quería decir. Cuando finalmente hablaba, todos quedaban pendientes de cada una de sus palabras, como si las opiniones de Ulvi fueran más valiosas que las suyas propias, como si Ulvi fuese un sabio preparándose para iluminarlos.

Al ser una extensión de Ulvi, a veces, estas mismas personas esperaban de mí alguna palabra sabia. Ulvi me apretaba la mano.

—Chiquita no preocupa —les decía—; mayormente, yo mantengo al día.

Yo devolvía el apretón.

—La gente espera que, porque mi nombre sea Esmeralda Santiago y tenga la piel oscura, el pelo largo y acento al hablar, sea más sabia que la típica Mary Smith, clase media, blanca —me reí, pero nadie más lo hizo. Más tarde, Ulvi me dijo que no debía hacer esa clase de broma.

Me mantenía invisible, no sólo porque Ulvi brillaba más que yo, sino porque continuaba escondiéndome detrás de él. Con lo mucho que yo pensaba y cuestionaba otras cosas, me tomó años aceptar esa verdad como la base de nuestra relación. Y, a lo mejor, nunca lo habría hecho si Mr. Darling no se hubiese propasado conmigo.

****

Un día estaba en el cuarto de archivos buscando un cartapacio que Mr. Darling necesitaba urgentemente, mientras se preparaba para un viaje a las Filipinas. Me estaba tardando tanto en encontrarlo que él entró a mostrarme el sitio donde creía que su secretaria anterior lo había guardado. Sacó una gaveta de archivo y me mostró los papeles archivados al azar en una carpeta acordeón. Cuando me incliné para sacar la pesada carpeta, me apretó una nalga. Yo chillé, dejé caer el expediente, y brinqué alejándome de él, regando el montón de papeles por el piso. Se me quedó mirando como si yo hubiera hecho algo estúpido. Retrocedí, alternando entre el bochorno y la ira, sin saber qué hacer con ninguna de las dos cosas. Lo dejé entre las cartas mecanografiadas y las copias al carbón, y corrí al baño. Las demás secretarias me siguieron sin hacer caso del agudo timbre de sus teléfonos.

—¿Qué te dije? —dijo Liz.

—Hijo de puta, pervertido —murmuró Vicky.

—Atiéndela a ella que yo contesto los teléfonos —dijo Pam, regresando al área de las secretarias. Unos minutos más tarde volvió con un mensaje de Mr. Darling—. Dice él, que no sabe qué te pasó —dijo, girando los ojos—. Quiere que te pongas a trabajar porque, si no, va a perder el vuelo.

—¡Qué pantalones! —dijo con desprecio Kelly—. ¿Qué es lo que necesita para acabar de largarse?

—Lo tiene todo, excepto el expediente que se me cayó al piso.

—Yo lo busco. Quédate tú aquí. Te avisamos cuando se haya ido.

Liz y Nelly se aseguraron de que Mr. Darling estuviera listo para su viaje. Después que se fue, yo llamé a *Snelling & Snelling Employment Agency*, le expliqué mi situación al consejero, y me enteré de que acababa de surgir el trabajo perfecto para mí, a menos de dos cuadras de donde vivía. Dos semanas más tarde, cuando Mr. Darling regresó de su viaje, yo era la Supervisora de Codificación del Departamento de Expedientes Médicos de *Crouse Irving Memorial Hospital*.

21. "¡Yo pertenezco aquí!"

Los hospitales tienen un olor particular. En Lubbock, aún después de habernos mudado al edificio nuevo, los potentes productos de limpieza no pudieron eliminar el olor a enfermedad, a medicinas, y a emanaciones de los cuerpos. El *Crouse Irving*, un hospital más grande y más viejo que el de Lubbock, me saludó con el familiar y asqueante olor a enfermedad y muerte enmascarado por antisépticos, y con los urgentes graznidos del sistema de altavoces incrustado en el techo. A través de un túnel que quedaba cerca de la cafetería, el complejo hospitalario se conectaba con el *Upstate Medical Center*, que bullía con estudiantes de Medicina privados de sueño y residentes arrogantes. A media cuadra quedaba el puente de la I-81, y frente a él, el estacionamiento de mi edificio. Ya no tenía que depender de Ulvi para que me llevara y me trajera al trabajo.

Yo supervisaba a diez mujeres, cuyas edades fluctuaban entre los veintiuno y los cincuenta y cinco años. Tres de ellas, Ruth, Eileen y Mary, habían trabajado en el hospital durante dos décadas o más. Ruth, una ex-paciente psiquiátrica, era la más joven de las tres, pero había estado allí más tiempo que las demás. Fui recibida con sospecha por las mujeres mayores, y con franca rebeldía por el personal más joven, que había querido mucho a la mujer a la que estaba reemplazando, y que creía que una persona del Departamento debió haber sido ascendida a supervisora cuando ella se fue.

Por haberme pasado la mayor parte de mi vida evitando conflictos, no estaba preparada para ser blanco de hostilidades. Dos de las trabajadoras fueron particularmente crueles, al regar chismes contra mí y al desafiarme abiertamente delante de los médicos. Una de ellas, hasta llegó a usar la palabra *spick*, no, en mi cara, pero donde estaba segura de que la oiría.

No quería ir a consultarle este problema a Paula, mi jefa, porque ella me había contratado para que yo me encargara de la Unidad de Codificación, no, para que le causara más problemas. En su lugar, fui a ver a Marie, la Directora Auxiliar de la Oficina de Personal.

Marie tenía ojos azul zafiro y tez blanca como la leche, que contrastaban con su cabellera, cejas, y pestañas rojas. Unas pequitas le añadían un aire juguetón a su rostro dulce. Estaba desarrollando una carrera en recursos humanos, un área dominada por hombres que respondían a la alta gerencia, la mayoría de ella, hombres también. Me gustó Marie desde nuestro primer encuentro, y fui sincera con ella sobre mi falta de experiencia en supervisión.

—Ser una supervisora es como ser la hermana mayor. Tu posición es de liderazgo, lo que significa que serás respetada a la vez que resentida. Estoy segura de que habrás notado eso en tu familia.

—Nunca lo había visto así…

—Tienes que establecer tu autoridad. Ellas esperan que tú les pruebes que eres la mejor persona para el puesto.

—No sé si lo soy...

—Yo sí —dijo Marie—, por eso te contratamos. Tú puedes hacer este trabajo. Usa las herramientas que tienes disponibles. Tienes derecho a dar ascensos, a rebajar de categoría, o a despedir, si puedes probar que el desempeño de cierto trabajo no está a la altura de los estándares del departamento.

Después de las correspondientes reuniones individuales y evaluaciones escritas, en un par de meses había purgado nuestra unidad de la mitad del personal. Por su experiencia y por el respeto que se habían ganado entre el equipo médico, las tres mujeres mayores formaban la espina dorsal de la Sección de Codificación. Las más jóvenes me interrumpían constantemente con preguntas formuladas expresamente para demostrar que yo no sabía de codificación tanto como ellas. Yo las estimulaba a que consultaran con Eileen, Ruth y Mary. Eso me liberaba de los constantes retos y elevaba el estatus de las mujeres mayores, algo que ellas merecían y apreciaban.

En contraste con la actitud seria y profesional de Marie, Paula, la jefa de Expedientes Médicos, tenía un estilo más informal hacia el trabajo. Con frecuencia, llegaba hasta una hora más tarde que los demás, tomaba largos periodos de almuerzo, y se iba puntualmente a las cinco de la tarde. Al igual que Marie, era pelirroja, pero de las de *Lady Clairol*. Usaba ropa juvenil para su edad, pero le venía bien a su figura bien formada y a su personalidad jovial.

—Lo más importante que debes recordar —me dijo—, es que las empleadas no tienen que quererte, pero sí tienen que hacer su trabajo de modo que quedes satisfecha con él.

Este sí que era un nuevo concepto, hacer caso omiso del "qué dirán" por el bien de la efectividad.

Poco a poco, las recién contratadas y las veteranas,

formaron un grupo unido. Todavía sentía el desprecio de las empleadas que no pude despedir, pero ellas estaban en minoría. Marie me motivaba a que usara mi autoridad y, como Paula, me instaba a dejar de preocuparme sobre si mis subordinadas me querían o no. Según fui adquiriendo confianza en mi trabajo, "el qué dirán" empezó a perder el poder de influir en otras áreas de mi vida. Fue una revelación tan grande como la que tuve el día en que me di cuenta de que "otro tren vendría". Si yo misma tenía claro dónde estaba situada y quién era, "el qué dirán" no importaba. No podía impedirme que hiciera o que fuera esto o aquello. Todo lo que tenía que hacer era decidir *qué quería hacer* y *quién quería ser*.

****

Como tenía un trabajo tan exigente, finalmente me convertí en lo que Ulvi insistía en que yo era: su mecanógrafa, no, su colaboradora. Hacía su investigación, pero ya no resumía los trabajos monográficos ni revisaba el material con el mismo interés y cuidado. Pasaba sus ensayos de investigación a maquinilla, pero ya no tenía el tiempo ni el interés en las comunicaciones de satélites que había tenido en la tecnología de fotocélulas. Transcribía sus monografías y sus apuntes para la investigación, corregía la ortografía y la gramática, pero sin pasar juicio ni preocuparme por las fuentes. Sólo me aseguraba de que la parte que me tocaba a mí —el formato correcto y la trascripción sin errores— quedara perfecta.

En el hospital, mis superiores me valoraban y, finalmente, me gané el respeto de mi equipo de trabajo.

Por las mañanas me levantaba deseosa de ir a trabajar, y con frecuencia, me quedaba hasta tarde, sin preocuparme de que Ulvi estuviera esperándome en el carro frente al edificio.

Él porfiaba que mi trabajo le robaba tiempo a la razón por la cual estábamos en Syracuse.

—Tú prometiste ayudar, Chiquita —me decía.

—*Estoy* ayudando —respondía—. El servicio de mecanografía cobra por cada página de texto que uno le lleva.

—¿Entonces, debo pagar a ti? —dijo burlón.

—Deberías agradecer que estoy haciendo lo más que puedo.

—Agradezco —dijo, y era sincero.

Sin embargo, me sentía más apreciada en el trabajo que por Ulvi. La administración le prodigaba generosos halagos a Paula sobre el buen funcionamiento del Departamento, y ella compartía conmigo tal reconocimiento.

Busqué maneras de convertir la Unidad de Codificación en algo que fuera más sensible y útil a las necesidades de los médicos y residentes. Parte de mi trabajo, según lo veía yo, era recopilar y publicar estadísticas que, codificadas apropiadamente, hicieran posible que la administración del hospital pudiera utilizarlas para sus planes a corto y a largo plazo. El trabajo era creativo, mucho más que pasar a maquinilla los trabajos de Ulvi, o que leer los documentos llenos de terminología especializada de la NASA, que componían el grueso del material para su tesis doctoral.

Según fue mejorando la eficiencia de la Unidad de Codificación, fue cambiando el foco de mis reuniones con Marie, de asuntos relacionados con el trabajo, a mi vida personal. Ella no podía creer que yo le entregara mi cheque a Ulvi todas las semanas, que él me prohibiera contestar el teléfono, que comprara mi ropa, que yo no tuviera amistades aparte de las suyas, y que no fuera a ningún sitio sin él.

—Eres tan inteligente —me decía—. Usa ese cerebro para cambiar tu vida.

Lo que no podía explicarle a Marie era que la parte inteligente de mi cerebro se apagaba tan pronto entraba en el alto apartamento sobre las colinas de Syracuse. Al igual que en Brooklyn, donde había sido Negi en casa, y oficialmente Esmeralda para los particulares, con Ulvi y sus amigos yo era Chiquita, pero en el *Crouse Irving Memorial Hospital* respondía a un *Es* o *Essie*, más corto y menos intimidante. Era un cambio tan consciente el que hacía de Esmeralda a Essie a Chiquita, que, en efecto, sentía que mi cuerpo se contraía y disminuía en estatura, durante el trayecto del hospital a nuestro edificio en la Calle Harrison. Dentro del apartamento 1704, desnuda de la ropa "elegante" que Essie se ponía para trabajar, Chiquita comía la sencilla cena de vegetales al vapor que Ulvi había preparado, mordisqueaba el crujiente pan, sorbía el fuerte *chá*. Luego, Chiquita tomaba los papeles que Ulvi le había dejado al lado de la maquinilla, los revisaba y los pasaba en limpio.

Chiquita hacía el amor con Ulvi, quien susurraba que la amaba en inglés; no, en el español que ella oía en su cabeza; no, en su turco vernáculo; no, en el alemán *ich liebe dich* reservado para Irmchen. *I love you*, Chiquita, decía, y yo sabía que él no amaba, no podía, no quería amar a Esmeralda.

Era menos doloroso ser Chiquita para él y Essie en el trabajo, que exponer a Esmeralda a la mirada altanera de aquellos que me juzgarían. Esmeralda era la muchacha de tez oscura, de las sínsoras de un campo de Puerto Rico, que se había criado en los barrios de Brooklyn. Era la hija mayor de una madre adolescente que no se casó con ninguno de los padres de sus once hijos e hijas. Esmeralda había esperado junto a Mami el cheque de bienestar social, el día tres de cada mes, y había rebuscado ansiosamente en los recipientes de ropa usada de las tiendas de segunda mano, buscando "algo nuevo" que ponerse. Le gustaban la alborotosa música de salsa y los colores brillantes; le gustaban sus senos grandes y sus caderas redondeadas, y caminaba con un remeneo en las nalgas, como su mamá, su abuela y sus hermanas. La ropa que ella habría seleccionado no era elegante. Habría sido muy ajustada y muy escotada, excepto que yo hacía un esfuerzo consciente por ser conservadora y respetuosa de las convenciones.

De ese modo, le ofrecía al mundo una sombra de mí misma, un *yo* que se parecía a *mí*, pero que no era yo, un *yo* que, sin embargo, podía funcionar de acuerdo con las reglas que me consiguieran lo que quería y lo que necesitaba. Guardaba a la verdadera Esmeralda en un lugar tranquilo, secreto, al que nadie podía acceder, ni Marie con sus teorías feministas, ni Ulvi con su inglés quebrado y sus negocios, con sus esperanzas y promesas. Mantenía ese *yo* tan escondido que era invisible hasta para mí misma.

****

Después del largo invierno, el verano en la parte norte del estado de Nueva York se sentía como un regalo de los dioses. Según se fueron alargando los días, y la nieve se derritió en ríos, arroyos y lagos, Ulvi y yo empezamos a explorar el área en el *Camaro*. Cuando no había vistas del Comité de *Watergate* o programas especiales sobre el tema, Ulvi me recogía en el hospital los viernes por la tarde y manejábamos hacia el oeste, con destino a los *Finger Lakes*, dejándonos guiar adonde nos llevaran las carreteras numeradas. Los días más calurosos los pasábamos en las playas arenosas hacia el extremo norte de *Skaneateles Lake*. Si el Sol se escondía detrás de las nubes, nos dirigíamos hacia el este y seguíamos hasta las montañas de Vermont, hasta que nos topábamos con algún pueblito encantador o alguna aldea histórica. Nos encantaban las ferias municipales, los subastadores de hablar rápido, los cerdos que ganaban premios y las novillas de los *Clubes 4-H*, los paseos por el medio de la feria, y los espectáculos de caballos. En una de estas ferias, Ulvi me contó que, de joven, había servido en la caballería turca.

—¿De verdad? ¿Y qué hace la caballería turca?

—Desfiles —bufó.

Obtener información de su pasado era una proeza. Había aprendido a esperar hasta que desvelara algo y a no hacerle demasiadas preguntas después de la revelación. Tan pronto lo hacía, se cerraba, como si dejarme entrar en su vida fuera peligroso.

En agosto, Ulvi me pidió que solicitara unos días libres en el trabajo para tomarnos unas vacaciones.

—Vamos estar muy ocupados próximos dos semestres, terminando disertación —me dijo—. Además, tengo buscar trabajo para quedar en Estados Unidos.

—¿Qué clase de trabajo?

—Con doctorado puedo enseñar. Estados Unidos necesita maestros, ya tiene demasiados hombres de negocios —rio.

Aunque sólo llevaba trabajando en el hospital ocho meses, tanto Paula como Marie coincidieron en que yo merecía pasar unos días fuera de la oficina. Dejé a Eileen encargada de la Unidad de Codificación, y Ulvi y yo nos subimos al

Camaro y nos dirigimos hacia el este por la I-90, con destino a Maine. Necesitaba estar cerca del mar, dijo Ulvi, y tenía planes de visitar amistades en *Bar Harbor*. No le pregunté quiénes eran ni dónde los había conocido.

No pasaríamos ni remotamente cerca de *Skowhegan*, que quedaba en el interior del estado. Me daba pena no poder buscar a Jacqueline, pues tan pronto Ulvi me dijo que iríamos a Maine, me pareció importante encontrarla o saber de ella.

En el primer motel que nos quedamos, justo en las afueras de Portland, encontré la guía telefónica al lado de la mesa de noche, y busqué su apellido entre la lista de nombres, pero el de ella no existía en *Skowhegan*. Jacqueline probablemente se había convertido en una de las *Wilis*, las infelices doncellas del *Ballet Giselle* que, abandonadas por su prometido, mueren antes de su noche de bodas. Impedida de agotar en vida su pasión por la danza, imaginé a Jacqueline y a las otras *Wilis* de Maine a medianoche, en un pintoresco cementerio, bailando entre las tumbas, esperando a su Albrecht quien, arrepentido por haberla abandonado, no tolera estar alejado de su sepulcro.

Le pedí a Ulvi que bajara el televisor.

—¿Qué pasa, Chiquita?

—Tengo dolor de cabeza —le dije, y él se inclinó y me tocó la frente, como hacía Mami cuando me enfermaba.

—¿Traigo aspirinas?

—No gracias, estaré bien en un momento. Es el calor, creo.

Me recosté en la cama y me cubrí la cara con la almohada. No podía decirle que la razón por la cual le había pedido que bajara el televisor era porque la quejumbrosa música fúnebre de Giselle, muerta de un corazón destrozado, se había apoderado de mi cerebro, y competía con los acontecimientos más destacados del día en lo concerniente al desarrollo de las vistas sobre el caso *Watergate*.

Al día siguiente, cuando salió el Sol, reanudamos nuestro paseo hacia el este. Nos detuvimos en la playa de *Seal Harbor* para refrescarnos. Era un día de agosto de un calor infernal. Los locutores de la radio seguían informando sobre cómo subía la temperatura y se mantenía en los 100 grados, aun en lugares situados tan al norte de la isla como *Mt. Desert Island*. Nunca encontramos a los amigos de Ulvi en *Bar Harbor*. El número escrito en el pedacito de papel arrancado de una libreta no incluía un nombre. Ulvi llamó varias veces, pero nadie respondió. Nos pasamos esa tarde agobiante caminando por el pueblo, y yo tuve la impresión de que Ulvi tenía la esperanza de encontrarse con sus amigos en la calle, por el muelle, en el *lobby* del hotel, en la farmacia. Estaba buscando activamente a alguien que no estaba allí, pero él no lo admitiría y yo no insistí.

Al caer la tarde, buscamos un hotel que tuviera habitaciones desocupadas. Salimos del pueblo con la esperanza de encontrar un lugar alejado del bullicio del centro. En *Northeast Harbor* vimos un rótulo escrito a mano que decía "Habitaciones Disponibles", frente a un *Bed & Breakfast* con cortinas de encaje en las ventanas y un espléndido jardín de flores con caminitos de gravilla. Cuando la dueña abrió la puerta y nos vio, exhaustos y desgreñados, después de todo un día de deambular por las calles de *Bar Harbor*, retrocedió.

—No hay nada disponible —dijo—, y nos cerró la puerta en la cara.

Estábamos demasiado extenuados para discutir, y hasta para enojarnos. Pegajosos del chapuzón que nos habíamos dado en el mar por la mañana, anhelábamos una ducha y una cama blanda. Después de un par de horas de dar vueltas sin éxito, nos detuvimos en una cafetería, donde consumimos una suculenta comida, servida por una risueña camarera que no tenía sugerencias sobre dónde nos podíamos quedar.

—Todo está lleno —dijo—, por la ola de calor y eso…

Salimos de la cafetería y manejamos hacia el sur hasta que Ulvi se sintió demasiado somnoliento para continuar. Se salió de la carretera principal y se estacionó.

—Dormimos en carro —propuso. Demasiado cansada para discutir, me acurruqué en el asiento trasero. Ulvi bajó su asiento hasta donde pudo, y durmió medio sentado hasta el amanecer. La noche siguiente, regresando, vía *Boothbay Harbor*, dormimos en el carro nuevamente, esta vez, en el estacionamiento de una iglesia.

Ulvi quería visitar Boston, junto al que habíamos pasado, camino a *Bar Harbor*.

—Yo quiero irme a casa —gemía—, a mi cama.

—Anda, Chiquita, es divertido. Buscamos hotel tan pronto llegamos —prometió.

Nos quedamos en un motel al norte de la ciudad y, a la mañana siguiente, partimos rumbo al horizonte. El tráfico ahogaba las estrechas carreteras que conducían a la ciudad, así que Ulvi tomó una salida cualquiera, y sin darnos cuenta, nos encontramos en medio de *Harvard Square*.

Aun en verano, cuando la mayoría del estudiantado ha regresado a sus hogares, las calles alrededor de *Harvard Square* estaban animadas y repletas de gente. Un guitarrista quejumbroso rasgueaba su guitarra y se lamentaba con algunas personas que parecían embelesadas ante las palabras ininteligibles de su canción. Un malabarista tiraba a lo alto tres bolas, las hacía rebotar en la frente y en la barbilla, las atrapaba y daba una vuelta de carnero. Un hombre negro, delgado, vestido de azul, con cintas y campanas colgantes, contaba historias folclóricas africanas a un círculo de cautivados oyentes. Una fuerza que no había notado ni en el campus de *Texas Tech* ni en el de *Syracuse*, animaba los rostros de las personas que se cruzaban con nosotros, y no pude evitar sentirme optimista rodeada de tanta energía y vitalidad.

Cuando los artistas de la calle y el gentío nos agotaron, entramos a la tranquilidad del *Harvard Yard*. Había estudiantes tendidos en la grama, estudiando, fumando, charlando, besándose. Un grupo jugaba *Frisbee* frente a la estatua de John Harvard. Un sendero que bordeaba un largo edificio de ladrillo rojo conducía a otra inmensa área de césped entre la monumental biblioteca y la capilla de la torre blanca. A saltitos, subí los anchos escalones hasta el último descanso del edificio de la biblioteca. Cuando llegué ante las enormes puertas de madera, me detuvo una sensación de *déjà vu*. Miré hacia los edificios rectangulares de ladrillo rojo que rodeaban la grama salpicada de gente estudiosa, y la capilla con su torre, apuntando al claro cielo azul.

—¡Yo pertenezco aquí! —solté abruptamente, sorprendiéndome a mí misma.

—¿Qué dijiste, Chiquita? —preguntó Ulvi alcanzándome.

—Me gusta este lugar —rectifiqué, avergonzada de mi exabrupto, pero sintiendo que había llegado a un lugar al que no sabía que ya iba encaminada desde siempre.

—Es hermoso —dijo—, pero es largo viaje a Syracuse.

Regresamos al *Camaro* y nos dirigimos hacia el oeste,

pero algo de mí se quedó en el último escalón de la biblioteca Widener, mirando a través de la grama, y repitiendo las palabras que había dejado escapar de una parte de mí que hacía tiempo había olvidado.

22. "Mi nombre es Esmeralda".

Las vacaciones en Nueva Inglaterra, que habían tenido como propósito relajarnos, tuvieron en mí el efecto contrario. Estaba físicamente extenuada de los largos días e interminables noches pasados en los asientos de vinilo del *Camaro*. Me sentía revitalizada por nuestra visita a *Harvard Yard*, pero me invadió la tristeza tan pronto entramos en nuestro apartamento elevado sobre la Calle Harrison.

—Es bueno regresar —sonrió Ulvi cuando entramos.

Sentía que estaba en una prisión. Resentía la maquinilla, las páginas cuidadosamente colocadas en el anaquel al lado del escritorio, la silla donde me sentaba desnuda casi todas las noches a pasar a maquinilla los ensayos y el primer borrador de la disertación de Ulvi. Todavía no había soltado bien la maleta, y ya Ulvi había encendido el televisor para ver las noticias. Resistí el deseo de darme vuelta y salir corriendo por el pasillo al ascensor, a la planta baja, por las puertas de cristal del *lobby*, a las oscuras calles de Syracuse. Me obligué a guardar mis cosas, entré en la ducha y dejé que el agua caliente lavara la mugre de la carretera, el cansancio, la opresión en mi pecho. Después de un rato, Ulvi golpeó a la puerta.

—Ven, Chiquita, vamos tomar *cha* —me sugirió.

No quería salir del vapor del baño a tomar un té, mientras él se ponía al día con los últimos acontecimientos del vasto mundo más allá de nuestras ventanas. Hice que el agua corriera aún más caliente, me senté en la bañera y dejé que las gotas hirviendo me golpearan el cuero cabelludo y la espalda. Sentía un dolor casi insoportable. Mi piel enrojeció y mi corazón bombeaba a prisa, pero yo apreté la quijada e inhalé el vapor a través de los dientes. Ulvi abrió la puerta y una ráfaga de aire frío hizo que ondeara la cortina de baño.

—¿No oíste, Chiquita?

Estaba molesto. —Preparé merienda.

—Ya mismo voy —me quedé unos minutos más debajo de la ducha de agua fría, hasta que empecé a temblar y sólo podía pensar en la tibieza.

Cuando regresé al hospital ese lunes, titubeé en la puerta de la oficina, temiendo que, durante el tiempo que había estado fuera, el Departamento se hubiera venido abajo. Una parte de mí deseaba que ése fuese el caso, pero todo estaba igual. Después de mi turbulento comienzo, la Unidad de Codificación funcionaba sin tropiezos aun sin que yo estuviera presente. Las empleadas se habían adaptado a mis cambios y a trabajar unas con otras, y yo no tenía más batallas que luchar ni nuevos sistemas que implantar. Supervisar a empleadas que sabían lo que tenían que hacer era aburrido. Me reporté con Paula y, después, me fui a tomar un café con Marie.

—¿Qué tal Maine? —me preguntó.

—Algún día espero viajar en primera clase, quedarme en suites y pedir servicio en la habitación —dije.

—Me sospecho que estas vacaciones fueron de las económicas.

—Podría decirse eso.

Le mencioné los eventos sobresalientes, sin admitirle que la mayor parte del tiempo habíamos dormido en el carro.

—El último día nos detuvimos en Boston y caminamos por Harvard. Siempre he querido estudiar allí.

En realidad, la idea no se me había ocurrido nunca, hasta que la dije.

—¿Y por qué no?

Parpadeé, tartamudeé, atrapada en la mentira.

—Porque... ah, porque es una escuela de varones. Digo, ¿ahí no admiten muchachas, verdad?

—Esas universidades sólo para varones han tenido que cambiar con los tiempos, Esmeralda. Ahora, la mayor parte de ellas admite mujeres. Probablemente, tendrías mucha oportunidad de entrar por ser puertorriqueña.

—A mí me parece que sería lo contrario —murmuré.

—¿Nunca has oído hablar de la acción afirmativa?

—Claro que sí...

—Escribe a Harvard y pide una solicitud de admisión para minorías.

—Marie, ¡yo no puedo pagarme una universidad tan cara!

—Solicita una beca. Esas universidades separan dinero para estudiantes como tú.

—Nunca he pensado en mí misma como "minoría".

Doblé los dedos para formar las comillas alrededor de la palabra.

—Tú, no; pero otra gente, sí. Aprovéchalo, lo único que te va a costar es el sello —dijo, terminando su café.

De regreso en la oficina, trabajé con unas estadísticas para el Jefe de Residentes de Pediatría. Ruth entró con una solicitud para tomar unos días libres. Iba a ingresar voluntariamente en la sala de Psiquiatría para recibir tratamiento de electrochoque.

—No te asustes —dijo, cuando vio mi expresión—.

Yo hago eso con regularidad, y salgo mejor de lo que entro. Deseé que hubiera habido alguna manera de alterar mi cerebro para, de algún modo, mejorar su capacidad, hacerlo más eficiente. Como estaba ahora, sentía la cabeza repleta de información que no deseaba encontrar allí, de impresiones borrosas, de sueños que no había querido examinar, de ambiciones que había enviado a los más oscuros rincones de la mente.

****

Después de una cena dominical en casa de nuestros amigos Leah y Robert, Ulvi resumió su concepto de la naturaleza humana como "el anhelo constante de tener más".

—Si das pan un hombre hambriento, pide mantequilla. Das mantequilla, quiere mermelada.

—Por lo tanto, como dice el proverbio, no le debes dar un pescado al hombre, sino enseñarlo a pescar —sugirió Robert.

—Aunque enseñes pescar —sonrió Ulvi—, te culpa si no pescar nada.

Los hombres se rieron, y Leah sonrió primorosamente.

—¿Qué debe hacer la gente, entonces? —pregunté.

—¿Qué preguntas, Chiquita?

—Si los humanos no se satisfacen nunca con lo que tienen, ¿deben dejar de desear?

—No puede evitar desear, porque mientras más tenemos, más queremos.

—No estoy de acuerdo con eso —dije.

—¿No eres de acuerdo?

Ulvi repitió como si nunca me hubiera escuchado articular esas palabras.

—En tu ejemplo, el hombre que quiere pan, quiere después mantequilla, no, más pan.

—Explica a ti, Chiquita.

—Si le enseñas a un hombre a pescar, eventualmente se cansará de la caballa y querrá langosta.

—Entonces, es un asunto de calidad —dijo Robert—, no, de cantidad.

—¡Exactamente!

—Yo puedo entender eso —Robert probó su vino.

—Tienes mucha opinión esta noche —murmuró Ulvi, al inclinarse a besar mi mejilla.

—No es tanto mi opinión, como mi experiencia —le devolví el beso.

—¿Tu experiencia? —preguntó Leah.

Ulvi se rio. —No ser tan vieja para tener experiencia.

—Tengo veinticinco años. A mi edad, Mami ya tenía siete nenes.

—¡Siete hijos! ¡Santo cielo! —dijo Leah.

—Soy la mayor de once. ¿Nunca se lo había dicho?

—No, Chiquita, no creo —dijo Robert.

—Tienes mucho por decir esta noche —Ulvi me apretó la mano.

Le devolví el apretón. —No sé qué me ha entrado de pronto.

Más tarde, Ulvi se paseaba por las pequeñas habitaciones de nuestro apartamento, rascándose la cabeza. Sentada en la maquinilla, fingía no darme cuenta. Era tarde, y él debía entregar uno de sus trabajos al día siguiente.

—Estás poniendo muy libre, Chiquita —dijo Ulvi, finalmente.

—¿Perdón?

—¡Detén máquina y escucha!

Me sacó de la silla. —Si quieres estar conmigo. . .

Me zafé de su agarre e interpuse la mesa de centro entre nosotros. —No me vuelvas a agarrar así, o salgo por esa puerta y no vuelvo nunca más —le grité—. ¡Estoy hablando en serio!

—¿Qué pasa a ti? —preguntó—. No ser la misma Chiquita.

—Mi nombre es Esmeralda.

Sonrió, como si una chispa se hubiera encendido en su cerebro, y dio la vuelta alrededor de la mesa de centro y me tomó la mano. —Ven, corazón, mi pequeña Esmeralda. Esmeraldita, ¿así es dices en español?

Me alejé. —¿Tienes coraje con qué? —dijo. Se colocó las manos en las caderas, levantó un brazo, se rascó la parte de atrás de la cabeza.

—No entiendo a ti más —me dijo. Se veía genuinamente confundido. —¿Estás enamorada con otro hombre? —preguntó—. ¿Un doctor en hospital?

Estaba segura de que mi piel irradiaba rabia. —¿Eso es lo único que podría estar mal entre nosotros? ¿Que yo tenga un amante? ¿Eso es lo único que se te ocurre?

—No sé qué pensar —dijo—. Estás cambiando tan rápido, no puedo saber…

—Quizás eso es lo que está mal. Quizás yo estoy cambiando y tú, no.

—Quizás tienes razón, Chiquita —dijo con pena—, pero no puedo permitir eres *una chica americana perdida*.

—¡Ahhhhhh! —grité y caí sentada al piso con las manos en la cabeza, encogiéndome en una bola apretada.

—No estás entendiendo que te quiero decir —dijo acercándose.

—Claro que entiendo. A ti no te gusta la parte americana en mí y desprecias la puertorriqueña.

Abrió los ojos aún más grandes. —Veo, sí. Sé que molesta a ti y tengo que arreglar. Eres buena chica, Chiquita.

Cayó de rodillas y me envolvió en su cuerpo. Permanecimos así mucho rato, respirando al unísono, hasta que yo me hube repetido más de cien veces la misma frase. —Mi nombre es Esmeralda. Mi nombre es Esmeralda, Esmeralda.

Deseé que hubiera habido alguna manera de alterar mi cerebro para, de algún modo, mejorar su capacidad, hacerlo más eficiente. Como estaba ahora, sentía la cabeza repleta de información que no deseaba encontrar allí, de impresiones borrosas, de sueños que no había querido examinar, de ambiciones que había enviado a los más oscuros rincones de la mente.

El día después de nuestra discusión, estuve tan perturbada en el trabajo que Marie me llevó a almorzar. Nos sentamos en una mesita con bancos en la esquina de *Pizza Delitzza*.

—Ya no soporto estar con él.

Lloraba con tanta amargura y me dio tanto trabajo controlarme que Marie llamó a la oficina y avisó que yo no me sentía bien y me iba a llevar a casa.

Rodeó mi cintura con su brazo y me recosté de ella mientras caminábamos hacia su *Volkswagen Scirocco* anaranjado. Me acomodó con cuidado y consternación; condujo despacio y, cada vez que tomaba una curva o el carro brincaba, me preguntaba si estaba bien.

Vivía en el segundo piso de una casa victoriana, en una calle tranquila, en un pulcro apartamento con cortinas de volantes en las ventanas y mullidos edredones en las camas. Me dio un par de sus pijamas e hizo que me acostara en el cuarto de huéspedes, a pesar de que sólo era media tarde. Me quedé dormida enseguida. Desperté a los ruidos y olores de la cocina de Marie. Me arrastré hasta la cocina y la encontré a ella vestida en *jeans* y camiseta, con su cabello deslumbrante, que casi siempre llevaba recogido, suelto por los hombros.

—Buenos días, dormilona —dijo, revolviendo la salsa de espagueti.

Me aterré. —No es por la mañana, ¿verdad?

—No, tranquila, es sólo una expresión. Son casi las 7:00 p.m.

—Ay, Dios mío, tengo que llamar a Ulvi. Debe estar preguntándose dónde estoy.

—El teléfono está ahí mismo —dijo con cierta indiferencia, haciendo un gesto hacia la pared.

Lo levanté y estuve a punto de *discar*. Me temblaban las manos y las rodillas, me temblaban tanto los labios que no pude obligarlos a formar palabras.

—No sé qué decirle…

Marie tomó el teléfono de mis manos y lo colgó, me condujo hasta una silla, hizo presión sobre mis hombros hasta que me senté, acercó otra silla, y se sentó frente a mí con mis manos entre las suyas.

—Tienes que tomar una decisión —me dijo con voz ronca.

—Tengo tanto miedo —sollocé.

—Lo sé, cariño —me dijo—. Pero no tienes que pasar por esto sola. Decide qué quieres hacer, y yo te ayudo. Yo misma te llevo a tu casa, si todavía no estás lista para dejarlo, y si crees que es seguro estar en el apartamento con él.

O te puedes quedar aquí unos días y, cuando regrese mi esposo, Paula puede recibirte un tiempito en su casa hasta que consigas un sitio.

—¿Le dijiste a Paula?

—Le dije que era posible que necesitaras un lugar donde quedarte algunos días. Ella no sabe por qué.

Me cubrí la cara y dejé caer la cabeza sobre la mesa.

—No sé qué hacer.

—Tengo que ir un momentito a la tienda antes de que cierre —dijo Marie retirándome el pelo de la mesa—. Necesitas un ratito para pensar. Lo que decidas, estará bien; nadie te va a juzgar. Yo sé lo que estás pasando y no es fácil. Si quieres que esté aquí cuando lo llames, espera a que regrese. ¿*Okay*?

—*Okay* —contesté sin alzar la cabeza.

—Vuelvo pronto.

Impulsándose con las manos, se levantó de la silla y salió de la cocina.

La sentí ir hasta el pasillo, ponerse la chaqueta, tomar las llaves y cerrar la puerta suavemente. Unos minutos después, revivió el *Scirocco*.

Sentía la cabeza demasiado pesada para levantarla. Con la frente apoyada en la mesa, el pelo formaba una oscura cortina alrededor de mi cara y de mis hombros. Todo lo que veía eran mis pies desnudos. A una pulgada del dedo medio del pie derecho tenía la cicatriz de cuando me dejé caer las tijeras de Mami en el pie para ver cuánto me dolía. Había botado muchísima sangre y estuve cojeando unos cuantos días.

Entonces, era una onceañera activa y ya tenía muchas cortaduras y cicatrices de caídas y accidentes previos, y de experimentos como éste de las tijeras. Esa clase de dolor me resultaba familiar. Finalmente, la herida sanaba, dejando cicatrices casi imperceptibles, que me recordaban que alguna vez me había dolido.

Cuando regresó Marie, yo seguía en la misma posición en que me había dejado.

—¿Cómo va todo? —preguntó, abriendo y cerrando la nevera.

—No fue tan difícil dejar a mi mamá como es dejarlo a él. ¿Por qué es eso?

—Porque —me dio un pedazo de papel toalla para que me limpiara las lágrimas y los mocos de la cara—, tu mamá siempre te va a aceptar como eres, no importa lo que hagas o digas.

Empecé a sollozar otra vez. —¡No debiste haber dicho eso! —le dije riendo y llorando al mismo tiempo.

—Es la verdad —rio, con lágrimas en los ojos también.

—Es que yo siento como si… como… si Esmeralda estuviera empujando a través de Chiquita.

—¿Y no te parece que ya es hora, Esmeralda? —preguntó Marie. Era la única persona en el hospital que usaba mi nombre—. ¿No te parece que ya es hora? —volvió a preguntar.

Después de lavarme la cara y de aclararme la voz con una taza de té con miel, llamé a Ulvi.

—¿Dónde estás? —preguntó con ternura, preocupado.

—Voy a dejarte —le dije—. Por favor, no llames a mi oficina, y no nos avergüences a los dos viniendo al Hospital.

—Chiquita, no hagas eso.

Colgué.

A la mañana siguiente, me fui a trabajar como si nada hubiera pasado, excepto que llevaba puesta la misma ropa del día anterior. Marie me acompañó al apartamento a la hora que pensaba que Ulvi estaría dando clases. Cuando entramos, tuve miedo de que hubiera cancelado sus clases y estuviera allí esperándome, pero no estaba. En la mesa de centro había dejado una nota sin fechar, escrita a lápiz en dos páginas amarillas: "Por favor, regresa a tu casa", leía la primera, en grandes letras: "Te amo & te extraño. . . Ulvi". En la parte de abajo había algo más, escrito en pequeñas y apretadas letras de molde. No lo leí frente a Marie, sino que doblé las dos hojas y las metí en mi cartera. Cada vez que tenía que sacar unas monedas para pagar el café, o una peinilla o un pañuelito de papel, mis uñas raspaban los papeles, pero no los saqué para leer lo que me había escrito. No, delante de la gente; no, en el cubículo del baño, donde estaba sola, pero me preocupaba que su mensaje me fuera a alterar.

Marie me llevó a su casa esa tarde. Su esposo era bombero y estaría de guardia un par de días más.

—Los nenes de Paula están con infección de garganta, pero Dana tiene una habitación que no está usando.

Dana era la mejor amiga de Paula, y secretaria en la oficina de Administración. —Ya hablé con ella. Te puedes quedar allí el tiempo que necesites.

—Odio molestar.

—No estás molestando a nadie. Todas hemos pasado por esto, créeme —me dijo mientras adobaba unos *bistecs*. Además, las mujeres tenemos que apoyarnos. ¿Me lavas esa lechuga?

Marie era buenísima logrando que yo me sincerara, pero se me hacía difícil conocer de ella más de lo que ya conocía. Siempre que se le escapaba algo de su vida personal, cambiaba el tema y el escotillón de su vida se cerraba de cantazo. Durante la cena, hablamos de trabajo; tenía que asistir a una reunión, y me dejó sola en el apartamento. Tan pronto se fue, abrí la nota amarilla de Ulvi. Su firma, subrayada dos veces y en letra mayúscula, me produjo escalofríos. "Por favor, regresa a tu hogar". Dejé de leer. *Hogar;* nunca había pensado que el lugar donde vivía con Ulvi fuera mi *hogar. Hogar* era donde estaba Mami, donde estaban mis hermanas, mis hermanos, mi abuela. Aunque no había vuelto allí en doce años, el *hogar* era, otra vez, Puerto Rico. *Hogar* era el lugar donde era valorada y respetada, donde podía ser yo.

—Te amo y te extraño… Ulvi.

La nota debajo de su firma era menos amistosa. Una vez más me recordaba que yo lo había empujado a tomar una decisión, que al escoger estar conmigo había dejado pasar la oportunidad de regresar a Europa o de "hacer otra cosa". Los últimos cuatro años tampoco habían sido años felices para él, escribió. Yo nunca antes lo había pensado de esa manera.

Ulvi tenía aspiraciones que no podrían ser satisfechas ni en Lubbock, Tejas, ni en Syracuse, Nueva York. El éxito de *Susuz Yaz*, que trataba sobre la lucha por el agua del campesinado turco, lo había sumergido en la chispeante vida del *jet-set.* Había sido favorecido con la amistad de estrellas de cine y de millonarios, había vivido rodeado de lujos, había vestido de seda y había probado el caviar. Había cruzado el país en un *Rolls Royce* blanco y había sido huésped de reconocidos productores de cine. ¿Cómo habría sido para él vivir en Lubbock, abandonar sus sueños de Hollywood, tener que aspirar a un título, de todas las cosas, en Ingeniería industrial? Se veía más contento cuando se transfirió al Departamento de Comunicaciones, pero estaba dando clases en un campo que apenas empezaba a conocer, y se mantenía a sólo unos pasos de ventaja sobre sus alumnos. ¿Lo desafiarían alguna vez? ¿Dudaría de sí mismo?

Nunca me había detenido a considerar que, desde que nos conocimos, Ulvi había estado siempre en crisis. Tenía cuarenta y un años. No tenía dinero y había poco en perspectiva. No tenía un hogar permanente. Estaba en los Estados Unidos con una visa de estudiante revocable. En términos económicos era responsable de su padre y de su hermana menor en Estambul. Hasta donde yo sabía, sólo poseía dos bienes: una película premiada y un costoso reloj que rara vez usaba por temor a perderlo. No, para él los pasados cuatro años no podían haber sido felices. Me sentí culpable de contribuir a su desdicha.

Las palabras *decisión* y *decide* aparecían, por lo menos, cinco veces en el corto párrafo. "Los dos sabíamos: años de escuela no serían agradables", continuó. "¡Ahora, poco para días difíciles terminen, decides escapar! ¿POR QUÉ? dos palabritas en mayúscula. ¿De verdad estaría esperando una respuesta? ¿Pensaría él que yo le enumeraría las razones por las cuales había escogido para marcharme éste entre todos los demás días?

Consideré responder a su nota explicándole que me sentía asfixiada en nuestra relación. ¿Podría entenderlo? ¿Se ofendería al enterarse de que me estaba ahogando en su silencio, de que, a pesar de que pasábamos juntos cada minuto que yo no estaba trabajando, me sentía sola? ¿Podría admitirle eso? ¿Lo volvería más hablador el saberlo? ¿Me dejaría entrar en su vida? Nuestra vida se basaba en lo que era mejor para él. Me había dicho, y yo le había creído, que lo que era bueno para él, era también bueno para mí. ¿Comprendería que ya no creía eso, que yo tenía mis propios sueños?

Abrí la segunda página de su nota. Era una lista de nuestras deudas con una estimacion de sus ganancias para el año siguiente. Por poco rompo la hoja en mil pedazos. ¿Creía él que yo iba a regresar porque él debía dinero y parte de ese dinero se gastaba en mí? Doblé las hojas cuidadosamente, las volví a meter en la cartera, y las guardé como un recordatorio de por qué lo había dejado. A lo mejor me amaba como decía, pero no tenía ni la más mínima idea de lo que era importante para mí.

****

Me quedé un par de noches en casa de Marie, y para finales de la semana me mudé con Dana. Ulvi no llamó, ni vino por el hospital. El sábado, Marie me recogió y fuimos hasta Dewitt, un pueblo cercano. Una amiga suya tenía allí un edificio en el que había disponible un estudio con cocina. Era limpio, claro, con un inmenso ventanal de cristal con vista a un jardín y a una amplia extensión de césped sombreada por olmos. Lo tomé, y esa misma tarde Marie trajo mis cosas de casa de Dana a mi nueva vivienda. Para celebrar, me invitó a su *Gimnasio-Spa*, donde nos pesamos antes y después de ejercitarnos en las trotadoras y las bicicletas estacionarias. Después de sudar durante una hora, nos movimos a la parte de atrás del gimnasio donde había una piscina, una sauna, un cuarto de vapor y un baño termal. Mujeres de todas las edades entraban y salían de los cuartos sin nada puesto, excepto gorras de natación o toallas alrededor de la cabeza.

—No te sientes intimidada en lo más mínimo —se maravilló Marie, mientras estábamos sentadas a la orilla de la piscina con los pies metidos en el agua.

—¿Ante qué?

Abrió sus brazos como para abarcar el vasto salón, el baño termal, la sauna, los cuartos de vapor, las mujeres desnudas recostadas en butacas de descanso, chapaleando en la piscina y exprimiéndose el agua del pelo mientras se paseaban por el área.

—¿Y por qué esto me intimidaría?

—Eres la persona más oscura aquí —me indicó. Hasta que lo dijo, no lo había notado, pero tan pronto lo dijo, me volví consciente de mí misma. Me pareció que todo el mundo me miraba.

—Supongo que tienes razón.

Me quedé mirando el agua azul, azulísima de la piscina. —Pero ¿no te has fijado?

—¿En qué?

—Tú eres la única pelirroja.

****

Como no sabía guiar, moverme del hospital a mi apartamento y del apartamento al hospital se me hacía difícil. Varias de las mujeres de Expedientes Médicos vivían lo suficientemente cerca como para ofrecerme transportación, y cuando no era posible, tomaba la guagua. Llamé a una escuela para aprender a conducir, pero las clases eran muy caras y no podría pagarlas hasta dentro de unos meses.

Marie me llevó al supermercado, donde llené el carrito de compra con cereal endulzado, ravioli enlatado, jamonilla Spam, sardinas y café.

—¿Esto es lo que piensas comer? —preguntó horrorizada.

—No sé mucho de cocina.

Al día siguiente, me entregó unas recetas para albóndigas, lasaña y sopa de pollo.

—Si puedes leer, puedes cocinar —sentenció.

Me encantaba llegar del trabajo a casa, y en vez de tomar una siesta y pasarme horas sentada en la maquinilla, acomodarme junto a la ventana en el butacón lleno de chichones, y comerme un plato de ravioli *Chef Boyardee* calientito, mientras leía una novela hasta que fuera hora de acostarme. No tenía televisor, pero había comprado un radio portátil en el que escuchaba la cuenta regresiva de las cuarenta canciones favoritas en *Cousin Brucie's Top 40*.

Una noche, acababa de acomodarme en mi butacón cuando vi pasar frente a mi ventana una figura familiar que se dirigía a los apartamentos al final del edificio. Miró dos veces, se detuvo frente a mí, y sonrió con pena. De pronto, reconocí a Lenny, el psicólogo activista *hippie* casado con Shirley, a quien había conocido en Lubbock, y salí afuera.

—¡Wuao! Lenny, ¿qué haces por aquí?

—Mmm, estoy por ahí, eh, visitando amistades —dijo moviendo los pies, como si ahora que lo había reconocido, estuviera ansioso de seguir andando—. ¿Vives aquí? ¿Dónde está el viejo?

Se asomó a mi cuarto por la ventana.

—Es una historia larga —le dije—. ¿Y Shirley y tú, están en Syracuse ahora?

Miró a lo lejos. —Todo terminó entre Shirley y yo. Estamos divorciados.

—Lo siento.

—Sí, bueno, eso se veía venir hace tiempo. Ella era demasiado neurótica...

—¿Len? —se asomó una mujer por una puerta al fondo del pasillo.

—Te dejo —se dirigió hacia ella—. Cuídate.

Volví a mi plato de ravioli de carne, ya frío. Lenny se veía más desaliñado que lo que se veía en Lubbock, menos seguro de sí mismo, inquieto. Apestaba, también, como si llevara días sin bañarse y hubiera estado viviendo a base de cigarrillos y ajo. Tenía el pelo enredado, la barba rala, los ojos hundidos, como escondiéndose de lo que habían visto. Me pregunté si se habría visto así, si habría apestado así en Lubbock, sin que yo lo hubiera notado.

Era difícil imaginar que Shirley fuera neurótica. Ciertamente, era pintoresca, pero me parecía la persona más sensata que había conocido. A lo mejor era posible ser neurótica y sensata a la vez. Lenny sabría; después de todo, era psicólogo. Yo habría tenido que estar loca para confiarle la parte más profunda y oscura de mi *psique* a alguien que se veía ahora tan desgarbado.

Horas más tarde, cuando ya había cerrado las cortinas y apagado las luces, oí pasos en el pasillo. Se arrastraron hasta justo delante de mi puerta, se detuvieron, rasparon el piso como yendo y viniendo, intentaron abrir la puerta y la encontraron cerrada, se arrastraron hasta la ventana, arañaron la tela metálica, y volvieron a tratar la puerta. Aterrorizada, me había levantado, y enseguida tomé del mostrador de la cocina el cuchillo de pan boto, consciente de que sería inútil frente a un intruso. Me quedé helada en medio de la sala, escuchando, y cuando sentí que los pasos se alejaron, me asomé a través de una rendija en la cortina. Por el final del pasillo iba Lenny dando tumbos en la oscuridad, con la cabeza caída sobre el pecho, y luciendo como la persona más triste y derrotada que había visto jamás. Por la mañana, llamé a la casera e insistí en que instalara una cadena de seguridad.

****

La primera carta que escribí después de mudarme a Dewitt fue para la Oficina de Admisiones de Harvard. La semana siguiente, recibí las solicitudes de admisión. Como tenía aprobados casi tres años de créditos universitarios de *Manhattan Community College* y de *Texas Tech University*, pensaba solicitar como estudiante transferida. Las decisiones sobre estudiantes que querían transferirse se anunciaban a principios del verano, después que Harvard recibía respuesta del estudiantado que había aceptado la invitación a formar parte de la clase de primer año del semestre entrante. Había pocos espacios, y a lo mejor habría tenido mayor oportunidad de entrar como estudiante de primer año, pero me pareció una pérdida de tiempo, dinero y energía volver a empezar cuando tenía suficientes créditos para graduarme en menos de cuatro años. No preparé un plan alterno por si Harvard me rechazaba.

****

Había hecho amistad con algunos de los médicos en el *Upstate Medical Center*. Uno de ellos, Omer, era un neurólogo residente libanés en su último año de entrenamiento. Ulvi y yo lo habíamos conocido, a él y a su esposa, Marina, en una de las proyecciones de *Dry Summer*. Marina había completado su residencia en cirugía plástica y había regresado a Beirut, donde Omer esperaba reunirse con ella al finalizar el año. Para tenerla siempre cerca del corazón, llevaba su imagen atrapada en un relicario alrededor del cuello.

Omer y yo íbamos al cine o al teatro en sus noches libres. Cuando estaba de guardia, comíamos en la cafetería del hospital, donde él podía escuchar si lo llamaban a través del altavoz en el techo. Tenía una pasión por las novelas del siglo diecinueve que ambos compartíamos.

Un sábado, a finales de octubre, fuimos al Museo Everson, a sólo unos pasos del apartamento en la Calle Harrison donde había vivido. Mientras Omer estacionaba el carro, no pude evitar mirar hacia arriba y contar balcones hasta el piso diecisiete, donde no había posibilidad alguna de que viera a Ulvi, puesto que el apartamento 1704 quedaba al otro lado del edificio. Omer se fijó en lo que estaba haciendo.

—Si quieres verlo, yo puedo dejarte aquí.

Sacudí la cabeza. —No, gracias, mejor no.

—¿Lo extrañas?

—Extraño aquellas partes que amo.

Omer rio. —Eres muy honesta.

Había rehusado llorar a Ulvi, pero no lo había logrado. Extrañaba su ternura, su gracia, su voz suave y sus inflexiones extranjeras. Anhelaba su amorosa mirada, la familiaridad de nuestra desnudez y el calor de su mano en la mía cuando caminábamos juntos. Extrañaba recostar mi cabeza en su rodilla, el modo como me acariciaba el pelo mientras veíamos el fútbol americano por televisión. Había sido cautivada por los Vaqueros de Dallas mientras vivía en Lubbock, una obsesión mía que Ulvi complacía, aunque no la entendiera.

No extrañaba las miradas siniestras de Ulvi cuando se enfadaba conmigo. No extrañaba el escritorio ni la maquinilla, ni sus apuntes para la disertación, ni la sensación de estar atrapada en nuestro apartamento. No extrañaba sentirme tan inmaterial como su sombra.

—Nosotros estamos chapados a la antigua —me explicó Omer, mientras cenábamos después de ir al Museo—. Nos gusta que las mujeres dependan de nosotros. Nos hace sentir más seguros, más hombres.

—No sé cómo ser dependiente, Omer.

—Es difícil en América, porque las chicas aquí son muy libres. Es algo hermoso para los americanos. Pero no es nuestro modo.

—Yo no veo a Ulvi como un tradicionalista. Hace años que no vive en Turquía…

—No importa cuánto tiempo viva en otra parte, siempre será turco. Es más complicado para ellos. Se creen europeos, pero la mayor parte de su país queda al cruzar el Bósforo, en Asia. Es como ser esquizofrénico.

—Yo sé lo que es eso —le dije.

—Estoy seguro de que sí —rio entre dientes. Comparado con Ulvi, Omer entendía que yo podía ser americana y a la vez estar confundida sobre lo que eso quería decir—. Es un buen hombre, Ez —dijo Omer.

—¿Cómo puedes decir eso? Sólo lo has visto un par de veces.

—¿Estás diciendo que no es un buen hombre? —preguntó Omer.

Recordé mi entrevista con el agente Carson del FBI. En esa ocasión había dicho demasiado y todavía me arrepentía. —Me estás tendiendo una trampa, ¿verdad? —pregunté coqueta.

Omer agitó la cabeza. —Estoy tratando de entender por qué, si todavía lo quieres, no estás con él."

—Porque *amar* significa nunca tener que decir *lo siento*.

Afecté una sonrisa.

—¿Y eso qué quiere decir?

—¿No has visto la película *Love Story*?

Me dio una mirada en blanco. —¿Ali McGraw? ¿Ryan O'Neil?

Nunca los había oído mencionar.

—En mi experiencia —dijo Omer después de un rato—, *amar* significa decir *lo siento* muchas, muchas veces.

Bajé la mirada hasta la carne mechada y el puré de papas a medio comer, para que no viera el remordimiento en mis ojos. Casi no podía tragar el bocado que me había echado a la boca para evitar tener que hablar

—En mi opinión —continuó Omer—, *amor es perdón*.

Era la palabra equivocada para tener dándome vueltas en la cabeza al día siguiente por la tarde cuando, al regresar de un paseo, encontré a Ulvi tirado despreocupadamente en la grama delante de mi apartamento. Voló a ponerse de pie tan pronto me vio.

—Sorpresa —sonrió.

—Sí que lo es —dije tratando de sonar severa.

Nos quedamos frente a frente, en silencio, bajo un olmo casi deshojado. Era un brillante día de finales del "verano indio", el último hálito de calor antes del implacable invierno del norte del estado de Nueva York. Ulvi acababa de ducharse y de afeitarse. Su pelo negro todavía brillaba mojado.

—Te ves bien, Chiquita.

Me acarició la cara.

—Tú también —le dije y apoyé mi cara en su mano. No voy a llorar, me prometí. No voy a verter ni una sola lágrima más en su presencia.

Me abrazó, me apretó fuerte, como si temiera que lo fuera a empujar y a salir corriendo en dirección contraria. Pero yo no iba para ningún sitio. Besó mi pelo, mis ojos y la comisura de mis labios. —Lo siento por agarrarte esa noche —me dijo—. Perdóname.

Asentí.

—Regresa a casa, por favor —me rogó—. Tenemos estar juntos, Chiquita, tú lo sabes.

Asentí.

—Te quiero mucho. Sólo Ulviye y tú tan así importante para mí. Nadie va a querer nunca como yo te quiero.

Me arrebujé aún más en su pecho, en el abrazo tibio y reconfortante de *el hombre que yo amo*.

23. "¿Hay algo que quieras saber de él?"

—No tienes que excusarte conmigo —me dijo Marie cuando fui a su oficina unos días más tarde—. Haz lo que sea mejor para ti.

—Ojalá supiera lo que es.

Marie sonrió.

—La verdad es —continué—, que lo quiero cuando no estamos juntos, pero después de estar un rato con él, ya me estoy preguntando por qué lo quiero.

—Es fácil amar a alguien que no está donde está una —dijo—. No tienes que estar tropezando con sus hábitos irritantes.

Se le endureció el rostro y apretó los labios. Cuando se cruzaron nuestras miradas, se sonrojó. —Bueno —dijo, y revolvió unos papeles en su escritorio—, y ahora que las cosas vuelven a ser como antes, ¿vas a renunciar a tu sueño de ir a Harvard?

—¡Nunca!

—¿Si te aceptan, vas a ir? —preguntó como quien no quiere la cosa, mientras seguía revolviendo papeles—. ¿Aunque él no quiera que vayas?

—No se lo he dicho.

Suspiró, como si hubiera estado aguantando la respiración, y entonces se puso de pie para amontonar unos expedientes encima del anaquel. —¿Y si te dice que no?

—No me va a decir que no. Va a pavonearse por Boston, diciéndole a todo el mundo que su novia estudia en Harvard.

—Pero, ¿y si no quiere vivir en Boston? ¿Si le da con mudarse, no sé, a Oregón? ¿Lo vas a seguir?

Se dio vuelta para mirarme. Nunca me había detenido a considerar si Marie era bonita. Era tan inteligente, tan seria, tan imponente, tan firme, que su apariencia no fue lo primero que me llamó la atención, sino la pasión que emanaba de ella, ese rojo que rezumaba avivado por su cabellera. A pesar de su vestimenta conservadora, sus lentes, su peinado sencillo, y su total desinterés en su prerrogativa como mujer para maquillarse, acicalarse y embellecerse, Marie parecía arder con más luz que cualquiera otra persona a su alrededor. En este momento, toda ella resplandecía en rojo carmesí, tan hermosa y terrenal como la diosa del fuego.

—¿Renunciarás a esa oportunidad, Esmeralda, si... cómo se llama... el turco, te dice que no?

Hablé tan bajito que bien pude haber estado hablándome a mí misma. —Si me aceptan en Harvard, nada... nadie me va a impedir que vaya.

—¿Irías, aunque eso signifique escoger a Harvard por encima de él?

Recordé a Jacqueline, lo opuesto al rojo, asegurándome que la razón por la cual nos habíamos encontrado había sido aprender una de la otra. Me mantuve firme, segura de que la respuesta a la pregunta de Marie era una de las lecciones que debía aprender de ella.

Miré sus ojos deslumbrantes. —Ya escogí, Marie.

****

Horas después de regresar a mi apartamento con la vista que dominaba a Syracuse, regresé a mi patrón familiar de trabajar durante el día en el hospital y escribir a maquinilla desnuda para Ulvi, por la noche. Sólo que ahora él estaba más cariñoso, más atento, más dispuesto a "ver cosas a tu manera, Chiquita". O por lo menos, lo intentó. Cuando le dije que iba a solicitar admisión a Harvard, se sorprendió.

—Es una escuela de varones, ¿no es cierto?

—Ahora aceptan mujeres.

—Es universidad famosa.

—Si voy ahí, mi vida va a cambiar.

—Veo, Chiquita.

Con el dedo índice se dio unos golpecitos en los labios, como devolviendo a la boca lo que había planeado decir. —Debes hacer lo bueno para ti —dijo, consejo que fue más fácil escuchar viniendo de Marie que de él. Hasta hacía poco, él me había prometido cuidarme si yo hacía lo que él decía. Ahora parecía querer apartarme de su vida.

Mucho antes de que terminaran las fiestas de Navidad, terminé de pasar a maquinilla su disertación, y mi parte de su trabajo concluyó. Él pasó los dos meses siguientes leyendo y preparándose para un examen oral que aprobó más tarde esa primavera. Su interés primordial cambió entonces, de concluir su doctorado a encontrar trabajo. El mío pasó a ser llenar los formularios de admisión y de asistencia económica, tomar *College Boards*, los exámenes de admisión a las universidades, solicitar transcripciones de créditos, y conseguir cartas de recomendación. Siempre que estaba sola —en la ducha, camino al trabajo, en el baño de damas— le pedía a una deidad de género neutro, no identificada e invisible: "Sólo porque no haya estado en contacto contigo durante años, no quiere decir que haya descartado la posibilidad de que existas —oraba—. Recuerda que nunca te he pedido mucho. He tratado de enfrentar todo lo que se me ha presentado sin herir a nadie. Esto es lo único que te he pedido jamás. Te juro… mejor dicho… te prometo no seguir pidiéndote favores sólo porque me concedas esta petición".

Tenía un plan que apunté en un diario recién adquirido, el cual vivía en mi cartera, y que podía consultar cada vez que me surgía alguna duda. Mi plan requería que me mudara a Cambridge —una ciudad donde había pasado menos de veinticuatro horas— y que fuera admitida a Harvard, un lugar hasta entonces tan alejado de mi mente, que para mí no había existido hasta que me encontré por casualidad en medio de él.

Mi plan daba por sentado que Harvard no me diría que no. Yo era inteligente, y seguiría el consejo de Marie de usar mi cerebro para mejorar mi vida. Era, además, miembro de una "minoría", y era disciplinada. Usaría todo esto para ofrecerle a Harvard lo que Harvard quería, y obtendría de ellos lo que quería yo: una oportunidad para convertirme en *la persona que quería ser*.

Esos últimos meses en Syracuse, Ulvi se esforzó por apoyarme, estimularme, quererme y ayudarme. Me llevó a Cambridge para las entrevistas con los encargados de admisión. Esperaba todos los días en el vestíbulo del número 500 de la Calle Harrison a que llegara la correspondencia, y me traía a la oficina cualquier carta que tuviese un remitente de Cambridge. Se quedaba de pie junto a mi escritorio, rebosante de alegría, mientras yo leía cartas cada vez más alentadoras. Cuando llegó la aceptación de Harvard, me eché a llorar delante de mis empleadas. Los ojos de Ulvi se aguaron, y me tomó en sus brazos y me abrazó mientras yo apretaba la carta que representaba mi liberación de él.

****

A Ulvi le ofrecieron un puesto en *Lehman College*, en el Bronx.

—Está sólo tres horas de distancia, puedo venir a verte fines de semana.

Alquiló un estudio en Larchmont, que era más económico que Manhattan, aunque quedaba a sólo treinta y cinco minutos en tren desde Grand Central.

Encontrar un lugar para mí fue más difícil, porque yo rehusaba vivir en ninguna de las barriadas más baratas de la periferia de Harvard y, al mismo tiempo, no podía pagar las rentas de los mejores vecindarios. Harvard me había ofrecido una beca completa, además de un estipendio para libros todos los semestres, pero mi admisión como estudiante transferida estaba condicionada a que no necesitara hospedaje, lo que no me preocupaba, porque la idea de vivir en los dormitorios no me atraía en lo mas mínimo. Ulvi se ofreció a pagarme el alquiler, el agua y la luz, mientras yo estudiaba, pero yo tendría que tomar un préstamo o conseguirme un trabajo a tiempo parcial para cubrir el resto de mis gastos.

Al final de otro frustrante fin de semana de buscar apartamento, nos dirigíamos hacia *Harvard Square* cuando Ulvi se desvió bruscamente y se estacionó al otro lado de la calle de un edificio de ladrillos rojos con un elegante letrero sobre la puerta de entrada: *Foxcroft Manor*. —Vamos a buscar ahí.

—¿A buscar qué?

—Un apartamento para ti —y empezó a cruzar la calle. No había rótulos frente al edificio, nada que indicara que hubiera algo disponible. Pero Ulvi no hizo caso cuando se lo señalé—. Tengo corazonada con este sitio.

Caminó hacia las pesadas puertas de entrada y apretó el timbre del súper. Un estudio grande, que daba hacia el estacionamiento, acababa de desocuparse en la parte de atrás del edificio. La inquilina iba a mudarse al apartamento de un dormitorio que quedaba al lado. Ulvi hizo un cheque para pagar la fianza y el alquiler del primer y último mes, y fijó fecha para mi mudanza. Fue todo tan fácil, y ocurrió tan rápidamente, que de regreso a Syracuse iba todavía medio atontada.

****

Con la oferta de empleo en Nueva York, Ulvi tendría, por primera vez en años, el futuro asegurado. Tendría un sueldo fijo, y había encontrado un apartamento a un precio razonable en un lindo pueblo con playa, a sólo unos minutos de Manhattan. La Universidad sería su patrocinadora en su cruzada por obtener la tarjeta verde y la residencia permanente en los Estados Unidos. Estaría dando clases de cine y, finalmente, podría alcanzar el reconocimiento como artista que deseaba con tanto fervor. Tenía amistades en Nueva York y estaba deseoso de reencontrarse con ellas. No había visto a Ulvi tan optimista en años. Hasta llegó a hablar de traer a Ulviye a estudiar a los Estados Unidos una vez que se hubiera establecido en su trabajo.

—¡A lo mejor puede ir Harvard! —dijo con ilusión.

Fue un alivio verlo tan contento, haciendo planes,

trazando su progreso en algunos años de profesor asistente a asociado, a catedrático. La incertidumbre respecto a su estatus había sido difícil. No saber qué sería lo próximo que le pasaría, me mantenía a mí caminando en arena movediza. Ya él no hablaba más de "oportunidades en Europa", o de "negocios". Tenía un trabajo con posibilidades de progreso. Tenía un hogar, un futuro.

Esos últimos meses en Syracuse trajeron consigo un alivio a la tensión en que vivíamos; como si los dos hubiéramos estado metidos en un río, con el agua hasta el cuello, pero, de pronto, las aguas empezaran a retroceder hasta que empezamos a ver orillas firmes en cada lado. Con más frecuencia que antes, retiraba mi vista de la suya, y también sus ojos, más a menudo, se alejaban de los míos, hasta que la imagen que me hice de nuestra relación fue la del dios romano Jano: *dos perfiles mirando en direcciones opuestas*.

El verano antes de mi mudanza a Cambridge fue el período más dulce que pasamos juntos. Después de los arduos cuatro años de escuela posgraduada, ambos estábamos relajados y entusiasmados con respecto a los meses venideros. Ulvi prometió que vendría a verme con frecuencia y, cuando no pudiera, me mandaría a buscar.

Según se fue acercando el momento de la partida, pudimos pasar más tiempo con nuestras amistades. Ahora que el trabajo no consumía nuestras noches, podíamos ir al cine, al teatro, a fiestas, a largos paseos hasta restaurantes románticos a orillas de uno de los *Finger Lakes*. Ulvi suavizó su constante mirada crítica sobre mí, y por mi parte, al ser aceptada en Harvard, adquirí mayor confianza en mí misma y un creciente desdén por "el qué dirán", al que yo responsabilizaba de haber detenido mi progreso por años.

Hacia el final del verano, Gene Hemmle vino de visita a Syracuse, acompañado de un campeón de pista y campo de la NCAA, un joven delgado y rubio llamado Brad. Gene andaba en un viaje de compras para la tienda de antigüedades de su madre en Lubbock. Su destino final era Maine, donde él aseguraba que tenía buena suerte comprando porcelana. Él y Brad se quedaron en el mismo *Holiday Inn* donde Ulvi y yo pasamos nuestra primera semana en Syracuse. Les mostramos el campus, y Ulvi concertó citas para que Gene se reuniera con algunos miembros de la facultad del Departamento de Música y visitara sus instalaciones.

—¡Esto es maravilloso!

Gene estaba entusiasmadísimo con nuestro apartamento de la Calle Harrison, y también con nuestros planes. Nos había escrito cartas de recomendación, usando un lenguaje extravagante para halagarnos. Lo llevamos a un desayuno-almuerzo en uno de nuestros restaurantes favoritos, *The Krebs*, que quedaba una calle más abajo del lago Skaneateles. No trajo a Brad, de quien comentó que "no era muy buen conversador", pero no le pedimos que elaborara.

Mientras Ulvi estaba en el baño de los caballeros, Gene se volvió hacia mí.

—Es estupendo verte más asertiva —me dijo.

—Ulvi cree que soy demasiado independiente —murmuré, con el ojo puesto en la puerta por donde iba a regresar.

—¡No le hagas caso! —dijo Gene moviendo la mano—. Tú eres una chica muy inteligente y vas a llegar lejos. No lo necesitas a él.

Me sobrecogió que su buen amigo dijera eso.

—Gracias, Gene. Siempre has sido muy amable conmigo.

Tomó mi mano, la besó y bajó la voz. —¿Hay algo que quieras saber de él?

Me tomó de sorpresa. —No... quiero decir... no creo... ¿hay algo que deba saber?

—Lo conozco desde hace más años que tú. Él...

—Debemos mirar hermosos jardines antes de irnos —Ulvi estaba de pie detrás de nosotros.

—Claro que sí —Gene me soltó la mano y se puso de pie para ayudarme a levantar de la silla—. Ciertamente, no veo suficientes jardines.

El momento pasó. Lo que quería decirme, se quedó en el aire.

****

Varios días después, Ulvi y yo fuimos a *Sibley's*, una tienda por departamentos de la que él tenía tarjeta de crédito. Quería comprarme un reloj, un regalo "por todo tu trabajo duro con disertación y por entrar Harvard". Juntos, escogimos un Omega de oro con la correa de piel. Nunca había tenido un reloj tan fino, y Ulvi estaba encantado de que yo siguiera mirándome la muñeca y anunciando la hora. Tenía la esfera cuadrada con ángulos redondeados y números romanos, pero el 4 aparecía como "IIII", tal y como en la esfera del reloj en la sala de lectura de la Biblioteca Pública de Nueva York.

Al pasar por un espejo de cuerpo entero, cerca de la entrada al salón de belleza, divisé nuestra imagen, él y yo juntos. Ulvi me vio mirándonos, se detuvo y nos acomodó para que quedáramos frente al espejo. Todo el mundo decía que éramos una pareja bien parecida. Él era un poco más alto que yo y nuestro colorido era casi idéntico, incluso el de la ropa que usábamos, porque como él la escogía, parecía que usábamos ajuares coordinados. Se notaba que éramos extranjeros, pero era difícil saber de dónde éramos. Yo podría haber sido turca, él, puertorriqueño.

—Eres bella, Chiquita —me retiró el pelo de los hombros y me besó en los labios.

—Me quiero cortar el pelo —dije, separándome de él—. A lo mejor me lo pueden hacer aquí.

—Tu pelo es lindo. ¿Por qué quieres cortar? Acarició los mechones negros que rozaban mi cintura.

—Ese letrero dice "Bienvenida sin cita previa", a lo mejor me atienden ahora mismo.

—Me gusta tu pelo largo.

Me lo recogió hacia atrás y lo enredó en sus dedos en forma de rabo de caballo. —Hermoso.

—¿Puedo ayudarla?

Una estilista me llevó hasta su silla. —¿Sólo un despunte?

—Córtelo bien corto —le dije.

—¡Chiquita, no! Sólo una pulgada, no más —le dijo a la estilista.

—Lo quiero pegado al cráneo.

La estilista me miró a mí, luego a Ulvi, confundida. Era una mujer de mediana edad, con un permanente teñido y rociado con mucha laca, sombra de ojos azul, y lápiz labial demasiado rosado para su tono de piel. —Quizás usted y su esposo deban decidir esto antes —sugirió con una sonrisa forzada. De pie, detrás de la silla, desplazó su peso de una pierna a la otra.

Ulvi, de pie junto a ella, miraba mi reflejo desde debajo de sus cejas. Me recogí el pelo en la nuca, como él había hecho. —Si quieres el rabo de caballo —le dije—, te lo doy.

—Haz lo que quieras —dijo con un tono punzante—. Regreso en una hora.

Salió con paso airoso y yo me volteé hacia la estilista.

—Lo más corto posible —le dije.

Cuando regresó Ulvi, yo estaba sentada en el área de espera, con el rabo de caballo en una bolsa plástica y mi pelo formando un casquete de rizos apretados alrededor del cráneo. Se paró delante de mí y se me quedó mirando; luego, tomándome por la barbilla, volvió mi cara de un lado a otro. —Se ve lindo, Chiquita —me dijo—. No estaba muy seguro, pero se ve bien. Te ves como una nena pequeña.

Por poco le tiro el rabo de caballo en la cara.

****

Mi último día de trabajo, Paula y Dana me llevaron a almorzar. Cuando regresamos, la Unidad de Codificación estaba decorada para una fiesta de despedida sorpresa, de parte del personal. Me entregaron una tarjeta firmada por los empleados de la Unidad de Expedientes Médicos y por mis médicos favoritos. Todos habían contribuido para comprarme un regalo de despedida, una pesada olla de barro que Paula había escogido.

—Gracias, supongo —me reí—, tratando de levantarla.

—Está vacía ahora —dijo Paula—, pero, como vas para Harvard, pronto estará llena de mie…

—Es un recuerdo de Syracuse —interrumpió Ruth—. Aquí somos famosos por las vajillas.

Marie pasó a despedirse y me entregó un paquete envuelto en papel de regalo. Cuando lo abrí y encontré un ejemplar de *The Joy of Cooking*, las dos dijimos a la vez, "Si puedes leer, puedes cocinar", lo que causó risa a todos.

No encontraba palabras para despedirme de Marie, para darle las gracias. Me dio un abrazo breve.

—No te me pierdas. Escríbeme.

Dentro del libro había apuntado la dirección de su casa. Salí del hospital por última vez, luchando con la pesada cazuela que, como había sugerido Paula, pronto estaría llena. Me acompañó en varias mudanzas a través de los años, hasta que un día se rompió, como si el peso de todo lo que había puesto en ella, la hubiera reventado.

****

El 21 de agosto de 1974, se cumplía un aniversario importante: había vivido exactamente la mitad de mi vida en Puerto Rico y la otra mitad en los Estados Unidos. Conmemoré el día, al igual que los años anteriores, haciendo una marca invisible en un calendario invisible que se actualizaba todos los agostos, a partir de 1961, cuando Mami, Edna, Raymond y yo llegamos por primera vez a Brooklyn. Un par de días después del decimotercer aniversario de mi llegada a los Estados Unidos, Ulvi condujo el Camaro hacia Boston con el radio sintonizado en un análisis de las consecuencias de la renuncia del Presidente Nixon, ocurrida a principios de mes.

Aparte de la ropa y de los efectos personales, no me llevé a *Foxcroft Manor* nada que me recordara mi vida con Ulvi. Mi carga no era tan liviana como había sido el día que me fui con él a Fort Lauderlade, pero cabía en una maleta y un par de cajas. Mi ropa, mis efectos de tocador, mis libros y la olla vacía cupieron en el baúl y en el asiento trasero del *Camaro*. Los muebles que habíamos comprado en Syracuse iban para el apartamento de Ulvi. Él había encargado una cama para mí y yo había comprado juegos de sábanas floreadas y toallas de colores que él no aprobó.

—Me gusta lo brillante y colorido —le respondí con firmeza—. Sólo las vas a ver cuando vengas de visita —él cedió.

Mientras estaba subiendo mis cosas, Ulvi se encontró en el ascensor con mi vecina y la trajo para que me conociera. Su nombre era Marilyn, y era a su apartamento que me estaba mudando. Ella se había mudado al de al lado porque tenía un dormitorio separado. Nos explicó sobre el mercado, que quedaba a dos cuadras, y las máquinas de lavar en el sótano.

Cuando Marilyn se fue, Ulvi y yo terminamos de desempacar mis cosas. No tenía nada en la nevera, así que atravesamos *Harvard Yard* hasta la plaza, para comer un almuerzo tardío. Cuando salimos de *The Grist Mill*, el sofocante día se había nublado y el cielo amenazaba con reventar en cualquier momento en una tormenta de finales de verano. Regresamos corriendo a mi apartamento y nos despedimos rápidamente en el estacionamiento. Él regresaba a Larchmont esa misma tarde, porque tenía que recibir su mudanza por la mañana.

Cuando el *Camaro* desapareció por la Calle Felton, sentí una punzada de terror. En los últimos seis años que Ulvi y yo habíamos estado juntos, nos habíamos separado cuatro veces sin tener una idea clara de si nos volveríamos a ver o cuándo. La primera vez fue cuando, camino a Europa, me dejó frente al Hotel Longacre; la segunda, cuando él voló a Tejas y yo, a Nueva York, después de nuestra estadía en las

Bahamas; la tercera, cuando lo dejé frente a la puerta de salida cuando me fui de Lubbock; y la cuarta, cuando me mudé a Dewitt. En tres de esas ocasiones me había enfrentado a la vida sin Ulvi en la ciudad de Nueva York, donde estaba mi familia, donde las calles de Midtown habían presenciado mi adolescencia, donde por quince centavos el *subway* me llevaría al consuelo y al caos de mi familia.

Regresé a mi apartamento y me detuve en el medio de la sala, rodeada de mis pertenencias. No conocía a nadie en Massachussets. Aparte de Delsa, con quien intercambiaba tarjetas de Navidad, había perdido contacto con todos los miembros de mi familia, y no tenía idea de dónde vivían. Estaba absolutamente sola. A diferencia de la euforia de mis primeras horas en el Longacre, ahora estaba aterrada. Dentro de un par de días, empezaría en la Universidad como estudiante de segundo año, a ocho años de distancia de la escuela secundaria, y esa misma cantidad de años mayor que mis compañeros y compañeras de clase.

Hacía trece años que había llegado a los Estados Unidos, en una noche lluviosa. Como para acentuar la memoria de ese día, el chispazo de un rayo rasgó el cielo, seguido de un ensordecedor trueno, y el gotereo de enormes gotas de lluvia golpeando los techos de los carros, las aceras de cemento, los caminos de grama y los arbustos detrás del edificio. Me paré en la ventana y sentí el olor de la tierra mojada del jardín del fondo. Dos años viviendo en el piso diecisiete de un edificio habían significado que el tibio olor a *almizcle* de la tierra recién humedecida nunca llegaría a mi nariz. Saqué las manos por la ventana y me las llené de agua de lluvia que salpiqué en mi cara, mi cuello, mis hombros. De niña, me había bañado en las primeras lluvias de mayo porque Mami había dicho que traían buena suerte. Ahora, como mujer de veintiséis años, dejé que las lluvias de agosto me bañaran, mientras recordaba aquella mojada noche de agosto, cuando puse pie en Brooklyn por primera vez, aturdida por la luz que perforaba la oscuridad.

24 ."Háblame de ti".

Pasé la noche desempacando mientras la lluvia azotaba Cambridge. Hambrienta, y loca por tomarme un café, salí del apartamento tempranito al día siguiente. La ciudad olía fresca, a recién lavada. El cielo estaba despejado, como si las nubes se hubiesen agotado sobre Boston antes de continuar a la deriva hacia el mar. Caminé por un *Harvard Yard* desolado, las gotitas de lluvia susurrando al deslizarse por los robles y los olmos. *Harvard Square* estaba tranquilo, excepto por alguna que otra persona que pasó trotando camino al río. Los negocios estaban cerrados. Un hombre que lavaba las ventanas en *The Coop* sonrió y me dio los buenos días en español; sus dientes superiores bordeados de oro, relucían. El tren subterráneo retumbó bajo mis pies. En lugar de irme a caminar por *Harvard Square*, que sabía que llegaría a conocer bien porque sería mi vecindario de ahora en adelante, decidí explorar Boston, que nunca había visto.

En el andén de la Línea Roja hacia el centro, consulté el mapa de las rutas y decidí bajarme en el eje del sistema, a la orilla del *Boston Common*. El *T* era más limpio y silencioso que el *subway* de Nueva York, y más pequeño también. Al acercarnos a *Central Square*, y a pesar de la hora, escuché el retumbar del Gran Combo a todo volumen. Cuando se detuvo el tren, un grupo de adolescentes subió bromeando, jugando de manos, riendo, hablando un *spanglish* exuberante, y agitando banderitas de Puerto Rico. Un muchachito gordiflón y bajito cargaba el enorme *boom box* al que los demás pasajeros lanzaron miradas *punzantes* que fueron *punzantemente* ignoradas. Algunos, se levantaron refunfuñando y se mudaron a la esquina más distante del vagón.

Los jóvenes, entregados por completo a su diversión, no se daban cuenta del alboroto que formaban. Las muchachas me miraron por encimita y soltaron una risita boba. Me encorvé y tensé el cuerpo, preguntándome si ellas habrían criticado mi ropa, mi pelo y el modo como yo no devolvía sus miradas descaradas, si hubieran sabido que también era puertorriqueña. Me hubiera gustado poder presentarme, decirles que acababa de llegar a Boston, que hacía cuatro años que no estaba inmersa en una comunidad puertorriqueña, que extrañaba la camaradería del *spanglish*, de esos ritmos trastocados que amplificaban la confusión y la nostalgia de una nación desplazada.

Cuando el tren salió del túnel y redujo la velocidad al cruzar el puente sobre el *Charles River*, el grupo se movió hacia la ventana, amontonándose unos contra otros, apretujando pecho contra espalda, hombro contra hombro, brazos rodeando cinturas. Encantados, señalaban la línea del horizonte, el río resplandeciente, una canoa larga y angosta y el rítmico remar de su tripulación, los blancos veleros hinchando sus velas al salir de la dársena.

—¡Qué lindo! ¡Que alguien tome un retrato!

Una de las muchachitas más jóvenes del grupo, trigueña, con ojos de un intenso azul turquesa, me sonrió con la sonrisa más franca que jamás había recibido de una desconocida. Me levanté y me asomé por la ventanilla, queriendo compartir la belleza de ese momento con ella, con ellos. El tren circunvaló la estación *Charles Street* y se zambulló nuevamente bajo tierra. Los muchachos apuntaban con el dedo, y se reían de la aflicción de la gente que se había acercado a la orilla del andén sólo para ver que el tren les pasaba volando por delante, sin detenerse.

La estación *Park Street* estaba llena de puertorriqueños que salían de los tranvías de la Línea Verde, y de la Línea Roja que venía del sur. Venían en plan festivo. Me confundí entre el gentío que subía las altas escaleras hacia la brillante mañana de verano, y los seguí hasta el moderno complejo de edificios que luego supe que era el Centro Gubernamental, y donde, hacia el extremo más distante, se estaban organizando unas carrozas para celebrar un desfile en honor de la cultura puertorriqueña. Los quincalleros vendían banderas puertorriqueñas, camisetas con retratos de El Morro y La Fortaleza, globos en forma de coquí, algodón de azúcar y platanutres. Le compré una taza de café y un sándwich de huevo a una mujer cuyo puesto cogía la electricidad de unas extensiones chapuceramente conectadas a un poste del alumbrado eléctrico. Unas muchachas bonitas, vestidas con trajes de noche y tiaras, se montaron, con ayuda, en los asientos posteriores de automóviles convertibles, donde se sentaron sobre los topes de lona que habían sido recogidos, y hundieron los tacones de sus zapatos en los asientos. Muchachos engalanados con los uniformes de su banda, soplaban y golpeaban sus instrumentos, mientras el director se esforzaba por lograr que se alinearan correctamente. Otra banda interpretaba una estruendosa versión en salsa de *I Shot the Sheriff*. Un equipo de batuteras practicaba abstraído sus movimientos, sin percatarse de los esfuerzos que hacía la gente por evitar sus patadas y las piruetas de sus batutas.

La Policía montada empujó al gentío hacia la acera, detrás de las barricadas de madera. En pocos minutos se había aplacado el caos, el medio de la calle estaba despejado, y el Gran Mariscal posaba para fotos frente a un pendón del Banco Shawmut. Con una fanfarria de trompetas, comenzó el desfile. De pie en el encintado de la acera, yo saludaba a las reinas de belleza que, luciendo sus cintas, pasaban orgullosas, y aplaudía al cuerpo de tambores y a las batuteras. Un conjunto de oficiales *yanquis*, sudaba en sus trajes de verano, mientras igualmente oficiosos caballeros puertorriqueños caminaban orgullosos y frescos en sus elegantes guayaberas.

Estaba tan metida en toda aquella excitación, que hasta que una nena me tocó el hombro y me los señaló, no me fijé en un hombre y una mujer que acababan de unirse al desfile en un *Cadillac* blanco convertible, y que me hacían gestos con la mano.

—¡Ven, súbete! —gritó la mujer—. No queremos ir con el carro vacío.

Después de titubear un poco, me subí al asiento trasero, me senté igual que las reinas que iban delante de nosotros, y saludé al gentío como si hubiera formado parte del desfile.

El hombre se dio vuelta. —Soy Vicente, y ésta es mi esposa, Connie.

Me presenté y les dije que ése era mi primer día en Boston.

—¡Bienvenida! —gritó Connie por sobre el ruido de la multitud.

—¡Siempre hacemos un desfile cuando un puertorriqueño se muda a Boston! —rio Vicente.

Le pasamos por el lado a la muchachería que había

visto en el tren, que chillaron, aplaudieron y señalaron en dirección mía. —¿Quién es ésa?

—La famosa Esmeralda —gritó Vicente.

Connie se inclinó y, juguetona, le golpeó el brazo.

—Deja eso —lo regañó, y se viró hacia mí—. Se pasa relajando.

El desfile siguió dando vueltas por vecindarios que se volvían más y más deteriorados según nos alejábamos del centro de la ciudad. Los rótulos cambiaron de inglés a casi exclusivamente español —*bodega, botánica, Se vende, Se alquila, Alianza hispana, Productos tropicales.*

No tenía idea de dónde estaba, pero seguí saludando a los residentes de las casas de tres pisos, quienes se asomaban por las ventanas o por las puertas de entrada al sonar de los primeros tambores y trompetas de la banda, algunos de ellos aparentemente sorprendidos de que un desfile estuviera pasando por su vecindario.

La procesión terminó en un parque, donde las familias habían organizado la jarana alrededor de las mesas de picnic. Los hombres asaban muslos de pollo, *hotdogs* y *hamburgers* sobre el humo azuloso de los *hibachis* y los asadores portátiles. Las nenas corrían detrás de los más chiquitos, mientras las mujeres servían los platones de ensalada de coditos, arroz con gandules, y guineítos verdes en escabeche. Vicente y Connie me llevaron hasta donde estaba su familia. Se rieron muchísimo con el cuento de que Vicente había elegido entre el gentío a una desconocida para pasearla en su carro.

—Si hubieran visto eso —cacareó—; to' el mundo pensaba que era una *vedette* o algo.

—Por nada del mundo se iba a quedar él sin exhibir su carro nuevo en ese desfile —reía Connie.

Comí hasta que casi no podía respirar. Hacía años que no comía comida puertorriqueña, y la familia de Vicente se había "botado" en preparar tantos platos ricos.

Parecía que todo el mundo allí tenía un *boom box* estruendoso que tocaba salsa o merengue y, entre los grupos más jóvenes, *funk* y *soul*. Yo no podía dejar de sonreír, encantada de poder saltar fácilmente del español al inglés, de bailar descalza en la yerba, de compartir una tarde de domingo con aquellas personas totalmente desconocidas que me habían dado una bienvenida a Boston tan cálida y memorable. Al final del día, Connie me empaquetó comida para que me la llevara a casa, y luego, ella y Vicente me llevaron de vuelta a Cambridge. Cuando llegué a mi apartamento, me di cuenta de que no habíamos intercambiado números de teléfono; yo no tenia idea de cuál era su apellido, dónde vivían, ni si nos volveríamos a ver algún día.

****

Los primeros días en Harvard fueron un torbellino de reuniones de orientación, recepciones de recibimiento, entrevistas con consejeros, y horas pegada al grueso catálogo de cursos tratando de descifrar con qué clases llenaría los requisitos del currículo medular. Tenía los créditos suficientes para entrar como estudiante de tercer año, pero la Universidad no los aceptó todos. Por eso, entré como estudiante de segundo año, con miras a hacer una concentración en el Departamento de Artes Visuales de Harvard, conocido como *VES* (Visual and Environmental Studies). Por carecer el departamento de instalaciones adecuadas, la admisión al programa de artes visuales estaba limitada a sólo un puñado de estudiantes. Además de la solicitud formal, los estudiantes debían venir recomendados por un miembro de la facultad de VES, después de pasar por una entrevista que, en mi caso, tenía que ser con la fotógrafa Barbara Norfleet.

Ms. Norfleet era una mujer esbelta, elegante, de modales suaves e inquietos ojos marrones que parecían no sólo mirarme, sino estudiarme. De jovencita, yo había posado para un retratista que tenía esa misma mirada concentrada, más enfocada y directa que la del común de la gente. La oficina-estudio de Ms. Norfleet quedaba en el último piso de *Sever Hall*. Enormes ventanas daban a los árboles de roble de la Calle Quincy, a la fachada de ladrillos del *Fogg Museum* y al curvo hormigón del *Carpenter Center*. Su oficina era tan cálida y acogedora como la sala de una casa, con gastadas alfombras orientales en el piso, un viejo y cómodo sofá, y butacas. Preparó té para las dos y se sentó frente a mí con las piernas recogidas debajo de ella.

—Háblame de ti —me dijo ladeando la cabeza como para captar un ángulo diferente de mi rostro.

Sin tener claro qué era lo que quería escuchar, le di la versión corta.

—Nací en Puerto Rico y vine a los Estados Unidos a los trece años. Soy la mayor de once hijos. Me gradué de *Performing Arts High School* hace ocho años, pero he continuado estudiando a tiempo parcial desde entonces.

—¿Por qué no fuiste a la Universidad tan pronto saliste de la secundaria?

—El verano después de graduarme, trabajé como extra en una película, a lo mejor usted la ha oído mencionar, *Up the Down Staircase*. Y enseguida, me presenté para una prueba con una compañía de teatro para la niñez, y fui contratada para ser la figura estelar femenina en una producción de Broadway.

—Así es que querías ser estrella…

—Me gustaban las tablas.

—¿Hiciste alguna otra película?

—Hice pruebas para unas cuantas cosas, pero nunca me llamaron…

—Siempre me he preguntado cómo se las arreglan los actores para mantenerse seguros frente a tanto rechazo…

—Yo me hice bailarina —respondí, y no sonó gracioso hasta que salió de mi boca. Nos reímos las dos. Me preguntó qué clase de baile interpretaba y le conté de la danza clásica hindú, sintiendo que el propósito de la entrevista se estaba apartando de mí. Busqué la manera de volver al tema de mi solicitud a VES.

—Mi novio ganó el Oso de Oro en el Festival Internacional de Cine de Berlín.

—Umm —dijo, tomando un sorbo de té—. Once hijos… ¿y cómo era eso?

Ya había olvidado esa parte de la conversación, pero le conté lo divertido que era, lo alegres que eran nuestras fiestas, lo encantadores que podían ser mis hermanitas y hermanitos.

Escuchaba con atención, sorbía el té, iba recogiendo las pistas que yo deliberadamente había ido dejando de lado.

—¿Qué hacen tus padres?

—Pues, este, mi papá es carpintero y mi mamá, ah, es costurera.

—Debe ser muy difícil criar una familia tan numerosa con su salario.

"¿Y a usted qué le importa?", me dieron ganas de decirle. —Son muy trabajadores.

—¿En qué parte de los Estados Unidos viven?

"¿Qué tiene esto que ver con mi solicitud a VES?",

me preguntaba. —Estaban en Nueva York, pero regresaron a Puerto Rico.

—Debes echarlos de menos.

—Sí.

Rebusqué en la cartera. —Le traje el expediente con los cursos de Comunicaciones que he tomado...

—Yo puedo ver eso más tarde; estoy más interesada en ti. ¿Hablabas inglés cuando llegaste a los Estados Unidos?

—No.

En algún sitio dentro de mí, una barrera empezó entonces a desmoronarse. Sentía un calentón irradiando de mi pecho, un fogaje en la piel, un apretón en la garganta, un cosquilleo alrededor de las pestañas. Los intensos ojos de Ms. Norfleet nunca se apartaron de los míos. Su cabeza iba alternando movimientos alentadores con imperceptibles sacudidas de incredulidad o empatía, según fui derramando mi verdadera historia. Hablé con más soltura y vulnerabilidad que la que jamás había tenido en Lubbock con Shirley, quien logró entender mi "trato" con Ulvi; o con Marie en Syracuse, a quien no le había importado cuál era el trato siempre y cuando yo entendiera que no estaba obligada a cumplirlo por el resto de mi vida. Ms. Norfleet preguntaba tan suavemente, y yo estaba tan llena de respuestas que nadie había querido nunca escuchar, que nuestra reunión excedió el tiempo asignado y la formalidad que se esperaría de una entrevista para admisión en VES. Cuando finalmente terminó, las dos llorábamos, sin que ninguna estuviera demasiado segura de lo que acababa de ocurrir.

—Créeme —dijo, soplándose la nariz—, nunca antes había tenido una entrevista como ésta.

Estaba tan extenuada, que caminé las dos cuadras

hasta mi apartamento y caí en la cama completamente vestida y con los zapatos todavía puestos. No abrí los ojos hasta las 11:00 p.m., cuando el agudo chillido del teléfono me despertó y al contestar, oí la voz de Ulvi preguntando cómo me iba todo.

Dos semanas después, fui aceptada en VES.

****

En Cambridge tuve que montar mi propia casa. Ulvi no estaba allí para observarme, evaluarme o criticarme. Ya no podía escoger mi ropa, ni la decoración de mi apartamento, ni mis nuevas amistades. Eso me excitaba y me asustaba a la vez.

Pasé horas en el sótano del *Harvard Coop*, deslumbrada ante las colecciones de baterías de cocina necesarias para preparar una comida. En nuestros apartamentos alquilados, Ulvi y yo nos habíamos arreglado con las ollas abolladas y las vajillas desparejas que habían dejado los inquilinos anteriores. En casa, la olla más importante era el pesado caldero en el que se preparaba el arroz de cada día. No había nada así entre las ollas Revere de fondo de cobre ni entre las ollas francesas importadas que colgaban de los ganchos de las paredes. Tuve que consultar *The Joy of Cooking*, donde jamás se mencionaba "un caldero", pero sí se recomendaba una olla de fondo pesado para cocinar arroz. Las ollas blancas de *Corningware*, con la flor de lis azul en los lados, parecían ser lo suficientemente pesadas, pero tuve que volver a cotejar el libro de cocina, porque yo nunca había aprendido a hacer el más básico de los platos de la comida puertorriqueña.

En *Dickson's Hardware*, en la Calle Brattle, compré varillas para cortinas y una caja de herramientas que traía un martillo, un destornillador y una cinta de medir. De niña, había ayudado a Papi cuando hacía trabajos en la casa, y él me había enseñado cómo manejar el martillo, cómo iniciar y mantener el ritmo del serrucho para que la madera quedara pareja, cómo golpear clavos y ajustar tornillos correctamente. Eran destrezas que no había puesto a prueba en años, y deriví tanto placer al reconectarme con esa parte de mí misma, que me volví clienta habitual de esa ferretería repleta de efectos de plomería y electricidad, clavos, tornillos y grapas gigantes. Admiré lo último en herramientas eléctricas, probé las cerraduras de mayor seguridad, me pregunté por qué alguien querría pegar en las paredes azulejos de corcho de un pie cuadrado. Construí mis propios libreros y, aunque quedaron medio torcidos y no fueron nunca ejemplo de ebanistería fina, fue de las cosas más gratificantes que había hecho hasta entonces.

A diferencia del Hotel Longacre, en Foxcroft Manor no había servicio de limpieza, y Ulvi no estaba cerca para mantenerme ordenado el estudio. La tarea de tener que recoger y organizar mis cosas me llenaba de ansiedad, especialmente cuando Ulvi venía de visita. Entonces, empezaba a dar vueltas en pánico, desempolvando, mapeando, restregando, lavando la ropa de cama. Una vez, Ulvi pasó los dedos por el dintel de la puerta para ver cuán bien la había limpiado. No quedó muy impresionado que digamos. Desde ese día, los dinteles de las puertas y el poyo de las ventanas eran lo primero que repasaba en mi limpieza semanal.

Sin su constante mirada, el estilo "elegante" que Ulvi me había impuesto fue dando paso a las vistosas faldas flotantes y telas coloridas que prefería en Nueva York. A Ulvi no le gustaba que usara prendas ni maquillaje, pero a mí me encantaban los lápices de labio brillantes, las pantallas largas y los intrincados collares, pulseras y sortijas de las culturas asiáticas. Más que nada, me gustaba escoger mi propia ropa, decidir por mí misma cuándo quería ser elegante, cuándo exótica, y cuándo "groovy". Los primeros días en Cambridge, pasé más tiempo contemplándome en el espejo de lo que lo había hecho en toda mi vida, tratando de verme a través de mis propios ojos, silenciando la voz crítica que había juzgado cada uno de mis actos durante los últimos seis años.

25. *Alterity* / Alteridad

Me uní a un grupo de estudiantes que vivían extramuros y que frecuentaban salones de baile los fines de semana. En el *Revere Ballroom* o en el *Moseley's on the Charles*, en Dedham —los únicos dos salones de baile con bandas en vivo que quedaban en el área de Boston— éramos, generalmente, los bailarines más jóvenes. "Llegaron los chicos", decían alegremente los mayores cuando entrábamos, como si fuéramos sus hijos. Les fascinaba enseñarnos variaciones del *fox-trot* y del tango. Los hombres, galantes y olorosos a loción de afeitar, se deslizaban por el salón en zapatos blancos de charol. Las damas de cabelleras platinadas usaban vestidos adornados con lentejuelas y canutillos. Sus ojos iban sombreados de azul iridiscente, y los lóbulos de las orejas y los dedos, recargados de joyería.

Competí y gané el papel estelar en la producción de *The Cenci*, de Antonin Artaud, una pieza teatral deprimente que me hubiese parecido brillante mientras estaba en mi fase existencialista. El concepto del *Teatro de la Crueldad*, adoptado por Artaud, y representado no muy convincentemente en nuestra producción, era tan indescifrable como los escritos de mi amigo Ralph en su texto *Destructivism: A Manifesto*. Como siempre que se me confrontaba con teorías extremadamente intelectuales, me sentía carente de la sofisticación necesaria para entenderlo.

Me encantaba estar actuando de nuevo, y me dio por

llamar a todo el mundo "Dahling!", como si fuera una legendaria diva del teatro. Ellen, otra estudiante, quedó tan desconcertada con esta afectación mía que me advirtió: —Si me dices *darling* una vez más, te voy a meter un puñetazo en la boca.

Y lo decía en serio, así que, suspendí el *darling*.

En una de las muchas actividades de bienvenida y de orientación que organizó Harvard para estudiantes de primer año y estudiantes transferidos, conocí a Lupe, una organizadora de comunidades hispanas de Albuquerque; a Anna, una abuela de Athol; y a Doris, una secretaria del Distrito de Columbia, las cuales habían empezado sus estudios universitarios incluso más tardíamente que yo. Mientras conversábamos sobre las alegrías y los retos que representaba el ser mayores que nuestros compañeros y compañeras de estudio, decidimos reunirnos para discutir algunos de esos temas más a fondo. Organizamos el grupo *Older Women Students* (OWS), y sumamos nuestros carteles a los cientos que desfiguraban los contadores de agua y los postes de la luz alrededor de *Harvard Square*. Unas cuantas mujeres más se nos unieron para quejarse, para buscar orientación y para intercambiar experiencias, pero, más que nada, para convertirse en fuerza motivadora unas de las otras.

Nosotras, las OWS, "teníamos muchas horas de vuelo", como decía Ruth. Lupe tenía hijas de la misma edad que nuestros compañeros de clase, y los de Anna estaban en programas de posgrado. A los veintiséis, yo estaba más cercana en edad a mis compañeros y compañeras de clase que la mayoría de las OWS, pero la diferencia entre nosotras no era tanto la distancia generacional como la distancia que marcaba la experiencia. Me encantaba estar con mujeres que tenían vidas completas, aquellas para quienes la educación universitaria era otra fase de la vida, no, algo que había que hacer entre la secundaria y el "mundo real".

Conferencias, tutorías, largas listas de lecturas requeridas y fechas límite, para lo que se esperaba fueran ensayos eruditos, fueron encaminando mis días. Hacía trece años que hablaba inglés, había aprobado numerosos cursos, y era una lectora voraz, pero aún así, necesitaba un diccionario para mantenerme al día con el vocabulario de mis profesores. Mis libretas estaban llenas de palabras circuladas que luego buscaba en el diccionario: *reified / objetivado*, proponía Mr. Guzetti en el curso general de Fotografía, *alterity / alteridad*, ofrecía Ms. Felice en el de Sociología, *nisus / esfuerzo*, sugería Dr. Loeb, mi consejero en VES.

Académicamente, había recibido una buena formacion en *Performing Arts, Manhattan Community College,* y *Texas Tech*. Como estudiante becada tenía la presión de salir bien para que la Universidad continuase dándome la beca de matrícula. Me sentía tan agradecida de tener la oportunidad de estudiar en Harvard, que quería destacarme en mi trabajo, no sólo aprobar con el mínimo requerido. No tenía duda alguna de que lo lograría; un reto mayor, sin embargo, resultó ser mi educación no académica.

Unos días después de haberme mudado al *Foxcroft Manor*, tocaron a la puerta. Abrí y allí encontré a una mujer un poco más alta que yo, llenita, de pelo corto salpimentado, y lentes estilo aviador.

—Hola, soy Liz —dijo—, vivo al final del pasillo. No debiste abrir la puerta sin preguntar antes quién era.

—Lo siento —le dije—. ¿Quieres entrar?

—No puedo —continuó en un inglés con denso acento bostoniano—, pero quería decirte que hace una semana hubo una violación en este vecindario. Este año ha habido varias violaciones por esta área y la Policía no ha podido coger al tipo. No dejes entrar a nadie que no conozcas al edificio, aunque te diga que vive aquí y que olvidó las llaves.

—No lo haré.

—No quiero asustarte, pero debes tener cuidado. Si regresas sola a casa tarde en la noche, camina por el medio de la calle y fíjate bien en los alrededores antes de entrar al edificio. Lleva tus llaves así. —Por los espacios entre cada dedo de su puño se asomaba la punta cortante de una llave—. Si un hombre te brinca encima, úsalas. Apúntale a los ojos.

—*Okay* —le dije.

—Yo trabajo en el *Women's Center*, en Inman Square.

Liz me entregó una hoja suelta color violeta.

—Ofrecemos consejería de salud y control de natalidad; también tenemos grupos de apoyo y discusión. Es gratuito.

—Gracias.

—Bienvenida al vecindario —me dijo—. Nos vemos.

En el Centro, participé de reuniones dirigidas por mujeres apasionadamente comprometidas con cambiar la cultura patriarcal y por hombres comprometidos con la equidad entre los sexos. Ésta era una educación diferente a la que yo estaba recibiendo en Harvard. Sin embargo, poner en práctica lo que estaba aprendiendo allí era difícil, porque la teoría feminista no abordaba los costos emocionales de la equidad. En papel, lo que debía cambiarse estaba claro, pero cuando Ulvi venía a verme a Cambridge, o cuando yo iba a verlo a Larchmont, todo se tornaba turbio, difícil de manejar. Me sentía como una hipócrita, soltando teoría feminista a borbotones mientras continuaba siendo la *Chiquita* de Ulvi.

Esas primeras semanas en Harvard, tuve la impresión

de que la gente que conocí no sabía bien qué pensar de mí, y hubo momentos en los que ni yo misma lo sabía. Había pasado los últimos cinco años aislada, tanto de la cultura puertorriqueña como de mi generación. Ya no podía identificar las celebridades puertorriqueñas más actuales, ni las últimas tendencias musicales; no sabía qué partido estaba en el poder en la Isla, ni quién era el gobernador.

No me identificaba con ningún "movimiento", nunca me había emborrachado ni drogado, estaba recién comenzando a leer teoría feminista. No estaba bien informada sobre los sucesos estadounidenses o mundiales, excepto por lo que inevitablemente se me filtraba en el cerebro mediante el bombardeo de noticias televisadas y las pilas de revistas y periódicos a los que Ulvi era adicto. En una cena en *Dudley House*, me sentaron en la misma mesa con el Gobernador de Massachussets, cuyo nombre no sabía hasta que nos presentaron.

Sobre lo que sí sabía mucho era sobre expedientes médicos, sobre radiodifusión y comunicaciones, y sobre cómo la tecnología de satélites se utilizarían para promover el desarrollo económico en los países pobres, pero no era ni lo que esperaban ni lo que les interesaba a mis compañeros y compañeras de Harvard. Cuando leía por placer era ecléctica. Lo mismo podía llevar en mi cartera Daniel Deronda, de George Elliot, que Carrie, de Steven King, o el último número del National Enquirer. Mi amigo David me preguntó mordazmente si no me preocupaba ser una *dilettante*, y no me sentí ofendida hasta que busqué la palabra en el diccionario.

David daba clases y administraba el equipo audiovisual en el *Carpenter Center*. Me presentó a Edgar, un estudiante de Ciencias Políticas puertorriqueño que estaba trabajando en un documental sobre la violencia que se suscitó a partir de la desegregación de las escuelas ordenada por los tribunales de Boston. Edgar tenía ambiciones políticas, pero se sentía dividido entre su convicción de que Puerto Rico debía ser una nación independiente y su certeza de que eso nunca sucedería.

—Nos hemos acostumbrado al *status quo* decía.

Los Estados Unidos nos han metido miedo con que Puerto Rico se convertiría en otra Cuba si fuéramos libres.

—¿Y no sería así? —le pregunté.

—Convertirnos en otra Cuba no sería el peor de los destinos —dijo tristemente—. Ellos, por lo menos, han conservado su cultura.

—¡Pero son comunistas!

—Los comunistas no comen bebés, Esmeralda, ¡no les tengas tanto miedo!

Las conversaciones sobre el estatus político de Puerto Rico sí que me asustaban. Le había contado a Edgar de mi tío, Vidal Santiago Díaz, que había sido el barbero del patriota nacionalista don Pedro Albizu Campos, con quien tenía un parecido. Tío Vidal estuvo tres horas acuartelado en su barbería de Santurce, en un episodio que terminó en un tiroteo con la Policía de Puerto Rico. Cuando yo era pequeña, me enseñó las cicatrices que le quedaron. Lo más espantoso era el hueco que tenía en la frente, producto de una bala que, milagrosamente, no lo mató. Después de esa experiencia, Tío Vidal redirigió su fervor nacionalista hacia una conversión en la que volvió a nacer como cristiano.

Escéptica en cuanto a la religión organizada, desconfiaba del fervor político aún más porque siempre se centraba en hombres carismáticos e imperfectos. El mismo Edgar era inteligente, encantador, atrayente. Podía imaginarlo como el líder de un Puerto Rico libre, si era que alguna vez se decidía a hacer públicas sus creencias políticas en lugar de seguir la ruta de menor resistencia. Nunca apoyaría la estadidad, decía, pero trabajaría con el partido que apoyaba al Estado Libre Asociado, por ser el menor de dos males.

—¿Cómo es que algún día vamos a llegar a ser independientes, si líderes como tú están más pendientes de ganar las elecciones que de cambiar la mentalidad de la gente? —pregunté.

—No puedes cambiar el *status quo* sin los votos —dijo.

Yo entendía la complejidad del problema, pero no tenía recomendaciones sobre cómo resolverlo. El asunto no terminó ahí, sin embargo. Casi todo el que conocí en Harvard, tan pronto se enteraba de que era puertorriqueña, me hacía "la pregunta del *status*". A tropezones, daba unas respuestas tan poco satisfactorias para mí como debieron haber sonado para los demás, así que me puse a la defensiva.

—No todos los puertorriqueños tienen una opinión relativa al *status* —le solté a Edgar.

—Pues cada puertorriqueño debería tenerla —respondió.

Me daba libros y folletos, y saboreando un café, hablaba sobre la política en la Isla. Como me ocurría con las discusiones sobre feminismo en el *Women's Center,* las conferencias informales de Edgar constituían una educación suplementaria a la que ofrecían mis profesores de Harvard.

Pocos días después de terminar la investigación para su documental, Edgar estaba listo para empezar a filmar y me pidió que lo ayudara. No pude hacerlo, porque Ulvi venía ese fin de semana.

—Puedo ayudarte la semana que viene —le ofrecí,

pero él no podía posponer el rodaje en Dorchester. Me sentí mal, pero me sentí aún peor cuando lo vi el lunes siguiente en *Sever Hall*. Tenía la cara magullada.

—¿Qué te pasó?

—Me asaltaron —me dijo—. Se lo llevaron todo.

Edgar me explicó que había terminado las entrevistas, y el estudiante que estaba grabando el sonido había regresado a Cambridge dejándole el equipo a él, que se encargaría de devolverlo. Edgar decidió aprovechar para filmar unas escenas en la calle antes de que oscureciera. Una pandilla le brincó encima, lo golpeó, y escapó con la cámara de 16 mm y la grabadora del *Carpenter Center*.

—Ellos creen que yo me las robé —dijo Edgar, mirando con resentimiento hacia el cuarto donde se guardaba el equipo.

Cuando más tarde vi a David, le pregunté sobre el asalto de Edgar.

—Resulta sospechoso —dijo David—. ¿Estaba solo, con un equipo costoso, en un vecindario de alta incidencia criminal y no se le ocurrió que lo podían asaltar?

—¡Eso no quiere decir que lo haya robado, David! Sólo quiere decir que no fue cuidadoso.

—No le creemos. No le llevaron la billetera, no hizo una denuncia a la Policía.

Edgar estaba seguro de que sospechaban de él por ser puertorriqueño. —Si esto le hubiese pasado a un blanquito —dijo—, ellos le habrían creído.

—¿Por qué no radicaste una querella en la Policía?

—¿De qué lado estás?

Le expliqué que era un asunto de sentido común informar de un asalto a la Policía. Él pensaba que yo debía aceptar su versión sin cuestionarla. Yo pensaba que se estaba comportando como si fuera culpable, pero no lo acusé. Nos separamos de la peor manera posible que dos amigos se pueden separar, desconfiando uno del otro. Unos días después, David me dijo que Edgar se había dado de baja de la Universidad. Me sentí culpable de que, al no ponerme de su parte, hubiera contribuido a la sospecha de que se había inventado el cuento del asalto y el robo del equipo. Además, sólo porque éramos puertorriqueños los dos, me sentía cómplice de un crimen que no estaba segura de que se hubiese cometido. En la siguiente reunión del grupo *Older Women Students*, hablé sobre eso. Confiaba en que el grupo, pero, sobre todo Lupe, que era chicana, me ayudara a ordenar mis sentimientos. Me escucharon durante unos minutos, pero no dijeron nada. Entonces, Lupe se quitó los lentes y limpió los cristales con el dobladillo de su camiseta.

—Mi'ja, ya cayó usted en la noción anglo de que todos los puertorriqueños son criminales.

—No, Lupe, no es eso. He luchado contra ese estereotipo toda mi vida. Soy una puertorriqueña modelo.

—¡Escúchese, pues! ¿Por qué tiene usted que ser un modelo de puertorriqueña? ¿Para distanciarse de los demás puertorriqueños, los que, a diferencia de usted, roban?

—¡No!

Las mujeres en el grupo bajaron la mirada. Doris, que era negra, parecía particularmente incómoda.

Lupe continuó. —He trabajado con la comunidad durante mucho tiempo, y he visto cómo el prejuicio y el racismo se nos meten debajo de la piel. Si somos exitosas en términos anglo, empezamos a ver a nuestras amistades y vecindarios a través de los ojos del opresor y, claro, nos convertimos en excepciones porque somos diferentes. La prueba está en el hecho de que funcionamos bien en la cultura anglo y ellos, no. ¿Comprende?

—Creo que sí...

—No la estoy acusando, mi'ja. Estoy hablando de mí misma, también. Y estoy segura de que Doris también sabe de lo que estoy hablando.

Doris asintió, y también Anna, que era blanca, anglosajona y protestante.

—Es igual con el sexismo —dijo Anna.

Lupe la miró y, por un momento, pensé que iba a diferir, pero se dio vuelta nuevamente hacia mí. —Es difícil bloquear esos mensajes negativos, pero el racismo —y miró a Anna—, y también el sexismo hacen el mayor daño cuando interiorizamos sus principios sin siquiera darnos cuenta de que los estamos perpetuando.

—Nunca había pensado en mí misma como "oprimida"...

—Es una palabra fuerte, lo sé. Pero hay que nombrar las cosas antes de poder entender su impacto psicológico. Eso nos lo enseñó el movimiento por los derechos civiles.

Las demás estuvieron de acuerdo y la reunión continuó con una discusión sobre si es posible ser feminista y racista a la vez. Anna decía que no. Doris, que sí.

Camino a casa, pensaba en lo que había dicho Lupe. Tenía sentido, pero no me hacía sentir mejor; todo lo contrario. Le había fallado a Edgar al no aceptar su historia sin dudas ni preguntas. Pero, por otro lado, él se había comportado sospechosamente. ¿O estaría yo proyectando mis sospechas sobre él? No pude convencerme de una cosa ni de la otra. El desafío que me había lanzado Lupe al sugerirme que yo había asumido como cierta la visión negativa de los anglos sobre los puertorriqueños no me aliviaba la culpa que sentía por las actuaciones de Edgar, ni por mi reacción a ellas. Detestaba la idea de ser "oprimida"; me hacía sentir como una víctima, sin poder, vencida por una mayoría, más débil de lo que quería aceptar, aplastada bajo el peso de unos procesos que no quería nombrar y rehusaba admitir que tuvieran que ver algo conmigo.

26. "Eres la última persona que esperaba encontrar en Boston".

Un cartel en el *Science Center* anunciaba la apertura de *Adonna's Belly Dance Studio*, cerca de *Porter Square*. Al recordar la alegría que sentía cuando bailaba en Lubbock con mis amigas del Oriente Medio, decidí apuntarme, y pronto estaba organizando mis días alrededor de las clases de Adonna. No importaba cuán abrumada o sola me sintiera durante el día, tan pronto entraba a su estudio, me cambiaba el humor. Las clases terminaban siempre con un ejercicio de improvisación que reforzaba lo que se hubiera enseñado ese día. Esos cinco minutos de baile libre eran como un encuentro con mi verdadero ser, envuelta en velos, tintineando *zills*, y moviéndome como debe moverse una mujer.

Varias semanas después de comenzar las clases de *belly dancing*, me fijé en un anuncio de unas clases de danza clásica hindú que se ofrecían en *Back Bay*. Una de las primeras noches heladas del invierno de Cambridge, me uní a un grupo de jóvenes en el gimnasio de una escuela privada. Dulal era el maestro; un hombre oscuro, rotundo, de estatura baja, hermosa y espesa cabellera negra, facciones delicadas y pequeñas y gráciles manos.

Nos contó que había empezado su entrenamiento, siendo niño, en su nativa *Bangladesh*, donde se había hecho famoso por sus interpretaciones *Kathak*. Sin embargo, enseñaba *Bharata Natyam*, el estilo más antiguo de los bailes clásicos de la India, que está vinculado, sobre todo, con la región sur del país. La clase resultaba demasiado exigente para la mayor parte del grupo de principiantes, y Dulal se molestaba cuando no podían ejecutar los pasos que, a su juicio, ya debían dominar. Los gurú de la danza hindú asumen de manera personal el desarrollo de sus estudiantes, porque las habilidades del estudiante no sólo reflejan los conocimientos del gurú sobre las coreografías clásicas, sino también su capacidad para evaluar el talento del alumno.

Hacía cuatro años que no tomaba una clase de *Bharata Natyam*, pero los bailarines dependemos de nuestra memoria muscular, un concepto que afirma que el cuerpo nunca olvida lo aprendido. Desde que se escucharon las primeras notas musicales según Dulal fue repasando los movimientos del Alaripu, el baile tradicional de principiantes, mis extremidades recordaron lo que debían hacer. Había practicado ese baile cientos de veces, de principio a fin. No conservaba ya la precisión ni la energía necesarias para ejecutarlo con maestría artística, especialmente cuando los pasos se volvían más complejos y el ritmo más acelerado, pero la euforia provocada por las secuencias de *baile-puro* regresó a mí tan pronto empecé a moverme. Al igual que me ocurría en el estudio de Adonna, me sentía más plenamente yo en la expresión musical, en la expresión de mi cuerpo como instrumento, tan rico y articulado como el sitar y la tabla.

Después de unas semanas de tomar clases con el grupo, le pedí a Dulal que me diera clases particulares. Quedamos en vernos el martes siguiente en su apartamento, donde me haría una prueba en la que decidiría si me tomaba como estudiante.

Lo último que necesitaba era añadirme una obligación más, y menos si tomaba en cuenta que Dulal vivía en una parte de Allston a la que se llegaba después de un largo viaje en guagua. Tampoco necesitaba un gasto adicional. Mis ahorros, y lo que me quedaba de un préstamo estudiantil, se estaban agotando rápidamente y ya había empezado a buscar trabajo, sin tener una idea clara de dónde iba a encontrar el tiempo para hacerlo.

Preparé un cronograma de mis días, hora por hora. El cronograma me permitía dormir desde la medianoche hasta las 6 a.m. todos los días del semestre, excepto aquellos fines de semana que visitaba a Ulvi, quien muy pronto se dio cuenta de que lo que más deseaba hacer cuando lo visitaba era dormir.

Dulal aceptó darme clases, con la condición de que prometiera practicar por mi cuenta, por lo menos, hora y media diarias, además de tomar las clases particulares dos veces por semana. Yo llegaba después de la cena, y trabajábamos en la cocina olorosa a especias y ajíes asados. Su esposa y sus dos hijas se iban a la habitación contigua, separada de la cocina por una cortina de cuentas plásticas verdes, donde las niñas hacían sus tareas bajo el ojo atento de su madre.

Cómo lograban concentrase con el barullo que Dulal y yo formábamos en la cocina era un misterio. Dulal insistía en que usara las *ghunghrus*, las tradicionales campanitas de bronce para los tobillos, que tuve que comprarle a él, porque había dejado las mías en Nueva York y habían desaparecido durante la mudanza de mi familia a Puerto Rico.

Conmigo, Dulal no usaba música grabada. Sentado en un cojín en el floreado piso de vinilo, iba enunciando talas, combinaciones rítmicas que se suponía que yo ejecutara, mientras él las tamboreaba en la tabla. Hacerlo así le permitía aumentar la velocidad a su gusto, como también recitarlas al azar, lo que significaba que yo tenía que memorizar las talas hasta lograr prescindir del pensamiento, hasta que sólo fuera necesaria la memoria de los músculos.

Aunque mi entrenamiento era en el tipo de danza *Bharata Natyam*, estaba aprendiendo *Kathak* con Dulal por ser ésa su especialidad, y también porque él había insistido en que era más apropiado para mi tipo de cuerpo y mi personalidad. Después de la primera lección, le di la razón.

Kathak significa *narrador de cuento*, y el fin último de un *Kathak* es usar los movimientos corporales y las expresiones rítmicas para ir guiando al público por las variadas expresiones artísticas de las emociones y las acciones humanas —el primer suspiro de amor de una doncella, por ejemplo— o de las características de los animales, como el pavoneo del pavo real. Los públicos hindúes están familiarizados con los *bailescuentos* tomados de los textos sagrados, cuyas coreografías van pasándose de generación en generación. Sin embargo, cada representación *Kathak* incluye también secuencias de *danza-pura* en las que pueda lucirse el virtuosismo de los músicos y los bailarines.

Una representación de *danza-pura* tipo *Kathak* alcanza su momento más sublime en la competencia improvisada entre el bailarín y sus acompañantes. Es un intercambio de sílabas cantadas que representan los movimientos que luego se tocan en la tabla, y que, finalmente, son ejecutados por el bailarín y el tambor a una velocidad que va intensificándose, y que requiere no sólo virtuosismo, sino entrar en una concentración casi hipnótica.

En vez de pedirme que aprendiera las coreografías de

bailes-cuentos específicos, Dulal empezó por enseñarme talas, y por insistir en que las practicara hasta que pudiera ejecutar cada secuencia de pasos con la debida rapidez y precisión. Se enfureció cuando vine a clase sin haber practicado lo suficiente. Se dio cuenta enseguida, porque yo seguía tropezando con los estilizados paseos llamados *chals* y me caía cuando debía haber girado rápidamente sobre los talones.

Añadí el *Kathak* a un cargado programa de cursos, horas de estudio, trabajos monográficos y preparación de proyectos para la clase de Arte conceptual que, a lo mejor, finalmente, me revelaría por qué una carga de hielo puesta a derretir en el jardín del Museo de Arte Moderno era, en efecto, arte.

Practicaba mis talas a media tarde, antes de que los demás inquilinos del edificio regresaran del trabajo, para no molestarlos con el sonido de mis pies golpeando el suelo, ni con el repicar de las campanitas en mis tobillos. Un día, encontré una nota debajo de la puerta:

¿Qué son esos ruidos que salen de tu apartamento

todos los días a esta misma hora?

Marilyn (tu vecina de al lado)

Toqué a su puerta y empecé a excusarme, pero resultó que no estaba molesta, sino intrigada.

Marilyn era música, como ya había inferido al escuchar el dulce sonido de su flauta a través de la pared que separaba su apartamento del mío. Trabajaba, sin embargo, como maestra de Inglés en una escuela intermedia de un suburbio de Boston, lo que le permitía llegar a casa más temprano que el resto de los inquilinos. Simpatizamos enseguida. Había vivido en Boston muchos años y tenía muchas amistades no vinculadas con Harvard, a quienes llegué a conocer.

Marilyn me invitaba a conciertos de música clásica en

iglesias y capillas en las que la sonoridad de la música me llenaba de un gozo tan sólido como mis piernas y brazos.

Cuando me sentía alicaída, podía contar con que ella me prestara su oído solidario y se encontrara conmigo en el *Orson Welles Café*, donde el intercambio de confidencias sólo podía darse acompañado de quiche, vino tinto y *mousse* de chocolate. De todas mis amigas en Cambridge, ella era la única que conocía las angustias y las dudas de mi relación con Ulvi, a quien ella había conocido el día que me mudé a *Foxcroft Manor*. Yo trataba de ser una amiga igual de buena con Marilyn, mientras ella luchaba con un trabajo que no le gustaba y con la posibilidad de cambiar de carrera a otra que fuera más adecuada para su temperamento serio y callado.

El ajetreado ritmo de mis días, las nuevas amistades, las horas de estudio y la redacción de trabajos no aliviaban la cuestión palpitante de mi relación con Ulvi. Cuanto más tiempo vivíamos separados, más dulce se volvía él, más insistía en que Ulviye y yo éramos las personas más importantes de su vida. Al igual que en nuestras separaciones anteriores, me pedía que fuese "niña buena", que fuese paciente, que confiara en que volveríamos a estar juntos. Él suponía que eso era lo que yo quería, pero yo no estaba tan segura.

Por otro lado, tampoco estaba lista para dejarlo ir, no, mientras continuara pagándome la renta, y fuera un escape rápido al estrés de los estudios. No cuando me había convencido de que nadie me querría tanto como me quería él. No cuando él me quería más de lo que yo lo quería a él, lo que, según Ruth, era la mejor clase de relación entre un hombre y una mujer.

Pero de eso, tampoco estaba muy segura. ¿Cómo iba a ser buena, si se trataba de una relación desigual? Yo me había ido inclinando hacia el ideal feminista de las relaciones, aquéllas basadas en el respeto mutuo y la colaboración, en las metas compartidas y la comunicación abierta. Sin embargo, estaba convencida de que Ulvi no estaba listo para esa clase de compromiso, porque tenía demasiados secretos.

Con mis dudas en relación con Ulvi, y con tanto que hacer en tan poco tiempo, pensaba que las aventuras románticas estarían muy lejos de mi mente. Pero el campus de una universidad no es sólo un lugar de aprendizaje y crecimiento personal. Es, según lo describía Doris, una de mis amigas del OWS, una "vorágine de fenohormonas". Los *flirteos* y la seducción eran tan parte de la atmósfera como lo eran los pesados fantasmas de los distinguidos egresados de Harvard de generaciones pasadas.

A mis veintiséis años, tenía la misma edad que algunos de los miembros más jóvenes de la Facultad y algunos asistentes de cátedra. Pero mis compañeros de clases eran quienes más me atraían. Durante seis años había vivido con un hombre diecisiete años mayor que yo. A pesar de que a los cuarenta y tres años era un hombre saludable y juvenil, Ulvi no podía competir con los atletas y los artistas jóvenes que *flirteaban* conmigo entre las conferencias sobre historia latinoamericana y los cada vez más descabellados experimentos de arte conceptual.

Tenían cuerpos en constante movimiento y ojos descarados. Se tiraban con las piernas abiertas y los *jeans* abultados en las butacas plásticas anaranjadas del *Carpenter Center*. Se arrastraban hasta las conferencias matutinas oliendo a sueño, con los pliegos de la almohada marcados en las mejillas sin rasurar. Cuando nos deteníamos a hablar en *Sever Hall* o en el *Yard*, agitaban los enormes pies dentro de sus andrajosos zapatos deportivos, como inseguros de si debían irse o no, esperando impacientes alguna señal mía. Ellos se creían hombres, y yo, que llevaba tanto tiempo con un hombre, los veía como los muchachos que, en comparación, eran. Resultaban tan irresistibles como un caramelo y, aunque la mayoría me dejaba tan desnutrida como una bolsa de *M&M's*, derivaba de nuestros coqueteos el mismo placer efímero.

No estaba enamorada de Phillip, no visualizaba un futuro con Charles, no me interesaba oír a Julián explicando sus teorías sobre quién en verdad escribió las obras de Shakespeare. Quería tocarlos. Cuando pensaba en "mi novio" era a Ulvi a quien me refería, a Ulvi, cuyas llamadas telefónicas corría a contestar en casa todas las noches, nunca un minuto más tarde de las once.

****

Unos días antes del receso de Acción de Gracias, estaba cruzando *Harvard Square* cuando, detrás de mí, escuché una voz familiar. Me di vuelta y allí estaba Shirley, mi amiga de Lubbock. Se veía enorme, envuelta en una abultada capa de lana con caperuza que le llegaba hasta el suelo. El pelo se le asomaba en canosos mechones rizados alrededor de la cara. A pesar del aguanieve en la acera, calzaba unos maltratados zapatos *Birkenstocks* de gamuza con medias de lana a rayas.

—Eres la última persona que esperaba ver en Boston —rio abrazándome con cariño, después de mirar a su alrededor para asegurarse de que estaba sola—. ¿Qué haces aquí? ¿Dónde está el viejo?

Caminamos hasta la cafetería Elsie, y la puse al día mientras comíamos un sándwich de huevo y una taza de café.

Su tamaño, según supe tan pronto se quitó la capa, se debía a la inminente llegada de gemelos. —En realidad no debí haber venido a esta conferencia —me dijo—, pero había reservado un espacio hace más de un año y no me podía dar el lujo de perder el depósito.

Se peinó el cabello con los dedos. —¡Mírame! ¡La preñez me ha sacado canas prematuras!

Entonces, jugueteó con mis mechones cortos. —Y tú parece que tienes doce años.

Tenía tanta chispa Shirley, que decidí no ir a la clase de professor Womack y me quedé hablando con ella un par de horas.

—Si supieras... Lenny y yo nos divorciamos.

—Sí, él me lo dijo.

—¡Lo viste!

Quedó tan sorprendida y habló tan alto que otros comensales se viraron a mirarla. —¿Cuándo? ¿Dónde?

—Ah... déjame pensar, hace como un año, en Syracuse.

—Wuao —susurró, y se estremeció como si una corriente helada la hubiera golpeado. Cuando levantó la vista lucía apagada—. Debe haber sido justo después de eso que lo encontraron.

—¿Lo encontraron?

—Los últimos meses en Lubbock fueron terribles, horribles para él, para nosotros. Estaba en malos pasos, bien, bien jodidos.

Hizo un gesto como si hubiera estado inyectándose.

—No pude soportarlo más, tú sabes. Yo quería una familia, una vida normal. Bueno, no normal, pero tú entiendes lo que te quiero decir.

—Ujum.

—Después del divorcio, desapareció. Yo no tenía idea de que iría a parar a Syracuse. Lo encontraron en Albany.

—¿Lo encontraron? —repetí, con el corazón al galope.

—Una sobredosis.

—¡Ay Dios! Lo siento tanto.

Le conté de la última vez que lo vi y de cómo Lenny había tratado de meterse en mi apartamento. A Shirley se le aguaron los ojos.

—Eso es terrible. Siento que te haya hecho pasar por eso. ¡Coño! Era un hombre tan brillante. A decir verdad, no sé qué le pasó. Un día estaba organizando vaqueros para que marcharan en contra de la guerra, y al día siguiente estaba robándome las prendas para pagarse la heroína. Es una pérdida del carajo.

—Pero ahora eres feliz, Shirley, ¿verdad? ¿Las cosas te van bien?

Estaba viviendo en Brooklyn, y trabajaba en una clínica de salud mental que parecía ser exactamente igual a la de Lubbock, donde había hecho trabajo voluntario. Su marido, también psicólogo, era el director.

—¿Y puedes creer esto? Es negro. Mis padres casi se mueren. Pero él es lo mejor que me ha pasado en la vida.

—Me alegro tanto por ti —le dije, y le apreté las manos del mismo modo como me las había apretado ella años atrás.

—La vida no podría irme mejor. ¿Me llamarás cuando vayas a Nueva York?

Intercambiamos números de teléfono y direcciones, y nos abrazamos al despedirnos frente a la estación del T. Sentí esa corta visita como el punto final de una historia que había comenzado hacía años. Nunca la llamé ni le escribí, ni ella a mí.

Cuando viajé a Larchmont a pasar el fin de semana largo, Ulvi acababa de recibir una nota de Laila, otra de nuestras amigas de Lubbock, invitándonos a tomar el té con ella en el Algonquin. Lucía diferente, siempre delgada, pero menos delicada, mayor. Profundos círculos sombreaban sus ojos castaños y tenía los labios bordeados de arruguitas. Naturalmente que lo primero que quisimos saber fue cómo estaba Günter.

—Está muerto —dijo con voz apagada, ausente su musical acento sueco.

Después de dejar Lubbock, habían regresado a su pueblo en Alemania. Él no quería estar allí. No lograba mantener un empleo. No le gustaba su apartamento.

—Volvió de los Estados Unidos sin que le gustara ya más su vida —nos dijo.

Un día la llamó al trabajo para decirle que se iba a matar. Para cuando ella llegó a la casa, él se había hecho un disparo en la boca.

Era Acción de Gracias, mi fiesta predilecta, una época en la cual quería sentirme agradecida por todos los cambios en mi vida, por las cosas buenas que me estaban pasando. Pero en un par de días me había enterado de cómo se habían malgastado las vidas de dos hombres que conocía. Me sentía atravezada por un dolor que Ulvi no sabía cómo aliviar. Yo misma no lo entendía. Lenny era poco más que un conocido, y Günter era más amigo de Ulvi que mío. Pero no podía dejar de llorarlos, ni de sentir que las cosas buenas en mi vida le debían algo al sufrimiento de ellos.

****

—Chiquita, ¿te gustaría pasar la Navidad en Puerto Rico?

No podía creer lo que oía. Ulvi pensaba que necesitábamos unas vacaciones, pero ése era el último sitio que hubiera esperado que él sugiriera. Me explicó que, como había solicitado la residencia permanente en los Estados Unidos, no podía viajar fuera del país, pero como Puerto Rico era territorio norteamericano, no habría problemas con ir allí. Un buen amigo suyo, un hombre de negocios turco radicado en Alemania, también estaría en Puerto Rico de vacaciones para la misma época.

—No podemos quedar en hotel de lujo —dijo—, pero por lo menos es caliente y soleado.

No existían en la lengua inglesa dos palabras más hermosas que caliente y soleado. Los inviernos del noreste habían puesto a prueba mi salud mental desde que experimenté el primero en Brooklyn. Era la oscuridad lo que no soportaba, el atardecer que caía cada día más temprano empezando el otoño, apagando la escasa luz del sol migrante. Mis amistades insistían en que, si empezaba a practicar un deporte como el esquiar o el patinar sobre hielo, me encantaría el invierno, pero lo último que quería hacer era amarrarme dos tablas estrechas en los pies y zumbarme montaña abajo. La idea de deslizarme sobre agua helada, no importa cuán grácil fuera, me llamaba aún menos la atención.

—Quiero ver a mi familia si vamos a Puerto Rico.

A mí misma me sonó como si estuviera pidiendo permiso.

—Sí, claro que puedes ver —contestó Ulvi—, pero a mí no me incluyas.

Con estas palabras, *el hombre que yo amo* me confirmó que, como pareja, no había futuro para nosotros. ¿Cómo podía haberlo cuando él rehusaba aceptar a mi familia? Con esas palabras, cada promesa que le había hecho de ser paciente, de ser "niña buena", de confiar en que estaríamos juntos, se evaporó. Con esas palabras, vi lo que era Ulvi verdaderamente: una parada en la vía. Y yo había descubierto ya que otro tren vendría.

27. "Tú antes eras más linda".

Lo primero que vi cuando el avión giró y se inclinó hacia la pista de Isla Verde fue un anuncio de *Mercedes* Benz. Al lado había uno de *Burger King*. El tercero, el primero en español, decía... *es de Velasco*, que luego supe que era una tienda por departamentos en Plaza las Américas, el centro comercial más grande del Caribe. Éste no era el Puerto Rico que yo recordaba.

Había viajado unos días antes que Ulvi, y me alegraba no tener su mirada encima de mí mientras yo trataba de encontrarle sentido a lo que estaba viendo, en comparación con lo que esperaba ver. No había anticipado que Puerto Rico hubiese cambiado. La Isla, y mis soleados días en ella, estaban moldeados en mi memoria como las figuritas que solía esculpir con el barro anaranjado de Macún. No contaba con que el tiempo fuese como aquel barro, que se secaba y se desintegraba para volver a tomar una nueva forma.

Cuando el avión tocó tierra, los pasajeros aplaudieron y gritaron entusiasmados. *¡Llegamos! ¡Gracias a Dios!* Yo estaba igual de emocionada, y finalmente entendí el significado de la frase "mariposas en el estómago". Por dentro y por fuera sentía el hormigueo de la anticipación, alimentado por la ausencia.

Una ráfaga de aire caliente y húmedo me abrazó mientras bajaba del avión al asfalto por la escalera de metal.

Quería reconocer el terminal de trece años antes, pero también era diferente, y más grande. La terraza de observación, desde donde Papi nos había dicho adiós hasta que se volvió un punto en el paisaje, ya no estaba.

Como Mami se había mudado varias veces, le había perdido la pista, pero con Papi había mantenido un contacto periódico y le había escrito dejándole saber que vendría por unos días. Vivía en Caguas con su esposa Fela, y me contestó la carta. Mami vivía ahora en Campanilla, con seis de los muchachos que estaban todavía en casa. Norma y Alicia se habían casado y tenían sus propios hogares e hijos.

Papi estaba de pie, al lado de unos arbustos, con un alegre sombrero de paja sombreándole las facciones. A su lado había una mujer que supuse que sería Fela. Junto a ella, Mami, con unos espejuelos de una enorme montura rosada tachonada de *rhinestones*. Los abracé uno a uno dejando que mi padre y mi madre me bendijeran y me apretaran todo el tiempo que quisieran. Papi me presentó a Fela, quien me besó en el cachete. Mami me puso las manos en los hombros, y me miró unos minutos.

—¡Ay, si tú antes eras más linda! —fue su evaluación. Se rio y me volvió a abrazar. Quizás la última vez que nos vimos, hacía cinco años, yo era más linda, pero también ella era más linda cinco años antes, y yo no dije nada.

Una niñita flacucha, de ojos grandes y mucho pelo, me haló el vestido. Era Cibi, que ya tenía siete años. Me emocioné al darme cuenta del tiempo que había pasado desde que la había cargado al hombro la última vez. Detrás de ella estaban mis otros hermanitos: Charlie, ahora de ocho, y Ciro, de seis. Con timidez, se mantuvieron rezagados, pero me dieron el beso obligado cuando Mami los empujó hacia el frente.

—¿No se acuerdan de Negi?

Ellos sí se acordaban, y se hicieron cargo de mi maleta mientras caminábamos hacia el carro de Papi.

Cibi se recostó sobre mi hombro y entrelazó su brazo con el mío. Su encaracolado cabello castaño se sentía como una suave y lanuda criatura sobre mi piel.

Tan pronto dejamos la carretera del aeropuerto, caímos en medio de una congestión de tránsito.

—Bienvenida a los tapones de Puerto Rico —dijo Papi riéndose.

Había olvidado que mi papá estaba siempre de buen humor, y aunque se estuviera quejando del tapón, parecía que estaba dándonos una buena noticia. Fela sonrió. Los ojos de Mami no se apartaban de los vendedores ambulantes que, como un enjambre alrededor de los carros detenidos, se acercaban a ofrecer chucherías, platanutres, bolsas de chinas, racimos de guineos y dulces.

—Cierren esa ventana —les ordenó a los nenes, que antojados de todo, estaban prácticamente colgando por la ventanilla. Estábamos detenidos frente a un deteriorado residencial público con tenderetes de ropa en los balcones—. Esta área es peligrosa —explicó Mami. Aunque ella no me lo hubiera dicho, percibí que se trataba de un barrio peligroso por las expresiones de desesperanza y frustración en los ojos de los hombres y las mujeres que merodeaban por las aceras.

Los vendedores, escurriéndose entre los carros atascados en el tapón, se molestaban cuando, al acercarse, la gente hacía lo que habíamos hecho nosotros —subían las ventanas, bajaban los seguros de las puertas, y miraban al frente, fingiendo no ver los productos agresivamente ofrecidos. Los vendedores más asertivos golpeaban la capota, o pegaban sus caras a la ventanilla del conductor, maldiciendo a todo el que iba adentro, y formando con sus alientos un furioso anillo de vapor. Respiramos mejor cuando el tráfico se descongestionó lo suficiente para que Papi pudiese tomar otra ruta y salir de esa área.

—Me haces recordar el primer día que llegamos a Nueva York —me dijo Mami—. ¿Te acuerdas?

Yo también me estaba acordando de nuestro primer día en Nueva York, pero en mi recuerdo era de noche. Lo que le hizo recordar aquel día, dijo, fueron mis ojos, que lo absorbían todo, como si fuese la última vez que lo vería. —Se te querían salir los ojos —me dijo, y los nenes se me quedaron mirando, con la esperanza de que los ojos, de verdad, se me brotaran de las órbitas.

Todavía estaba resentida con el comentario de Mami de que yo *antes era más linda*, y todo lo que ella decía me sonaba a crítica, a una *puyita* para ver cómo reaccionaba.

—¿Y tu marido? —me preguntó Fela, a quien acababa de conocer, y a quien no tenía por qué importarle dónde estaba mi marido—. Él viene pasado mañana, pero nos vamos a quedar en un hotel.

No expliqué por qué Ulvi y yo nos quedaríamos en un hotel, y nadie preguntó.

Ulvi llegaría en un par de días. Yo tenía previsto encontrarme con él en el Condado, donde permaneceríamos dos semanas. Cuando él se fuera, yo iría a visitar al equipo de natación de Harvard, que estaría entrenando y compitiendo en Santa Cruz, después de los días feriados, y luego volaría de regreso a Boston con Steve, un compañero de clases y campeón de natación, cuyo plexo solar yo consideraba encantador.

Sin embargo, ahora mismo, en el carro camino a casa de Alicia, donde me quedaría en lo que llegaba Ulvi, lo único que deseaba era bajarme a tomar aire fresco. Quería sacudirme la sensación abrumadora de que en los cinco años que Mami y yo no nos habíamos visto ni hablado, ella no me había perdonado los insultos de Fort Lauderdale en los que le eché todo en cara.

Nunca le pedí perdón, ni tampoco había vuelto a pensar en ese día, ni en mis acusaciones, ni en la persona que yo era entonces, hasta el momento en que vi a Mami al lado de Papi, con los *rhinestones* rosados de sus lentes parpadeando al sol. A lo mejor fue el remordimiento que ella vio en mi cara, lo que la hizo verme menos linda, la vergüenza que me encendía los cachetes y me llevó a bajar la vista ante ella y a rehusar mirarla a los ojos.

****

Alicia vivía en una linda casa de bloques de hormigón, en una tranquila y angosta calle de Toa Alta. El resto de la familia se había reunido allí para recibirme, excepto Tata, que vivía demasiado lejos. Lo que más me llamó la atención de Alicia fue su parecido con Mami. Tenían el mismo color de piel, los mismos pómulos sobresalientes, y cuerpos en forma de reloj de arena. Estaba casada con Félix, un hombre garboso, color algarroba, de suaves modales y sonrisa fácil. Jeannette, la hija mayor, era una niña angelical de cinco años, de mejillas rosadas y rizos tipo Shirley Temple negro azabache. También tenían a Papito, un bebé de seis meses, a quien Félix tenía cargado todo el tiempo, como si temiese que el nene se le fuera a ir corriendo.

Norma también tenía una familia joven. Raquel tenía cinco años, y Héctor estaba empezando a caminar. Entré en una casa llena de nenes, de hermanas, ahora mujeres, y de sus orgullosos y posesivos esposos, cariñosos con los nenes, que seguían entrando y saliendo de la casa, o descansando entre juegos, en los brazos de un padre o de un tío.

Mi madre y mis hermanas no hicieron demasiadas preguntas. Yo hablé lo mínimo. No era necesario decir mucho. Ellas me conocían mejor que nadie. Conocían lo mejor de mí.

Cuando me vio haciéndole mimos a Papito, Fela se preguntó por qué yo no tenía hijos.

—Es que viaja mucho —dijo Mami, antes de que yo pudiera responder. Sí, repetí, yo viajo mucho. Mis hermanas y yo, Mami y yo, intercambiamos miradas que decían que a nadie le importaba por qué yo no tenía hijos. Las reglas de la tribu seguían vigentes. Nosotras, "la familia", nos apoyábamos unas a otras. Fela, una agregada, quedaba afuera. Yo lo capté. Ella también debió entenderlo, porque dejó de entrometerse en mi vida.

Después que se fue todo el mundo, me recosté en la cama a escuchar los sonidos de la noche de Puerto Rico. El coquí gorjeaba su cantar nostálgico. Los vehículos sin silenciadores rugían a lo largo de la estrecha calle en dirección de la autopista. Radios distantes parloteaban de modo incomprensible, compitiendo con la cháchara confusa de los televisores. Papito se despertó llorando y Alicia lo tranquilizó con murmullos y besos. Música y risas nos llegaban de una fiesta a unas cuadras de distancia. La brisa cuchicheaba con las hojas del árbol de pana del patio de al lado, los perros ladraron, un gallo cantó a media noche. Una palma de coco susurró su bienvenida.

****

Mami me recogió al día siguiente en casa de Alicia, y fuimos a Macún. Pasamos por la escuela donde yo había escrito mis primeras letras, bajo la severa mirada de Miss Maysonet y Miss Jiménez. Era mucho más grande ahora, construida en bloques de hormigón, no en madera como antes. El patio era más estrecho, porque los edificios nuevos habían usurpado el espacio de juego. El comedor seguía en el mismo sitio, y verlo me evocó una imagen de mí misma, menuda como un pajarito, encorvada sobre la larga mesa, mirando con sospecha los huevos en polvo reconstituidos y demasiado amarillos, servidos sobre un plato de aluminio con esmalte azul. Aquel recuerdo me provocó arqueadas.

Tío Cándido, el hermano de Papi, todavía vivía en la misma casa, todavía cuidaba el mismo árbol de pomarrosa al que yo me trepaba cuando era pequeña, en busca de las frutas con olor a rosas, jugosas, dulces. El árbol no era tan alto como lo recordaba. Nada era como yo lo recordaba.

Estuvimos un ratito en casa de Tío Cándido. Jenny, su hija, se había mudado al *Lower East Side* de Nueva York. Mami pestañeó rápidamente y miró por la ventana. Los puertorriqueños de Nueva York tenían opiniones muy definidas sobre los demás enclaves puertorriqueños de la ciudad. Nosotros éramos puertorriqueños de Brooklyn, y raras veces nos aventurábamos por *Loisaida*, El Barrio o el Bronx, por ser tan recelosos de esos vecindarios como eran los estadounidenses.

Estaba ansiosa de ver el lugar donde había estado nuestra casa.

"La casa la tumbaron", me advirtió Mami, mientras

bajábamos a pie por la carretera, que ahora estaba pavimenta-
da, pero llena de baches. Nuestra casa, y también las de nuestras vecinas, doña Lola y doña Ana, habían sido demolidas
para abrirle paso a la carretera que traería turistas hasta un
complejo turístico privado con campo de golf, ubicado en lo
que una vez fue una hacienda azucarera.

—Era allí —Mami señaló un montículo en medio de
una parcela cubierta de vegetación frondosa. Una mohosa
verja de alambre de púas que colgaba de unas estacas podri-
das limitaba lo que quedaba de lo que había sido nuestro terreno. Una mujer se nos acercó desde la carretera, y Mami la
saludó enseguida.

—¿Te acuerdas, Negi? Es doña Zena.

Yo jugaba *jacks* con las hijas de doña Zena, en su terraza de cemento festoneada con trinitarias. Nos abrazamos,
y ella y Mami comenzaron a ponerse al día en una de esas
conversaciones interminables que todos los hijos y todas las
hijas odiamos, independientemente de la edad, porque siempre se extienden más de lo que debieran, y no tienen nada
que ver con uno. Yo me retiré un poco, y probé la verja de
alambre de púas. Cedió, pero las púas seguían afiladas.

—¿Pa' dónde vas? —me preguntó Mami, nerviosa,
desde la seguridad de la carretera.

—Quiero pisar otra vez nuestra tierra.

Probé a ver si el alambre estaba flojo y, como cedió,
lo pillé con un pie y le pasé por encima.

—Está loca —le dijo a doña Zena, y ambas se rieron.

Los pájaros revoloteaban y gorjeaban en los setos de
amapolas próximos a donde antes crecían las matas de beren-
jenas. Los lagartijos se arrastraban entre los matorrales y alrededor de las matas de achiote, por donde yo me escondía

cuando niña, cerca de los arbustos de orégano, todavía fragantes. Me trepé en el montículo en el medio del terreno, asegurándome primero de que sostendría mi peso. A mi derecha, el tráfico rugía hacia donde yo suponía que estarían los portones del complejo turístico.

—¿Tiene hijos? —le preguntó doña Zena a Mami.

—No —respondió Mami, como quien no quiere la cosa—, ella y el esposo viajan demasiado.

Cerré los ojos y escuché el susurrar de las hojas, el batir de alas, el chirriar, el piar y el trinar de la vida a mi alrededor. Me quedé inmóvil, escuchando, excluyendo la vibración de los carros y los camiones, y el trueno de un avión que pasó.

—Vámonos, Negi, que se nos hace tarde —Mami llamó nerviosa.

Cuando abrí los ojos, doña Zena iba subiendo por la carretera hacia su casa. Mi sombra oscureció la cuestecita del montículo donde me había parado a las 11:00, una forma humana alargada que confirmé que era yo, alzando los brazos para formar un capitel sobre mi cabeza. Giré en dirección de las manecillas del reloj, hasta que reencontré mi sombra en el cohítre, el moriviví, las rojas florecitas del don Diego, y los yerbajos. Bajo mis pies, vi algo azul. Me ñangoté y sacudí los terrones de tierra anaranjada. Era la losa más azul que jamás había visto, pero no recordaba que hubiera estado en nuestro piso. Levanté la mirada hacia Mami, que no se había movido ni una pulgada de donde la había visto la última vez. Aun a través de sus lentes, pude ver el dolor en sus ojos.

****

Dos días después, me reuní con Ulvi en el Condado. La habitación del tercer piso era pequeña y húmeda, y daba al incesante tránsito de la avenida Ashford. Estaban renovando el hotel, por eso Ulvi consiguió una buena tarifa en el centro mismo de la franja de hoteles, casinos, restaurantes y tiendas más antigua de San Juan. Alquiló un automóvil con la idea de viajar alrededor de la Isla, pero no fuimos lejos. Su primera meta era tostarse al sol y nadar en el mar, y había una playa justo detrás del hotel. Alternaba los baños de sol con largos ratos de natación en el fuerte oleaje del Atlántico. Yo me sentaba debajo de una sombrilla de playa a leer *Cien años de soledad*, de Gabriel García Márquez, que había comprado cuando Alicia y Félix me llevaron a Plaza las Américas.

Por las noches, íbamos a los casinos. Nunca había estado en ninguno, y las luces, el alboroto, la excitación de los jugadores y de los observadores en las mesas de naipes, dados y ruletas, me parecieron un entretenimiento sin fin. Ulvi jugó algunas partidas de dados, luego de pedirme que soplara sobre sus dados para darle la buena suerte. Ganó un par de cientos de dólares y compartió sus ganancias conmigo.

Su amigo, Adnan, llamó desde el Caribe Hilton y nos encontramos con él para cenar. Adnan tenía como treinta años, era alto, de piernas largas, misteriosamente atractivo, y altanero. Se dedicaba a la manufactura de porcelana fina pintada a mano. Inclinó la cabeza en un saludo arrogante, y me pasó los ojos por encima hasta que decidió que había visto lo suficiente. Durante la cena, los dos hombres hablaron en turco y alemán, lo que me excluyó de la conversación. Después, dimos una vuelta por el casino, donde Adnan desperdició varios cientos de dólares en la mesa de dados, y trató de llamar la atención de cada rubia despampanante y tetona que le pasó por el lado.

A la mañana siguiente, Ulvi me anunció que nos mudábamos al Caribe Hilton.

—Pensé que no podíamos darnos el lujo de quedarnos en un buen hotel.

—Está bien, Chiquita, Adnan y yo tenemos que discutir negocios y es mejor estamos en mismo lugar.

Durante el día, Adnan y Ulvi hablaban turco en voz baja, mientras descansábamos alrededor de la piscina. Todas las noches, cenábamos en un restaurante diferente, veíamos espectáculos de variedades en los hoteles, o pasábamos largas horas en los casinos. Yo no sabía de dónde salía el dinero para pagar toda esa diversión.

Salíamos a bailar a altas horas de la noche, cuando más llenos estaban los clubes y más candente la música. Ulvi era un magnífico bailarín, que captaba los ritmos latinos como si los hubiese estado escuchando toda la vida. Me fascinaba bailar con él, la facilidad con que nuestros cuerpos se acoplaban, el movimiento sensual cadera contra cadera, su aliento cálido en mi oreja. Lo que hubiese pasado entre nosotros, las discusiones, la incapacidad de confiar uno en el otro, las verdades que rehusamos decirnos, y los secretos que trajimos a cada momento de nuestras vidas en común, todo desaparecía al tocarnos. De haber creído en la reencarnación, hubiese dicho que habíamos viajado a través de los tiempos, para encontrarnos de esta manera, nuestros cuerpos fundidos en uno.

Llegamos hasta la playa de Luquillo, donde nos dimos un banquete de lechón y frituras que vendían unas simpáticas mujeres a la orilla de la carretera. Visitamos El Morro, el antiguo Fuerte que había visto por última vez durante una excursión, cuando estaba en la escuela elemental. Caminamos por el Viejo San Juan, y tanto Ulvi como Adnan, comentaron que les recordaba partes de Estambul. Pero la mayor parte del tiempo, nos quedamos en el Caribe Hilton. Sentados por los alrededores de la piscina, en los restaurantes y, el casino, rodeados de otros turistas, hablando inglés prácticamente el día entero, hubiéramos podido estar en cualquier centro vacacional de cualquier costa soleada de los Estados Unidos.

Nuestra habitación daba a la inmensidad del océano Atlántico, de suerte que cuando me paraba en el estrecho balcón, le daba la espalda a Puerto Rico. Si me daba la vuelta, sin embargo, era Ulvi quien me quedaba de frente, sentado en una silla de mimbre, riéndose de algo que Irmchen le había dicho por teléfono desde Alemania. Siempre lucía feliz cuando hablaba con ella, aun cuando estuviera compartiendo con ella sus problemas. Yo me preguntaba cómo sería su expresión todas las noches a las once, cuando me llamaba desde Larchmont; si su mano, como estaba haciendo ahora, emigraba por su pecho, hacia el vientre, hasta la ingle, mientras me instaba a ser una *buena niña*.

Alto sobre el nivel del mar, dentro de una de las habitaciones con aire acondicionado del Caribe Hilton, yo era la *Chiquita* de Ulvi, cuyo pasado tenía para él muy poco interés. Pero se hacía cada vez más difícil seguir fingiendo. Peleamos continuamente durante esas dos semanas, porque él consideraba que yo era "demasiado libre", cuando lo que pensaba era que estaba siendo yo misma. Yo derivaba un placer perverso al ponerlo a prueba, al hacer deliberadamente aquello que lo fastidiara o que desafiara su sentido de lo que era correcto.

Una tarde salió con Adnan a una reunión a puerta cerrada a la cual yo no estaba invitada. Cuando regresó al área de la piscina, estaba riéndome y haciendo bromas con Ricky, un puertorriqueño, y con Ulises, su amigo dominicano, quienes se habían acomodado en las sillas de descanso al lado de la mía. Los dos eran bailarines en uno de los espectáculos del hotel, y llevaban puestos unos trajes de baño bikinis más reducidos que los *Speedos* que usaban mis amigos del equipo de natación de Harvard, y que no dejaban nada a la imaginación. Vi que Ulvi se acercaba, y le hice señas con la mano, pero seguí mi conversación con los muchachos. Ulvi se zambulló en la piscina y nadó de un lado a otro varias veces, deteniéndose cada vez en la parte más llana para echar un vistazo y mirar con enojo en dirección mía. Meses antes, me hubiese encogido y hubiese hecho lo necesario para dejar de disfrutar de algo que a él no le gustara, pero ahora, no hice caso de sus labios severos y ojos entrecerrados. Los hombres y yo hablábamos en español y, aunque los dos sabían inglés, no hice el menor esfuerzo por cambiar de idioma, para que Ulvi pudiera darse cuenta de que me estaban contando de su vida como coristas.

—*Okay*, Chiquita, vamos —dijo Ulvi, secándose, y mirando para todas partes menos para donde estaban los dos jóvenes, quienes también fingieron no verlo.

—¿Para dónde vamos?

—Tenemos que arreglarnos para salir —me dijo.

—Es temprano —con la mano me tapé el sol de los ojos para poder verle la cara. Se estaba mordiendo el labio—. Vete tú delante, yo subo en un momento.

—Muy bien.

Se fue airado.

—¡Diantre! Ése está que no hay quien le beba el caldo —dijo Ricky, sacudiendo la mano hasta que le crujieron los dedos.

—Qué jodienda son los hombres celosos, ¿verdad? —rio Ulises, guiñándole el ojo a Ricky, presumiblemente porque él, a diferencia de Ulvi, no era un hombre celoso.

—Si necesitas dónde quedarte esta noche —ofreció Ricky—, búscanos después del último *show*.

Te lo decimos en serio —dijo Ulises.

—Eso se le pasa —dije, tratando de convencerme a mí misma.

Media hora después, tomé el ascensor preguntándome cuánto coraje tendría Ulvi y cómo lo expresaría. Estaba acostado en la cama, desnudo, viendo televisión. Me di la ducha más larga que pude. Cuando salí, él seguía en la misma posición.

—Ven acá, Chiquita —dijo.

Su voz era serena, tentadora, y yo me preparé para un sermón en vez de una discusión. No dijo una sola palabra, pero me hizo el amor como si no hubiésemos estado juntos en meses. Luego, cuando ya nos habíamos duchado de nuevo y estábamos listos para salir, me preguntó:

—¿Quiénes eran dos hombres que tú hablaste?

—Son bailarines aquí en el hotel —le dije.

—¿Hablas mucho con hombres no conocidos, Chiquita?

—Son homosexuales —le dije, para evitarme las acusaciones que venían retumbando hacia mí.

—Tú eres una puta barata —escupió, y me dejó en la habitación, a medio vestir para una noche de fiesta.

Meses antes, habría sollozado en mi almohada hasta que me hubiera dolido el pecho, hasta que la hinchazón de los párpados me hubiese cerrado los ojos. Pero esta vez, seguí vistiéndome como si nada hubiese pasado, como si el insulto no hubiese sido articulado. Era lo peor que me habían dicho en mi vida, peor que *spick, vendida, token*, o "blanquita".

Sin embargo, lo único que seguía dándome vueltas en la cabeza era aquel versito infantil que decía: "Los palos y las piedras podrán romper mis huesos, pero las palabras no me dolerán". Hundí en lo más profundo de mi conciencia mis verdaderos sentimientos, y suavicé mi dolor con rimas y sonsonetes.

Salí al balcón para aclarar mi mente. Mi instinto me decía que empacara mis maletas y llamara a Alicia para que me viniera a buscar. Sin embargo, antes de hacer la llamada, quería inventarme una excusa para explicar por qué me iba del hotel antes de lo planeado.

Ulvi debe haber pensado que me encontraría deshecha en la cama, como había ocurrido en otras ocasiones cuando se había ido molesto conmigo, porque regresó quince minutos más tarde, pero me encontró en el balcón, mirando el mar.

—¿Qué estás haciendo, Chiquita? —me preguntó nervioso.

—No te apures que no me voy a tirar —le dije fríamente, aunque estaba hirviendo de rabia—. No soy tan estúpida como para matarme por ti.

Ulvi se estremeció. —Lo siento, Chiquita.

Se paró a mi lado, pero no hizo ningún gesto de tocarme. —A veces me das tanto coraje que no sé qué hacer. Estás cambiando mucho desde que vas a universidad.

—Alguna gente diría que eso es bueno —dije bruscamente.

—Puede ser bueno a ti, pero no para novia mía.

—¿Estás diciendo que ya no me quieres?

—No dije eso. He dicho mil veces, Chiquita, que eres con Ulviye, la persona más importante.

La determinación de irme empezó a disolverse. —No puedo evitar estar cambiando. Se supone que esté cambiando. A eso se le llama *crecimiento, madurez, desarrollo, evolución*. Le sucede a la gente según va envejeciendo. Le va a suceder a Ulviye también.

—No tienes que ser sarcástica.

—Tú esperas que yo sea la misma muchachita que encontraste en el *Woolworth's* de la Quinta Avenida. Tengo casi veintisiete años. Esa niña inocente que tú conociste ha pasado por mucho en estos últimos seis años. Se fue, Ulvi.

—No, no, no, Chiquita, no es cierto.

Esta vez sí me tomó en sus brazos, besó mi pelo, mis ojos, mis labios. —Tú siempre serás mi Chiquita, no importa cuántos años pasen, tú lo sabes. Nadie te amará tanto como yo amo a ti.

El esfuerzo de aferrarme a mi rabia me hizo temblar. Para estar con Ulvi, tenía que ser Chiquita, que era nada. Trepada en aquel balcón mecido por el viento, sobre el océano Atlántico, creí que Ulvi me quería, pero no pude evitar añadir la frase "a su manera". Sólo que su manera y la mía iban en direcciones opuestas. Sin embargo, no pude evitar mirar hacia atrás para ver cuánta distancia había entre nosotros. Cuando vi lo lejos que estaba él, sentí pánico, y regresé corriendo a buscar consuelo en algo que jamás existió, pero que yo seguía deseando que hubiese existido.

El resto de las vacaciones en el Caribe Hilton, lo pasé suspendida en el tiempo, Chiquita sin pasado y un futuro que le pertenecía a Esmeralda. Disfruté lo que se podía disfrutar, descarté lo que no se podía cambiar.

Nos peleamos, hicimos el amor, peleamos otra vez. Traté de recibir cada momento con la misma ecuanimidad con que recibí el anterior. Mientras menos comprometida me sentía, menos tenía que fingir. Cuando Ulvi se fue, regresé a casa de Alicia.

—¿Por qué no trajiste a tu esposo a vernos? —preguntó Alicia.

—No es mi esposo; es mi amante.

Alicia se sonrojó.

—No voy a presentarle ningún hombre a la familia hasta que no tenga planes de casarme con él —le dije.

—¡Contra! —se echó a reír—, ¿y cuántos candidatos hay?

—Ahora mismo, ninguno —dije, y me reí con ella—. Me está empezando a gustar la idea de quedarme jamona.

—El matrimonio es bueno —dijo, otra vez seria—, si encuentras un buen hombre.

Soné un juguetito frente a Papito. El bebé sonrió contento, y casi se me rompe el corazón al imaginármelo ya hombre, enredado en las trampas del amor.

****

Papi y Fela me habían pedido que comiera con ellos el domingo. Vivían en una casa amarillo chillón, en un solar de esquina rodeado de matas de gandules. Cuando llegamos, Fela estaba desgranando las vainas y echando los gandules en una lata de café que, para esos fines, mantenía bocabajo en un poste de la verja. Sus hijos, a quienes Papi había ayudado a criar, ya eran grandes y vivían en pueblos cercanos. Sus fotos adornaban las paredes del pasillo que quedaba entre la sala y las habitaciones de la parte de atrás de la casa.

Sentí celos de la secuencia de la vida de esos seres totalmente desconocidos: de la niñez, a la adolescencia, a las graduaciones, a las bodas en la iglesia, y a los bautismos de los hijos. Esos debieron haber sido los retratos míos y de mis hermanas y hermanos. Esa casa radiante con matas de gandules a los lados, con habitaciones impecables, con *doiles* en *croché* sobre las mesitas y los muebles, debió haber sido mantenida así de linda por Mami. La casa debió haber sido la casa donde crecí, donde Mami y Papi criaran a su familia.

Tan pronto llegamos, nos sentamos a comer la elaborada cena que Fela había preparado. No quería tomarle afecto, no quería renunciar a la impresión de que, por culpa de Fela, Papi no había ido a buscarnos a Nueva York para traernos de regreso a Puerto Rico, como yo esperaba que hiciera. Ella era una humilde campesina que estaba encantada de tenerme en su hogar, admirando sus cosas, disfrutando su sazón. Trataba a Papi con una deferencia que a Mami se le hubiese hecho imposible demostrar, aunque hubiese pensado que él la merecía. Fela preparó mis platos favoritos, y estuvo tan pendiente de cómo reaccionaba cada vez que probaba un bocado que, a pesar de no quererlo... Fela me cayó bien. Además, pude darme cuenta de que ella era mejor pareja para Papi que Mami. La diferencia entre Fela y Mami, según yo la veía, era que Fela carecía de la ambición y la energía inquieta de Mami. Para un hombre del temperamento pausado y romántico de Papi, eso debió haber sido un gran alivio.

Más tarde, Papi me leyó algunos de sus poemas. Tenía habilidad para la rima y para componer la décima tradicional. Algunos de sus poemas eran graciosos, pues dependían de los juegos de palabras y del retruécano. Los de tema político y los que tenían que ver con su vida religiosa, o no los entendí o me parecieron muy sentimentales, pero de todos modos, pude reconocer su cuidadosa estructura y su lenguaje novedoso.

Después de leer los poemas, Papi me mostró un cartapacio donde guardaba las cartas que yo le había escrito a través de los años. No eran muchas, pero las había conservado todas. También tenía fotos mías que yo ni recordaba haberle enviado. En una, aparecía vestida como la versión teatral de una princesa hindú y en otra, de dama japonesa, ambas fotos tomadas de las producciones de la compañía de teatro infantil. En otra, estaba posando frente al Castillo de la Cenicienta, el año que Ulvi y yo guiamos desde Lubbock hasta Disneyworld. En una foto tomada en Syracuse, parezco una enanita frente al número 500 de la Calle Harrison, y había dibujado una flecha señalando el balcón de nuestro apartamento. En todas las fotos, aparezco sola.

La noche antes de mi regreso a Boston, me desperté de un sueño profundo, al son del rascar de güiros, del *chi qui chá* de maracas, canciones y aplausos. Era un asalto, la tradición navideña puertorriqueña de sorprender a la gente, a mitad de noche, con una serenata. Yo pensé que el asalto era para la casa del lado, pero cuando me asomé, allí estaba Mami rodeada de mis hermanas y hermanos, cantando y haciendo el barullo suficiente como para despertar a todo el vecindario.

Alicia y Félix los dejaron entrar y empezó la fiesta. En cuestión de minutos, las mujeres estaban cocinando el asopao y los vecinos empezaron a aparecer por allí, trayendo más comida y bebida, instrumentos y buena voluntad. Cantamos aguinaldos y bailamos bomba y plena hasta el amanecer. Antes de irse, Mami me dio dos botellas de su coquito hecho en casa, para que me las llevara a Cambridge. Se le había ocurrido la idea de darme un asalto, para que nunca olvidara lo alegres que eran las navidades en Puerto Rico.

Esa tarde, regresé a Boston. Días antes, cuando parada en el alto balcón del Caribe Hilton, me había negado a llorar en los brazos del *hombre que me ama*, silenciosamente le había dicho adiós a Ulvi. Si hubiese tenido papel y pluma a mano, a lo mejor le hubiese escrito una carta, igual que le había hecho a Mami. Pero no encontraba las palabras para hacerlo y, en los días siguientes, tampoco se articularon, ni siquiera para mí misma. *El hombre que me ama* tendría que esperar hasta que lo hicieran.

28. "Tenemos que hablar".

Durante nuestras vacaciones, y a pesar del dinero que derrochó tratando de competir con Adnan, Ulvi me informó que no le renovarían su contrato en *Lehman College*. Dentro de un par de meses estaría sin trabajo, y ya no podría seguir ayudándome con mis gastos. Yo lo había mantenido a él durante los cuatro años que estuvo completando sus tres grados universitarios, pero cuando se lo recordaba, se ofendía.

—No eres la única que trabajaba, Chiquita —me dijo—. Yo también. Dejé pasar muchas oportunidades para estar contigo.

Conseguí un trabajo a tiempo parcial como secretaria bilingüe, a un par de cuadras de *Harvard Square*. Tenía un horario flexible y podía hacer parte del trabajo en casa y durante los fines de semana. El estar diariamente expuesta al español, y el tiempo que había pasado con mi familia durante los días de fiesta me habían dejado con hambre de tener más contacto con personas puertorriqueñas. En Harvard había conocido estudiantes de la Isla, pero estaban en otros departamentos y apenas los veía. Una mojada tarde de domingo, sintiéndome sola y nostálgica, escudriñé la guía telefónica en busca de puertorriqueños, deseando que alguno de ellos me llamara. Alvarez, Bonilla, Cruz, leí de las páginas sin acentos: Diaz, Escalera, Figueroa. Aparecía, por lo menos, un nombre hispano bajo la sección de cada letra de las páginas blancas de la guía telefónica de Boston. Torres, Urbina, Velasquez.

—Si mi dedo cae en un nombre hispano —me decía—, llamo. Abrí la guía al azar. Mi dedo cayó sobre Agudelo. No estaba segura de si era hispano. Volví a tratar, *McCarthy*. La tercera vez, *Sullivan*. El cuarto intento produjo *O'Neill*. Los nombres hispanos habían desaparecido.

Recordé las únicas palabras turcas que había aprendido con Ulvi, *Inshallah* —si Alá lo quiere— y *kismet*, que significa *destino* o *hado*. Cuando escuché *Inshallah* por primera vez, se me iluminó el bombillo. Me sonaba a ojalá, una de mis palabras favoritas en español, que Papi me había dicho que venía de la forma árabe para "si Dios quiere". Me sentía más cómoda diciendo "ojalá" que "si Dios quiere", sin darme cuenta de que estaba invocando al Dios de los musulmanes. A *Kismet* la imaginaba como una diosa de brazos desnudos envuelta en una toga que realzara su amplio pecho, con su pelo largo y suelto recogido con una diadema, y sus largos y estilizados dedos señalando el camino.

Con mi propio dedo índice, gordito y corto, revoloteando sobre el denso impreso de las páginas blancas, fui más específica sobre lo que Kismet debía revelar.

—Si cae sobre un nombre hispano —dije—, llamaré a esa persona. *¡Inshallah!*

Collazo, en Dorchester.

—Hola, Sr. Collazo —empecé en inglés— mi nombre es Esmeralda Santiago y soy una estudiante puertorriqueña en Harvard —empecé—, ¿habla español?

No pude convencer al señor Collazo que no estaba vendiendo nada, y colgó.

—No, Sra. Rivera —le expliqué a la confundida mujer que contestó mi llamada en *Jamaica Plains*—. No soy una empleada de Harvard, soy una estudiante. No, no sé si ellos son los dueños de su edificio. No, no sé si va a tener que mudarse. No, no era la consejera de su hijo, le respondí a la Sra. Sánchez, en Charlestown. Después de la cuarta llamada, a P. Martino, en Watertown, que resultó ser italiano, me dirigí a *kismet* directamente. Lo que intentaba hacer ese lluvioso domingo por la tarde era lograr una conexión amistosa e instantánea con una familia puertorriqueña en Cambridge, que me adoptara. *¡Inshallah!* Al quinto intento me salió A. Colón.

—Hola ¿habla español? Mi nombre es Esmeralda Santiago y soy una estudiante puertorriqueña en Harvard —dije.

Antonia y Antonio Colón, conocidos como Toñita y Toño, vivían cerca de *Inman Square* con sus seis hijos: Talia y Dalia, gemelas de cuatro años; Henry, de seis; Tere, de diez; Lily, de doce, y Junior, de catorce. Cuando Toñita contestó, supe por el tono de su voz que había encontrado la familia que *kismet* me había deparado. Toñita era simpática, cálida, y estaba encantada de haber contestado el teléfono cuando llamé. Una vez que quedó claro que yo vivía a menos de una milla de ellos, me invitó a que me fuera enseguida para su casa. Acababa de empezar a preparar un asopao, el plato perfecto para un día tan frío, ¿verdad que sí? Esperaba que me gustaran los tostones, porque el día antes había encontrado unos plátanos bellos en el colmado, y si no los freía hoy mismo, ya el martes estarían amarillos y, además, a ella le parecía que los tostones iban muy bien con el asopao.

Su apartamento quedaba en la última planta de una casa de tres pisos en la Calle Columbia. Según fui subiendo las empinadas escaleras de madera, el familiar olor del sofrito me hizo la boca agua. Detrás de cada puerta cerrada se escuchaba el palpitar de la música latina. No bien llegué al último escalón del tercer piso, se abrió la puerta y el aire húmedo del apartamento de la familia Colón me envolvió. Me abrazaron y me besaron como si hubiera sido una pariente que hacía tiempo no veían. Me dio pena no haber llevado regalos.

Entrar en aquel apartamento fue como entrar en los apartamentos de Brooklyn donde había vivido mi familia. El piso estaba cubierto por un linóleo lustroso, inmaculadamente limpio, con un diseño diferente en cada habitación. El sofá y las dos butacas estaban cubiertos de plástico. Unas cortinas floreadas dividían la sala, el comedor y la cocina de los dormitorios amueblados con camas literas. Las mesitas estaban llenas de figuritas, y en la pared, Jesús reinaba suspendido sobre los retratos de Martin Luther King y John F. Kennedy. Un enorme televisor, que no se apagó en ningún momento durante los seis meses que alterné con la familia Colón, dominaba la esquina de la sala. Encima, un enorme tigre de cerámica parecía a punto de devorar a una muñeca rubia vestida con un traje de volantes y un sombrerito rosado tejido en crochet.

Toñito era técnico de laboratorio en el *Massachusettes General Hospital*, donde Toñita era enfermera. Eran de Manatí, y habían vivido en Cambridge cinco años. Recordaban el desfile.

—¡Nosotros estábamos allí! —dijo Tere.

Cuando les conté de Connie y Vicente y de cómo me invitaron a subir al asiento trasero de su convertible, Lily me miró impresionada.

Después de comer el delicioso asopao de Toñita acompañado de crujientes tostones, Tere y Lily me mostraron los recortes de Menudo que habían sacado de periódicos y revistas. Las seguí a su cuarto y escuché un álbum completo de Menudo, mientras las niñas, inclusive Talia y Dalia, doblaban las canciones y me mostraban la coreografía de cada canción. Junior y Henry eran locos con el béisbol, y podían nombrar cada jugador de la nómina de los Medias Rojas, sus posiciones y sus estadísticas. Por ser mayor, Junior se consideraba demasiado sofisticado para estar de acuerdo con nada que dijera su hermanito, hasta que llegaba al tema de Luis Tiant, el lanzador cubano cuya temporada de 1974 él había memorizado.

—Lanzó siete *shutouts*. ¡Siete! —Junior mostraba cuatro dedos de la mano derecha y tres de la izquierda como si sólo mencionar el número no tuviera la fuerza suficiente para transmitir la magnitud de la hazaña de *Tiant*.

—Con Luis de lanzador, los Medias Rojas definitivamente ganan la Serie Mundial este año.

Me encantaba que se refiriera al jugador por su nombre de pila, como si fuera su hermano.

—También tenemos a Jim Rice —dijo Henry, y como no podía dejar fuera a su pelotero favorito, corrió a su cuarto. El carapacho de indiferencia de Junior se disolvió tan pronto Henry regresó con sus dos cajas de zapatos a punto de explotar con cartas de peloteros. Las tocaba con reverencia, volteando cada una para leer en voz alta las estadísticas del pelotero, a pesar de que se las sabían casi todas de memoria.

Viendo a Henry y a Junior manoseando sus cartas, y a Toño, a menos de 10 pies de distancia, no pude dejar de pensar en que él también era el héroe de sus hijos. Era un hombre digno, sólido, con una serena autoridad que no dejaba dudas sobre quién era el encargado de la disciplina cuando los hijos se portaban mal. Toñita lo adoraba y, mientras yo jugaba con los nenes, ella se acomodó en el brazo de la butaca, se recostó contra él y le acarició el pelo. Sin apartar los ojos de la pantalla del televisor, él le pasó el brazo por la cintura y los dos permanecieron así durante unos minutos con los ojos fijos en la película, mientras que en la habitación las nenas bailaban con Menudo y en el suelo los nenes discutían si Carlton Fisk era mejor receptor que Thurman Munson, el de los *Yankees*.

Después de ese primer encuentro, visité a la familia Colón casi todos los domingos. Ayudaba a los nenes con las tareas, y durante varias semanas vi cómo Junior se preparaba para el comienzo de la temporada de béisbol en *Rindge High School*, donde era estudiante de primer año de secundaria. En mayo, Toño y Toñita me anunciaron que, tan pronto terminara el semestre, se mudarían a Connecticut. Había escasez de enfermeras y técnicos de laboratorio en los Estados Unidos y ambos habían sido reclutados para trabajar en Hartford, con una buena oferta de salarios y beneficios marginales. Finalmente, podrían comprarse una casa con patio para los nenes. Me alegré por ellos, pero me dio pena por mí. Aun así, le agradecí a *Kismet* el haberme señalado el camino hacia esa familia que, todos los domingos, me recordaba lo mucho que extrañaba a la mía.

****

Durante el verano, no pude visitar a Ulvi tanto como él hubiese querido porque yo había aceptado un trabajo en el hospital. Además, llevaba una carga completa de clases para así poder empezar el semestre como estudiante de cuarto año y, de ese modo, graduarme el siguiente junio, en vez de esperar otro año más.

Hacia finales de agosto, Ulvi me propuso que fuéramos a *Cape Cod* unos días. Estar con él en el *Camaro* en un viaje tan largo me trajo recuerdos de las silenciosas millas que habíamos viajado dentro del auto de interiores turquesas. Al igual que en nuestras vacaciones anteriores, alternábamos el dormir en moteles con dormir en el carro. Pasamos unos días en *Provincetown*, la mayor parte del tempo en una playa nudista en la que había pocas mujeres. Me sentía demasiado conspicua para quitarme el traje de baño.

—Chiquita, tenemos que hablar de nuestros planes —dijo Ulvi una tarde, mientras estábamos sentados en el muelle esperando que terminaran de cocinar nuestras langostas en carapacho.

No sabía que teníamos planes en común y me daba pavor escuchar esa frase "tenemos que hablar". Según mi experiencia, las conversaciones que seguían no eran nunca placenteras.

Ulvi no había encontrado trabajo y pensaba que, para ahorrar dinero, debíamos volver a vivir juntos. Como resultaba más fácil para mí conseguir trabajo, me sugirió que me tomara un semestre libre de la Universidad.

—No.

—Pensé querías ayudar, Chiquita —se quejó.

—No voy a dejar la Universidad, aunque sé que el año que viene va a ser difícil. Mi beca sólo cubre la matrícula, así que ahora que tú no puedes pagarme mis gastos, tendré que trabajar a tiempo completo. No es justo que pretendas que te mantenga a ti también.

—No es lo que estoy pidiendo —rugió—. Buscaré trabajo en Boston.

Alcé los ojos hacia el horizonte gris de *Nantucket*

Sound. —No creo que pueda volver a vivir contigo. Me gusta tener mi propio espacio, mis amistades, mi vida.

—¿No me digas, Chiquita?.

—¿Por qué te sorprende?

—No me sorprende. Has vuelto independiente. Es bueno para ti.

—Así es.

Me levanté porque desde la cocina habían llamado nuestro número de orden.

Los silencios en el carro, en la playa, en los sitios donde aparcábamos para dormir, se hacían cada vez más largos. Cuando hablábamos, era sobre su futuro. Una vez que le dije que no dejaría la Universidad ni me volvería a mudar con él, me admitió que tenía unas "oportunidades de negocios" que quería explorar.

—Podría regresar a Europa —dijo, observando mi reacción.

—Te ha funcionado antes —le dije, recordando sus llamadas a Irmchen.

—Si voy, a lo mejor no puedo volver entrar Estados Unidos porque no tengo tarjeta verde.

Estábamos sentados en una playa en *Chatham*. No me gustaba la playa. Ni esa playa ni ninguna playa. No me gustaba asarme al sol por horas. Odiaba los granitos de arena picándome entre los pliegues de mi bikini, en el ombligo, entre los dedos de los pies, en los pliegues de las orejas.

—A lo mejor sería más fácil —me dijo Ulvi cuando no le respondí—, conseguir la tarjeta verde, si nos casamos…

Me emocioné a pesar de todo. —¿Me estás pidiendo que me case contigo?

—Sería el último recurso, que nos casáramos —dijo evasivo.

Titubeé entre salir corriendo hacia la playa dando gritos y romperle la sombrilla de playa en la cabeza. —Tienes razón, ésa sería la peor manera de empezar un matrimonio.

—¿Por qué te ofendes?

—Dices que me quieres, pero durante años has rehusado casarte conmigo. Ahora hay una posibilidad, pero sólo si te ves forzado a hacerlo. ¿Por qué iba a ser eso ofensivo?

—No estás entendiendo, Chiquita. No puedo explicar más, pero es igual que siempre fue. No puedo casarme contigo a menos, si no hay más remedio…

—No quiero casarme contigo sólo porque "no hay más remedio" —le grité.

Desvió la mirada, avergonzados los dos por mi explosión. Cuando recobré el control, hablé suavemente.

—Será mejor que busques otra alternativa.

De vuelta en Cambridge, reflexionaba sobre lo mucho que había cambiado nuestra relación. Estábamos a finales de agosto, casi un año después de que me hubiera dejado parada en el estacionamiento de *Foxcroft Manor* ante una inminente tormenta eléctrica. Me dolía el pecho de tristeza por lo que nos estaba pasando, por el modo en que nos íbamos separando, lentamente, como el *tira-y-jala*, prolongando lo inevitable.

No sabía cómo agilizar el proceso, cómo dar un corte certero que doliera intensamente durante unas horas, días semanas, meses, pero que, finalmente, sanaría como los golpes de la niñez. Sentí pena por él, por los dos.

Él atribuía sus constantes fracasos en alcanzar sus metas a la mala suerte. Yo no creía en la suerte, y atribuía el fracaso a fallas personales, en mí y en los demás. Sin embargo, tan pronto trataba de analizar las limitaciones de Ulvi, tenía que detenerme. La hacedora de listas en mí sabía que cada una de sus limitaciones correspondía a una mía. Nuestra relación era una red de neurosis combinadas, y estaba en mis manos de-senredarla, si alguna vez quería ser libre.

29. *Reify* / Objetivar

Mi consejero, Dr. Arthur Loeb, me escribió pidiéndome que concertáramos una cita para discutir mi tesina de cuarto año. Como estudiante de VES, parecía lógico que hiciera una película o un ensayo fotográfico. Pero no se me ocurría nada que me motivara lo suficiente como para dedicarle casi un año.

La noche antes de la cita, me desperté a media noche con las palabras "el cantar de los cantares" en los labios. Las anoté en un pedazo de papel, pero las olvidé hasta más tarde en la mañana, cuando estaba en la oficina de Dr. Loeb.

Había conocido a Dr. Loeb en Dudley House. Él y su esposa Lotje eran daneses, y ambos hablaban un inglés preciso, formal, con un leve acento. Juntos, organizaban las tardes de vals en el salón comedor de Dudley House y, a veces, se unían a nuestro grupo de bailes de salón en el *Top of the Hub*, un restaurante con música en vivo, en los altos del *Prudential Building* en *Copley Square*. Los Loeb eran músicos, y pertenecían a un grupo de música medieval y renacentista que hacía presentaciones por los alrededores de Boston, vestido con ropa de época. Él también era escritor, pintor y científico.

A mí me emocionaba tener a Dr. Loeb de consejero porque era una persona muy culta y accesible. Yo podía traerle las ideas más descabelladas para mis proyectos finales o para completar los requisitos de algún curso, y él me estimulaba a que continuara pensando creativamente, aunque lo que yo estuviera visualizando nunca se hubiese hecho o implicara tener que sacudir la burocracia de la Universidad.

Después de explicarle por qué había decidido no hacer una película como mi tesina de honor, me sugirió que hiciéramos un torbellino de ideas para ver qué otra cosa me llamaba la atención.

—Esmeralda, eres bailarina. ¿No has considerado hacer algo con el baile?

No se me había ocurrido.

—A lo mejor puedo escribir una tesis sobre el uso del baile clásico hindú en las películas de Satyajit Ray. Eso podría ser divertido.

—Sí, pero quizás quieras considerar algo más cercano a tu propia herencia cultural. Los bailes tradicionales de Puerto Rico, tal vez.

—Me gusta la idea de investigar y escribir sobre la bomba y la plena. Yo crecí con esa música.

—¿Por qué no lo piensas un poco y redactas un borrador de propuesta? Podemos discutirlo la semana que viene.

Cuando salía de su oficina, recordé mi sueño. —A lo mejor usted me puede ayudar a aclarar esto —le dije—. Anoche desperté de un sueño diciendo en voz alta "el cantar de los cantares". Supongo que podría ser el título de un libro, o quizás, una pieza musical. ¿Usted lo ha oído mencionar antes?

—El *Cantar de los Cantares* es uno de los libros más famosos del Antiguo Testamento —me dijo—. Estoy seguro de que, por lo menos, algunas de las partes del libro han sido musicalizadas, pero, tal vez, debas consultar primero el texto original.

Me ruboricé de pies a cabeza. —No sabía que era de la Biblia.

—Se le ha atribuido al mismísimo rey David. Era poeta, sabes. Probablemente quieras leer varias traducciones porque pueden variar entre sí. Coteja en la biblioteca de la *Divinity School*.

Encorvada sobre polvorientas Biblias viejas, leí todas las versiones del *Cantar de los Cantares* que pude encontrar en inglés, español y francés. Con cada línea, se me ensanchaba el corazón, se estremecía mi piel, y me invadía una inmensa felicidad. El lenguaje era exquisito. Hasta las palabras que no entendía me producían un gozo tan profundo que no quería dejar de leer, no quería regresar a una vida donde no hubiese pastores ni Hijas de Jerusalén, ni montañas de mirra o colinas de incienso, ni consolación con manzanas.

Corrí de vuelta al *Carpenter Center* y agarré a Dr. Loeb, saliendo.

—Ya decidí lo que voy a hacer para mi tesis —estaba sin aliento—. Una interpretación en danza del *Cantar de los Cantares*.

Regresamos a su oficina, y me ayudó a ir precisando cómo enfocar semejante proyecto. Era como si la idea se hubiese estado gestando por años, y se hubiera manifestado en esos momentos.

—No quiero música —dije—. Bailaré con las palabras, dichas en vivo. Tres… no, cuatro voces, dos mujeres para las Hijas de Jerusalén. Serán como un coro, y hablarán siempre a la vez. La voz femenina de la amada debe ser dulce y expresiva, como la flauta. Una voz masculina puede hacer la parte de Salomón y del pastor. Crearé la coreografía, y bailaré todas las partes. Al empezar, bendeciré el escenario, como en la tradición hindú. Y al final, improvisaré una secuencia de baile-puro. Para eso, necesitaré música, del Oriente Medio, quizás; no, hindú.

Mientras yo hablaba, el Dr. Loeb tomaba notas. Estaba tan entusiasmado como yo, y empezó a hacer una lista de todo lo que iba a necesitar. Según fue creciendo la lista, yo me fui poniendo nerviosa de pensar en la envergadura del proyecto.

—De todos modos, tendrás que escribir una tesis —añadió Dr. Loeb—. Puedes escribir acerca de tu proceso creativo. No tiene que ser un ensayo erudito sobre el significado del *Cantar de los Cantares*, ni nada por el estilo.

Tan pronto salí de la oficina, se me aflojaron las rodillas. Acababa de bosquejar un ambicioso proyecto que me requeriría semanas de investigación, más redacción, coreografía, ensayos, diseño y actuación. Tendría que concertar con mucha anticipación las evaluaciones de progreso del proyecto con el comité, y cumplir con las fechas acordadas. Necesitaría un lugar donde ensayar. Tendría que hacer audiciones para la música de las secuencias del principio y del final. Mientras más crecía la lista, más me alarmaba. Estábamos en octubre. La evaluación final tendría que ser no más tarde de finales de abril del año entrante. Tenía seis meses para completarlo todo.

Reorganicé mi cronograma y me di cuenta de que la única manera como podría trabajar cuarenta horas semanales, llevar una carga completa de cursos de honor, estudiar, escribir trabajos, bailar tres horas diarias, coreografiar y ensayar una producción, y tener alguna vida social, era durmiendo de una y treinta a cinco y treinta de la madrugada.

Ulvi había pospuesto su regreso a Europa, pero lo

deprimía su futuro. No quería irse de los Estados Unidos, pero le preocupaba no tener otra alternativa. De vez en cuando, mencionaba el matrimonio como "último recurso", pero no estaba tan desesperado. Cada vez que surgía el tema, yo cerraba la boca y me mordía la lengua.

Viajé a Larchmont nuevamente para los días feriados de Acción de Gracias. En una esquina de la sala había una extraña máquina con un teclado.

—¿Qué es eso?

—Un télex —dijo Ulvi.

—¿Qué hace?

—Envía y recibe mensajes. Menos costoso que telegrama.

En su esquina, el télex murmuraba y chasqueaba como un robot, en espera de una orden para entrar en acción.

Después de cenar, nos recostamos en el sofá y hablamos. Ulvi estaba más deprimido que nunca. Su hábito de halarse el pelo cuando estaba nervioso lo había dejado con parches de calvicies y llagas en el cuero cabelludo, y ahora había empezado a arrancarse los vellos del pecho. Se veía acabado, tenía unas ojeras profundas y oscuras, y los labios constantemente caídos en una mueca que hacía recordar la máscara que representa la tragedia en teatro.

Me entristecía verlo así, pero nada de lo que yo decía lo ayudaba. Ni me los había pedido nunca, ni confiaba en mis consejos. Si yo expresaba una opinión, me miraba escéptico, como preguntándome "¿Y tú qué sabes de esto?".

Una noche dejó caer su cara en mi pecho y sollozó. Era apenas la segunda vez que veía a Ulvi llorar. La primera, no pude serle de mucho consuelo, y tuvo que llamar a Irm-

chen. Me preguntaba por qué, de pronto, me había convertido en su confidente, si sería que Irmchen también lo había
abandonado. Pero, si le hacía demasiadas preguntas, se en-
concharía, así que escuché.

La razón por la cual las cosas nunca le salían bien, dijo,
era porque había tenido una niñez espantosa. Ya me había preguntado yo si Ulvi vendría de una familia turca rica, venida a
menos. Aparte de su padre, su madrastra y su hermana, nunca
había mencionado a ningún otro familiar, y, hasta que me habló de Ulviye, yo había creído que era hijo único. Ahora, me
reveló que su padre, Hassan, había nacido en una remota aldea
de Anatolia. Siendo niño, la familia de Hassan había sido asesi-
nada y sus casas, incendiadas durante uno de los pogromos de
los soldados turcos contra los armenios.

—Él se escondió en bosque cerca de río —dijo
Ulvi—. Cuando salió la mañana, el río estaba lleno con sangre y había cadáveres dondequiera que miraba.

Hassan caminó desde Anatolia hasta Estambul, donde se casó y nació Ulvi. Ulvi creció en las calles de Estambul
y, cuando tuvo edad suficiente, emigró a Alemania.

—No fue fácil, Chiquita —dijo—. No sabía hablar el
idioma. Dondequiera alemanes me odiaban. Son personas
muy impacientes.

Le agradecía que me hubiese ofrecido aunque fuesen
estos pocos fragmentos sobre su vida. No elaboró, ni era necesario que lo hiciera, sobre la historia de Hassan caminando
de Anatolia hasta Estambul. Yo fui rellenando los vacíos,
imaginando un niño descalzo, con ropa raída, un pobre huér-
fano rechazado dondequiera que iba, luchando para abrirse
camino a través del continente. ¿Cuáles serían sus expectativas sobre lo que le esperaba en Estambul?

—¿Eso quiere decir —le pregunté—, que eres arme-
nio?

—No, Chiquita, soy turco —me dijo con tanta alta-
nería que se olvidó de sus problemas al instante. Se puso de
pie, fue al baño a lavarse la cara y se acabaron las confidencias.

****

Despertamos a mitad de noche con el traqueteo del
télex. Ulvi saltó de la cama y cayó sentado frente a la máquina, mientras el pálido papel amarillo rodaba sobre el cilindro
de tinta con un mensaje desde Arabia Saudita explicando que
necesitaban cemento. Ulvi estaba extasiado. Como yo era
más rápida que él en la maquinilla, me dictó una respuesta
que tenía que ver con su propuesta de enviar toneladas de cemento a Riyadh, a lo que él llamaba un precio razonable, que
rondaba en los cientos de miles de dólares.

—Tú no tienes una fábrica de cemento. ¿De dónde
lo vas a sacar?

—Lo compro, Chiquita, y lo vendo a ellos.

—¿De dónde vas a sacar el dinero para comprar el
cemento?

—Es negocio, Chiquita. No preocuparte.

Nunca supe si alguna vez envió el cemento a Arabia
Saudita. Cuando terminó el año, la máquina de télex había
desaparecido.

—Tengo otras oportunidades —dijo cuando pregunté por la máquina.

En su empeño por conseguir trabajo y un patrocina-
dor que lo ayudara a obtener la tarjeta verde, se había reco-

nectado con un ejecutivo de la *Dupont*, a quien había conocido cuando trabajó como ingeniero de textiles en Alemania. Mr. Tower se había retirado y, posteriormente, sufrió un infarto que lo había dejado incapacitado, pero Mrs. Tower recibió a Ulvi como si se hubiese tratado del hijo pródigo. Los Tower vivían en un amplio apartamento con vista hacia el *East River* y, cuando volví a Nueva York, Ulvi me llevó allí a cenar con ellos. Mrs. Tower, Ulvi y yo nos sentamos en el comedor formalmente dispuesto, mientras, desde una habitación interior del apartamento, llegaban los sonidos frecuentes de la tos y de las tiernas expresiones de consuelo de una enfermera jamaiquina.

Ulvi nos llevó a Mrs. Tower y a mí a un par de fiestas glamorosas. Una de ellas se llevó a cabo en las Naciones Unidas, y fue ofrecida por los Emiratos Árabes Unidos, de los cuales nunca había oído hablar y que resultaron ser siete países del Oriente Medio donde Ulvi esperaba vender los productos que tendría que comprarle a otra persona. El momento más memorable de la fiesta fue cuando conocí a uno de mis héroes. Estaba rodeado de hombres que llevaban caftanes y mujeres con vestidos de noche, pero yo me las arreglé para abrirme paso hasta Muhammad Alí, presentarme y estrechar su enorme mano. Me miró fijamente a los ojos, lo que le agradecí, y me preguntó de dónde era.

—Ah, sí, yo he estado ahí —me dijo en una voz sorprendentemente suave y cortés.

El círculo a su alrededor se cerró como si hubiera estado previsto, justo antes de que Ulvi me localizara entre el susurrar de sedas y el tintineo de cristal. Dondequiera que íbamos, él era ahora Dr. Dogan, pero me seguía presentando como *Chiquita*. Muhammad Alí, sin embargo, conoció a *Esmeralda*.

****

Dr. Loeb me pidió que actuara en una celebración de Navidad que estaba organizando en el *Carpenter Center*. Me sugirió que presentara un baile clásico hindú, pero yo estaba más interesada en probar mi idea de bailar el *Cantar de los Cantares* con acompañamiento de palabras en vez de música.

—Prefiero conseguir un poema —le dije—, que pueda coreografiar.

Sugirió *How the Hibernators Came to Bethlehem*, de Norma Farber. Era una encantadora fábula sobre cómo los animales que invernan encuentran el pesebre la noche de Navidad. Las imágenes eran vívidas y me permitían crear personajes y ejecutar, en un contexto diferente, la variedad de *chals*, los pasos estilizados que evocan el caminar de los animales que había aprendido de Dulal.

Mi estudio era lo suficientemente grande como para poder arrinconar la cama, el escritorio y los anaqueles contra la pared, y así liberar el medio para poder bailar. Peter, un sacerdote jesuita y estudiante graduado de la *Divinity School*, se ofreció a servirme de lector. Tenía una voz expresiva, y un don para la caracterización que realzaban mi interpretación.

Ulvi no pudo venir a la presentación. Estaba pasando el fin de semana largo con Mrs. Tower y una amiga suya, a quien Ulvi se refería como *Amazona*, porque era la dueña de una finca de pura sangres en Virginia.

No podía darme el lujo de mandarme a hacer un vestuario, pero encontré bufandas y cintas en *Oona's*, una tienda de ropa usada donde yo compraba vestidos antiguos para los bailes de salón. Me amarré cintas rojas en el pelo y alrededor de las muñecas, y me puse mis *ghunghrus*, con su sonoro cascabeleo de cobre, particularmente apropiado para la Navidad.

El *lobby* del *Carpenter Center* estaba abarrotado de gente sentada alrededor de una plataforma elevada que se había preparado expresamente para los músicos, y también había gente de pie, en las escaleras que conducían al segundo piso. Cuando me tocó mi turno, se le pidió al público que se moviera hacia atrás, porque muchos de los que no consiguieron asiento se habían acomodado en cojines frente al escenario. La voz de Peter retumbaba contra las paredes de cemento y el piso de granito. Hacía frío y la piedra se sentía dura bajo mis pies descalzos, pero casi no lo noté. Entré en una zona de concentración inspirada y bailé con la maestría que siempre había soñado, pero nunca había podido alcanzar plenamente. Casi al final de la representación, un niñito saltó de la falda de su papá y entró al círculo donde yo estaba bailando la adoración de los animales al Niño Jesús. No pudo haber escogido un mejor momento. Sus enormes ojos me siguieron mientras con mis manos, mi rostro, el cascabeleo, y los *chals*, fui evocando un tejón, un oso, una tortuga, un murciélago, una estrella brillante. El niñito se convirtió en el objeto del poema, y yo, en su expresión. Al final, hubo un momento de silencio y, de pronto, el público estalló en un aplauso tan fuerte y complacido que el nene se echó a llorar. Su padre resultó ser Mr. Guzetti, el fotógrafo que había enriquecido mi vocabulario con la palabra *reify* / objetivar.

30. *Nisus* / Esfuerzo

Al comenzar mi último semestre, no había coreografiado ni un solo paso del *Cantar de los Cantares*, pero había terminado la mayor parte de la investigación. Leí todas las versiones que pude encontrar. Había cientos de artículos académicos que interpretaban el texto, exploraban la documentación histórica de su autor, y analizaban la estructura del poema utilizando categorías literarias propias del período en el cual se hubiera escrito el artículo. Temprano en el proceso, dejé establecido que se trataba de una historia de amor entre el pastor y su prometida, cautiva en el harem de Salomón. Pensé que la experiencia del éxtasis religioso afloraría en el arrobo de la danza misma, en la sinergia entre las palabras y el movimiento, en la expresión de un significado trascendente a través del movimiento.

Cada versión que leía tenía su propio lenguaje y ritmo, pero ninguna, abarcaba en su totalidad la música que yo escuchaba en mi cabeza. Combiné las diferentes versiones en un solo libreto, lo que requirió que tomara versos o frases de una traducción, las integrara a otras, y simplificara o realzara algunos aspectos del lenguaje.

—Eres la primera estudiante —rio Dr. Loeb como para sí mismo—, que ha propuesto reescribir las palabras más hermosas del Antiguo Testamento.

Un matrimonio con el que Ulvi y yo habíamos hecho

amistad en Syracuse se había establecido recientemente en Cambridge. Don había sido estudiante graduado de Comunicaciones, y ahora trabajaba para la división de medios de la editorial *Houghton Mifflin Publishers*. Su esposa Betsy era una talentosa costurera, y fue a ella a quien acudí para que me hiciera el vestuario. Sería una gestión costosa, porque tenía que coser para cinco personas. Mi vestuario era el más elaborado, pero yo tenía que pagar también el de los cuatro lectores. Aunque ya estaba trabajando cuarenta horas semanales transcribiendo dictados en un hospital cerca de mi apartamento, me las arreglé para pagar la tela y el tiempo de Betsy, pasándoles trabajos a maquinilla a otros estudiantes y haciendo representaciones en fiestas de cumpleaños para niños y niñas.

Hacia el final del invierno, el hospital ya no podía permitirme la flexibilidad que yo necesitaba de poder trabajar por las noches y los fines de semana. Entonces, Don me presentó a su jefe en *Houghton Mifflin*, y Paul me contrató como consultora a medio tiempo para un documental que su departamento pensaba hacer sobre la estructura de la familia latinoamericana.

Ulvi había dejado de pagar mi alquiler desde que perdió su empleo como profesor, pero al darse cuenta de lo mucho que yo trabajaba, de vez en cuando me enviaba un cheque. A mediados de enero, me llamó para decirme que viajaría a Arabia Saudita a darles seguimiento a unos negocios. No sabía cuánto tiempo estaría fuera. Pasamos juntos un conmovedor fin de semana en el que su mano no se alejó un momento de la mía, y en el que me aseguró, con más pasión que nunca, que su hermana y yo éramos las personas más importantes de su mundo.

—Estoy haciendo esto por ti y por Ulviye —me dijo—. No es fácil empezar otra vez.

No sabía lo que estaba empezando ni por qué tenía que empezarlo en Arabia Saudita. Me imaginaba las caravanas de barcazas cargadas de sacos de cemento, flotando una tras otra sobre el mar Rojo, siendo recibidas por hombres vestidos con caftanes flotantes como los que llevaban los diplomáticos en la fiesta en honor de los Emiratos Árabes Unidos.

****

Cuando estuve satisfecha de mi libreto del *Cantar de los Cantares*, y al no recibir objeciones por parte del comité de evaluación a las libertades que me había tomado al combinar y modificar las traducciones, empecé la coreografía. A regañadientes, Dulal me ayudó a desarrollar *chals* para cada uno de los personajes. No estaba de acuerdo con lo que yo estaba haciendo. No sólo estaba usando sus enseñanzas de una manera poco ortodoxa, sino que me estaba preparando para una representación con menos de dos años de entrenamiento, y sin haberle consultado antes.

—Es el gurú quien determina cuándo el estudiante está listo para presentarse en público, no, el estudiante —me dijo. Cuando se enteró de que yo estaba combinando *Kathak* con la danza del vientre, casi le da un patatús en el mismo medio de la cocina. Me acusó de faltarle el respeto a la tradición, y a él como maestro, así que tuve que prometerle que continuaría estudiando para el estreno de mi presentación de baile *Kathak*, y que no le llamaría al *Cantar de los Cantares* una representación de baile hindú, de modo que, si la cosa salía mal, no desmereciera su imagen.

Me tomó semanas coreografiar el programa, trabajando constantemente en él. Sentada en un salón de conferencias, tomaba notas con la mano derecha y con la izquierda practicaba mudras. Mientras esperaba la guagua que me llevaba y me traía de casa de Dulal, practicaba talas en las aceras congeladas, con mis *ghunghrus* cascabeleando en el bolso de baile colgado de mi hombro. Sentada junto a Marilyn en un concierto en celebración del cumpleaños de Mozart, repasé mentalmente la progresión del baile de apertura, en el que planificaba danzar en un escenario oscuro con velas encendidas en las manos. Frecuentemente, despertaba a mitad de noche, con los brazos y las piernas moviéndose en combinaciones que no había logrado completar durante el día.

Una vez que tuve el borrador de la coreografía, dos actores profesionales, Chris y Constance, y dos de mis mejores amigas de VES, Julia y Phoebe, se convirtieron en mis lectores. Había hecho audiciones para los actores, pero, por las voces hermosas que tenían, les había suplicado a Julia y Phoebe que trabajaran conmigo. Estaban entusiasmadas con el proyecto, y querían ser parte de él aun cuando conllevara tomar tiempo de su propio trabajo y ensayar a las horas más insólitas. Los actores profesionales eran más temperamentales. En pocos días surgieron algunos altercados, pero yo no tenía ni el tiempo ni la energía para apaciguar egos. Cuando vi que Chris hacía frente a mis instrucciones, lo remplacé con Jonathan, también actor profesional, pero con mejor actitud.

Con Ulvi en Arabia Saudita, tenía más tiempo para hacer vida social, porque no tenía que estar en mi apartamento todas las noches a las once. Así también, quedaba libre los fines de semana. Yo prefería ir a verlo a Larchmont para que mi vida en Cambridge no estuviera tan expuesta a sus críticas.

Me molestaba que Ulvi no pudiese creer que un hombre y una mujer pudieran tener una relación que no implicase sexo. Discutimos sobre eso, y se ofendió cuando le insinué que la razón por la cual él pensaba de esa manera era porque él no podía concebir una relación con una mujer que no fuese sexual.

—Yo tengo muchas amigas —dijo—. Es diferente para hombre maduro.

—¿Entonces, por qué yo no puedo tener amigos?

—No entiendes, Chiquita. Hombre jóvenes sólo quieren una cosa.

Era imposible caminar por *Harvard Square* sin tropezar continuamente con algún hombre que conocía de mis cursos, del trabajo, o de mis demás actividades en *Dudley House* y en el campus.

Tom era el hijo mayor de una enorme familia italoamericana. Éramos parte del grupo de bailes de salón, junto con William, quien era un activista de la Organización de Estudiantes *Gay* de Harvard. Me pasaba casi todos los domingos por la noche con Pepe, un estudiante de Ciencias Políticas mexicano, y con su mejor amigo, Roberto Alejandro, un estudiante de arte, chino-español, que había crecido en las Filipinas. Los tres disfrutábamos los ratos que pasábamos en mi apartamento tomando vino tinto, comiendo pan crujiente con queso fuerte, y hablando español. Eric, el profesor de animación con quien había estudiado en el verano, se había mudado a San Francisco, pero, ocasionalmente, nos carteábamos y nos llamábamos por teléfono.

Antes de irse a Arabia Saudita, estando de visita un fin de semana, Ulvi vio una foto que había sido tomada en una fiesta de disfraces cuyo tema era los años 1930 y 1940, y en la que aparecía con Richard, otra de mis parejas de baile. Yo tenía puesto un vestido de noche largo, de crepé blanco bordado en lentejuelas, y Richard, su gorra y su cazadora de lana. Pensábamos que lucíamos espectaculares. Cuando el *disc jockey* había tocado las piezas suficientes como para agotar hasta al más devoto fanático del *hustle*, cambió a música del ayer. Con los primeros acordes del tango, Richard me tomó de la mano, y —¡clic!— alguien tomó una *Polaroid* instantánea. Llevé la foto a casa y me olvidé de ella hasta que me di cuenta de que Ulvi seguía pasando por mi escritorio y mirando algo. No preguntó nada, no la tomó en la mano ni la examinó, y no fue hasta que entró en el baño que me percaté de la foto y la guardé. Cuando volvió a pasar por mi escritorio, notó que la foto no estaba y frunció el ceño, pero yo no le hice caso, y jamás la mencionó. Aun así, yo sabía lo que estaba pensando.

Me había encariñado con otro estudiante de VES, Keith, un talentoso cineasta con un estilo suave y singular. En un cortometraje sobre su abuela, había logrado comunicar las interioridades de su personalidad, mediante una larga y amorosa exploración de una hermosa planta de filodendro que ella había prendido y pegado a las paredes, hasta enredarla por las vigas de su casa.

Keith tenía novia, y sabía que yo tenía novio en Larchmont. Estaba enamorado, pero su relación parecía tan conflictiva como la mía con Ulvi. Él y su novia se dejaban, volvían, se separaban de nuevo, en un doloroso ritual para Keith, que parecía tan infeliz con ella como sin ella. Entre nosotros, nunca hablábamos de Ulvi o de Karen, excepto en términos muy generales, pero no había necesidad de ser específicos. A lo mejor, estábamos confundidos con respecto a ellos, pero él y yo, sin palabras y sin vergüenza, nos comprendíamos.

****

Dos meses después de haberse ido, Ulvi me llamó para avisarme cuándo regresaría de Arabia Saudita, y me pidió que estuviera en su apartamento. Sonaba optimista.

—Fue mejor decisión venir aquí —me dijo—. Te contaré todo.

Faltaba un mes para la evaluación de mi tesis y tomarme un fin de semana de descanso era, por un lado, un alivio, pero, por otro, más estrés. Pero había estado trabajando tanto, que un par de días sin trabajos, sin ensayos, sin lecciones de baile, sin conferencias o tutorías, parecía una excelente idea. De otra parte, alejarme del trabajo todo un fin de semana, me atrasaría justamente ese mismo tiempo. Sin embargo, no le podía decir a Ulvi que no era un buen momento para verlo; no, ahora que llevaba dos meses fuera; no, ahora que sonaba tan optimista y quería compartir conmigo lo que le sucedía.

Nuestro encuentro fue romántico y tierno, y trajo a mi memoria las razones por las cuales no podía simplemente terminar con él y seguir mi camino. A pesar de que por el viaje tenía su reloj interno trastornado, comprendió que yo necesitaba que me cuidaran, y se aseguró de que durmiera lo suficiente. Me llevó a cenar a restaurantes donde pude comer sin prisa, saboreando los alimentos, en lugar de tragarme lo que tuviera a mano mientras corría al trabajo, a las clases de baile o a un ensayo. Yo conocía sus ritmos y no lo presioné para que me contara nada de su viaje hasta que estuvo listo.

Un soleado y sereno día a finales de marzo, fuimos a caminar por *Manor Park*, que daba a *Long Island Sound*. Me daba cuenta de que se traía algo entre manos, porque se rascaba la cabeza constantemente y suspiraba profundamente, después de lo que yo imaginaba que serían sus inquietantes disquisiciones internas.

—Acepté un trabajo en Arabia Saudita —me dijo, finalmente. No tuve tiempo de recuperarme de la sorpresa antes de que continuara—. ¿Vendrías conmigo?

—¡Sí! —le dije sin titubeos—. Después que me gradúe.

—Pues, claro —estuvo de acuerdo.

—Sería difícil —añadió—, vivir en el Mediano Oriente.

—¿Tendré que usar el velo?

Sonrió. —No, Chiquita, las mujeres de Occidente no usan velo a no ser que quieran. Pero, tendrás que cubrirte más, por respeto. Musulmanes, estrictos.

—¿Eres musulmán?

—¿Todos estos años vives conmigo y no sabes eso, Chiquita?

Me ruboricé.

—No preocuparte —me rodeó con el brazo y me besó en la cabeza—. No soy musulmán como ellos son musulmanes.

—¿Tú crees que haya setenta vírgenes esperando por ti en el Paraíso?

Se rio. —Buenos musulmanes son hombres con suerte.

—¿Y las mujeres musulmanas buenas? ¿También tendrán setenta hombres esperándolas en el Paraíso?

—No bromas de eso, Chiquita.

Nunca averigüé si era así, y regresé a Cambridge para terminar el semestre y fantasear sobre el viaje a Riyadh. Al mismo tiempo estaba segura de que, al igual que los demás esquemas de Ulvi, éste también estaba destinado al fracaso. Todo lo que tenía en Arabia Saudita era la posibilidad de un trabajo, me aclaró una semana después durante una de nuestras conversaciones telefónicas nocturnas, e insistió en que él nunca había dicho que había conseguido un trabajo, a pesar de que eso era lo que yo había oído.

Ahora venía a verme con más frecuencia, pero si yo tenía algún compromiso relativo a mi tesis, él se iba al cine o desaparecía por las calles de Cambridge hasta que yo me desocupaba. Un día que yo no lo esperaba, llamó temprano en la tarde desde *Harvard Square*. Yo estaba en el apartamento en medio de un ensayo con todo el elenco.

—Ven para acá —le dije—. Ya estamos terminando.

—No —me dijo—, no quiero involucrar con esa gente.

Esa gente eran mis amistades y colaboradores. —Entonces, ven a las once —le dije, sin explicarle por qué el "casi terminando" se había convertido de repente en casi diez horas. Cuando regresó, registró con disimulo el apartamento, como buscando evidencia de un crimen. Pasamos los próximos dos días porfiando sobre cómo yo nunca tenía tiempo para él, después que *él había dejado pasar tantas posibilidades por estar conmigo.*

—Vamos a pasar mucho tiempo juntos cuando nos mudemos a Arabia Saudita —le dije.

Yo a veces me ponía tan sarcástica, que estaba segura de que Ulvi me daría una bofetada como había hecho en Lubbock, pero él se controlaba. Nuestras peleas eran ahora más incisivas, dirigidas a las debilidades e inseguridades de cada cual. Nos conocíamos lo suficientemente bien como para saber qué nos dolería más.

—El problema es —le dije a Marilyn mientras comíamos quiche en el *Orson Welles Café*—, que me da pena con él porque él me quiere. Estoy casi segura de que ya no lo quiero, pero quiero ir a Riyadh.

—Puedes ir sin él —me indicó.

—Sí, pero quiero verlo con él. Quiero conocer esos príncipes que él dice que conoce, y quedarme en el hotel con los accesorios de oro de los cuales me escribió.

—¿Crees que él miente sobre eso?

Le hice señas a la camarera y pedí un *mousse* de chocolate.

—De lo único que estoy segura que no miente es de que me quiere a su manera. Y me pregunto si mi forma de quererlo a él es así de ambivalente.

—Tú no pareces ambivalente. Sales con otros hombres… con Keith, por ejemplo…

Me moví en la silla con incomodidad. —Mi relación con Keith es una aventura, no, un compromiso de vida. Él estaba agotado de su vida amorosa, y yo estaba allí cuando él y Karen se dejaron por milésima vez. Él está enamorado y posiblemente acabará casándose con ella. Sólo estamos pasándola bien hasta que ella recapacite.

—Yo espero que no acabes cogiéndole pena a él también —me advirtió.

Según se fue acercando la fecha de la presentación, me fui poniendo más y más histérica con la presión y las expectativas. Keith se ofreció a ayudarme.

—Necesitas un productor —me dijo.

Se hizo cargo de una parte del programa que me

había estado preocupando, pero que no había tenido tiempo para coordinar. Reclutó a sus amigos y a sus compañeros de cuarto para que pintaran el telón de fondo. Tomó la foto para el cartel que anunciaba el espectáculo, y los días de las presentaciones organizó los equipos que convertirían el salón comedor de *Lehman Hall* en un teatro. Fue el director de escena de las funciones y, después, se ofreció a recoger y a ayudarme a llevar hasta mi apartamento los accesorios, las luces y el equipo de sonido que había alquilado. No pude haber tenido un compañero más solidario, y agradecía que él no pareciera sentirse amenazado por "mi jodida relación con ese viejo".

El Cantar de los Cantares fue programado para presentarse tres veces durante el fin de semana que coincidía con la ubicación tradicional del texto en la liturgia de la Pascua judía. Una vez que el público estuviera sentado, se apagarían las luces y un pausado ritmo *ciftetelli* se escucharía suavemente, y se intensificaría cuando yo apareciera, desde la parte posterior del teatro, portando una vela en cada mano. El baile de las velas era una referencia a los *Racks al Shamadan*, un baile egipcio bailado en las bodas, en el que la bailarina lleva un ornado candelabro encendido en la cabeza.

Durante cinco minutos, bailaría en la oscuridad, haciendo juegos de luces con las llamas y golpeando el piso con los pies, para subrayar la música y hacer tintinear los cascabeles que tenía en los tobillos. Era una secuencia complicada que requería de toda mi concentración, especialmente, porque tenía puestas telas inflamables. Mi vestuario me cubría los brazos hasta las muñecas, y desde el torso bajo hasta los tobillos. Para evitar que se me quemara el pelo, me lo cubriría con un turbante envuelto en cintas. Las únicas partes de mi cuerpo que quedarían visibles serían las manos, los pies, el cuello y la cara.

Al terminar la música, soplaría las velas y dejaría en absoluta oscuridad al público y el escenario. Al encenderse las luces nuevamente, estaría en posición frente al telón de fondo, y, elevadas sobre el público, desde el balcón, las lectoras empezarían a recitar:

¡Que me bese con los besos de su boca!
Porque mejores son sus amores que el vino.

El baile final de la presentación era el *Rampi Rampi*, un ritmo *Karsilama*, muy rápido. Me pondría los címbalos en los dedos y ejecutaría, lo que yo prefería llamar, un baile tradicional del Oriente Medio, porque, cada vez que la gente oía que yo bailaba *belly dancing*, me preguntaban si usaba una joya en el ombligo. Al final del *Rampi Rampi*, el elenco se me uniría para los aplausos.

Mientras me preparaba para las tres presentaciones, la complejidad de la producción no era mi mayor preocupación. Confiaba en mis lectores. Sabía que Keith manejaría los aspectos técnicos con cuidado y competencia. Pero, El *Cantar de los Cantares* era algo más que mi tesis. Era el modo como yo exploraba y fusionaba mis intereses, mis destrezas, mis preocupaciones e inquietudes. Investigué, interpreté, redacté, diseñé, dirigí, coreografié y representé uno de los poemas más conocidos y más amados que jamás se hayan escrito. Cada presentación exploraba y manifestaba temas relativos a la raza / etnia ("Morena soy, oh hijas de Jerusalén... no miréis en que soy morena"); el amor y la pasión ("Prendiste mi corazón, hermana, esposa mía; has preso mi corazón con uno de tus ojos, con una gargantilla de tu cuello"); la soledad, el anhelo ("Por las noches, busqué en mi lecho al que ama mi alma: busquelo, y no lo hallé"); la nostalgia, el poder y la falta de poder ("Halláronme los guardas que rondan la ciudad: hiriéronme, llagáronme, quitáronme mi manto de encima los guardas de los muros"); y la alienación de la cultura, de la familia y del amante. Era lo más cerca que podría llegar a una autobiografía.

Según se fueron acercando los días, ensayé hasta quedar exhausta. El más mínimo gesto fue revisado y perfeccionado en sueños, hasta que tuve la certeza de que mi cuerpo podía expresar lo que el poema significaba para mí. También me retraje emocionalmente, guardándome para el baile.

En la representación, desde el momento en que encendí las llamas que danzaron sobre mis dedos hasta la última nota de *Rampi Rampi* y el último tintineo de mis *zills*, estuve tan vulnerable como un corazón expuesto. Cuando la Sulamita lloraba por su novio, las lágrimas afloraban a mis ojos. Cuando el pastor corría por los campos en busca de su amada, me desesperaba por llegar a los portones del palacio de Salomón. Crecía con la gloriosa presencia y el poder del Rey, que emanaba rayos de oro y perfume de mirra. Flotaba sobre las baldosas, como las Hijas de Jerusalén, envidiando la posibilidad del verdadero amor, más allá de los muros del serrallo. Cada palabra del *Cantar de los Cantares*, cada mudra, cada paso, cada tintinear de los cascabeles de mi tobillo, eran un poquito de Esmeralda que emergía. Las losas de *Lehman Hall*, frías bajo mis pies, recibían mi *yo-sombra* iluminado por las llamas en mis manos. El sonoro cascabeleo de bronce de mis *zills* cantaba con libertad y gozo. Después de la última nota de la última presentación, yo era una persona diferente.

Dr. Loeb y su esposa asistieron a cada una de las presentaciones y me alentaban con sus sonrisas complacidas. Los otros miembros del comité de evaluación vinieron en noches diferentes, trayendo tulipanes y elogios. Dulal se sentó en primera fila con su esposa y sus hijas, y después se aseguró de decirle a todo el mundo que él era mi gurú. Ulvi vino la última noche. Al final, me entregó un manojo de flores y me besó en la mejilla.

—Este baile te va bien —dijo, y se retiró para observar a la gente que me felicitaba.

Esa noche había sentido la presencia de Ulvi como la de un enorme molusco de cuya concha yo iba saliendo. Él creía que yo era su creación, pero yo me había creado a mí misma bajo su protección, no, a su imagen y semejanza. Viéndolo en *Lehman Hall*, entre mis amistades y maestros, sentí la distancia filosófica que nos separaba. Él buscaba aparentar para ser. Yo buscaba ser para dejar de aparentar.

En el escenario, Keith bajó el telón de fondo, organizó el equipo de limpieza, y devolvieron la cafetería de *Lehman Hall* a su función original. Me acerqué a darle las gracias. Consciente de los ojos de Ulvi sobre nosotros, mantuvo una distancia respetuosa.

—No te preocupes por mí.

Sonaba molesto.

—Sí que me preocupo.

—No tienes que hacerlo. Ya soy grande.

—Está bien, tienes razón. No debo preocuparme por ti…

****

Las semanas siguientes no pude parar de reír. Estaba en éxtasis; todo a mi alrededor era encantador. Era primavera y los árboles retoñaban en un verde brillante; el cielo era azul; el sol, radiante. Mis amistades eran las mejores personas del mundo. El queso de cabra que traía Roberto Alejandro era fuerte, y el vino que traía Pepe era suave. Tom y yo bailamos el *fox-trot* en el *Top of the Hub*, en una noche tan clara que podíamos ver hasta el *South Shore*. Mi comité de tesis me dio una A como calificación. Dentro de un par de semanas me graduaría de Harvard, *magna cum laude*. Estaba tan orgullosa de mí misma que quería cacarear.

Un par de días antes de la graduación, Keith me invitó a una fiesta en un barco que cruzaba el puerto de Boston. Sólo había visto el puerto desde el muelle que quedaba en el extremo norte, el pasado febrero, mientras Ulvi estaba en Arabia Saudita. Pepe, Roberto Alejandro, mi amiga Sonya y yo habíamos prometido mantenernos despiertos todo el fin de semana para celebrar el cumpleaños de Sonya. El domingo por la mañana, empezando a amanecer, Roberto Alejandro decidió que tenía que cambiarse de ropa. Yo lo acompañé hasta la buhardilla transformada en piso que tenía en una fábrica que había sido habilitada para vivienda en el *North End*. Cuando entramos, me sorprendió ver, en una esquina que le servía de oficina, una máquina de télex con varios mensajes que habían caído al piso desde el rollo de papel amarillo que giraba continuamente. Después de ducharse y vestirse, revisó los mensajes y pasó unos minutos contestándolos. El hecho de que fuera un estudiante universitario no lo había librado de trabajar para el negocio de embarque de la familia. Fuimos luego a un atracadero comercial que quedaba cerca, donde había un enorme barco anclado. Era suyo, me dijo.

Ahora, casi cuatro meses después, en una agradable noche de junio, el barco del *Boston Cruises* pasó cerca de los atracaderos comerciales, y yo me pregunté si alguno de aquellos barcos mohosos y maltratados sería el de Roberto Alejandro. Mientras hacía un esfuerzo por recordar el nombre del barco que me había mostrado, Keith se acercó desde el bar trayendo en las manos dos vasos plásticos llenos de ponche rosado.

—Gracias —le dije, tocando con mi vaso el suyo.

—*Tenemos que hablar* —me dijo.

El crucero estaba lleno de estudiantes de Harvard. Un grupo de sus amigos, algunos de ellos de los que habían sido parte del equipo que me ayudó con la tesis, se había reunido cerca de donde estábamos parados. Una gaviota apareció de la nada, se lanzó al agua, y salió volando con el pico vacío. Todo el que la vio se rio, porque la gaviota lucía aturdida ante su fracaso en atrapar un pez.

—*Tenemos que hablar* —repitió Keith molesto.

—¿Aquí?

—¿Dónde más?

Sus amigos seguían lanzándonos miraditas, y yo sabía que ellos sabían de qué me quería hablar Keith.

—*Okay.*

Me dio trabajo tragarme el ponche dulzón bautizado con alcohol que me había traído Keith, y lo tiré por la borda.

Con Keith a mi lado armándose de valor para hablarme, contemplé cómo se iba alejando de nosotros el *Boston Harbor*, y el terror a ahogarme se apoderó de mí. Aún era de día, y mentalmente medí la distancia entre la cubierta del barco y las calles adoquinadas del *Haymarket*.

—¿Podemos hablar después? —pregunté.

—No, para mí es mejor ahora.

Movió los pies, miró el agua, tomó un sorbo del ponche dulzón. Aspiró profundamente. —Creo que debemos dejarnos.

Sentí tanto alivio que exploté de risa.

Frunció el rostro en un gesto que pretendía ser de coraje, pero que reflejaba dolor. —¿Y eso, qué gracia tiene?

—Perdóname, no tiene ninguna. Fue una reacción nerviosa. ¿Por qué quieres que nos dejemos?

Me volví a reír.

—Lo siento mucho.

—Te ríes demasiado.

Se quedó mirando hacia el horizonte.

—No está bien. Tú tienes a tu viejo; yo tengo a Karen. Si quiero un futuro con Karen, no debo seguir perdiendo el tiempo contigo.

—Me parece una buena idea —le respondí.

—Pero lo pasé bien, ¿sabes? —sonrió.

—Y yo también —le sonreí y nos abrazamos.

Fue mi primer rompimiento oficial. Hasta ese momento, mis romances se habían extinguido cuando alguno de los dos se mudaba o se graduaba. Nunca habían sido pronunciadas las palabras. Parecía tan fácil.

31. "No me incluyas en tus planes".

Pasé la semana antes de la graduación preparándome para enfrentar la vida después de la universidad. A principios de año, había solicitado admisión a *Fletcher School of Law and Diplomacy* en la Universidad de Tufts, y había sido aceptada a la escuela graduada de Relaciones Internacionales. Tenía interés en los legados artísticos y culturales de los países en desarrollo. Soñaba con vivir algún día en Puerto Rico, y buscaba adquirir algún peritaje que pudiera resultar en un aporte a su herencia artística.

Sometí una propuesta solicitando dinero para hacer un documental sobre los artesanos puertorriqueños. Desde las vacaciones navideñas que había tomado con Ulvi en Puerto Rico hacía dos años, había planificado regresar a la Isla por un período más largo. Pero no quería ir de turista ni pasarme dos semanas de huésped ociosa en casa de Mami o de mis hermanas. Quería tener otra razón para estar allí más allá de la nostalgia por el hogar y la familia.

Cuando me aprobaron la propuesta, mi amigo David me sugirió que me pusiera en contacto con camarógrafos y técnicos de sonido que tuvieran experiencia haciendo documentales en Puerto Rico.

—Unos técnicos competentes te pueden salvar la vida —me dijo.

Le escribí a Papi pidiéndole que me ayudara a localizar esos técnicos, pero él no sabía por dónde empezar a buscar gente con ese tipo de experiencia. En mi siguiente conversación con Ulvi, le pedí que me ayudara.

—No, Chiquita —me dijo—. Favor, no me incluyas en tus planes. Pero sí se ofreció a pagarme la renta, el agua y la luz mientras estuviera fuera.

Le expliqué mi situación a Keith, que nuevamente se ofreció a ayudarme. Si yo hacía los arreglos para conseguir el equipo, y un lugar donde pudiera quedarse, él filmaría la película. Su amigo Geno también aceptó unirse a nosotros como sonidista. Los dos querían estar lejos de Boston durante la celebración del Bicentenario, que ya tenía las calles congestionadas de turistas.

Como Keith y yo "nos habíamos dejado", insistí en que nuestra relación tenía que ser puramente profesional.

—Cero *cuchi cuchi* —le dije, y él aceptó con una sonrisa y una guiñada.

Mi hermana Edna, que ya tenía veinte años, se había mudado a su propio apartamento y me dijo que podía quedarme con ella. Papi me ofreció una casita que era de su hermana para que los muchachos tuvieran un sitio desde donde pudieran ir y venir sin tener que depender de mis planes. Agradecía mucho el apoyo y el compromiso de mi familia, y la forma como el verano iba cayendo en su sitio. Estaba entusiasmada con el trabajo que Keith, Geno y yo haríamos en la Isla, y me ilusionaba mostrarles algo de mi cultura. Me parecía bien ir a Puerto Rico justo después de graduarme. Sentía como si hubiera ido a cerrar una brecha en un círculo. Nunca me pregunté lo que pensaría mi familia cuando me apareciera cargando con dos gringos jóvenes y guapos, y sin rastro de Ulvi.

****

Dos semanas antes de la graduación, ya todo estaba listo. Ulvi había pospuesto su viaje a Arabia Saudita, según él, para poder asistir a mi graduación. Mientras estuviera filmando el documental en Puerto Rico, él estaría en Riyadh. No le dije que Keith y Geno irían conmigo. Fijaríamos la fecha en la que yo me reuniría con él, cuando terminara la filmación. Un cambio en su situación, sin embargo, impediría que pudiera correr con los gastos que hacía pocos días me había prometido cubrir. No le discutí, ni lo presioné. Ya había dejado de contar con él aun cuando él tuviera las mejores intenciones. Trabajé en varios empleos, todas las horas que pude, para pagar la renta y tener dinero para mis gastos mientras estuviera filmando el documental.

Marilyn estaba confundida con lo que parecían ser planes en conflicto.

—Si te vas a Arabia Saudita, ¿eso quiere decir que no vas a ir a escuela graduada?

—No, yo voy para Fletcher…

—Pero, si te vas con él…

—Esto es lo que va a pasar —y fui contando los pasos con los dedos—. Ulvi dirá que va para Arabia Saudita, pero unos días después recibiré una carta desde Alemania o desde Ceilán o desde dónde ni quiero saber ni me importa. Seguirá mareándome con la idea de que me reuniré con él, pero lo seguirá posponiendo en cada llamada y en cada carta. Me seguirá pidiendo que sea "una niña buena" y que lo espere porque, citando a la inmortal Diana Ross, —canté—, *Someday, we'll be together.* —Tenía ganas de llorar—. ¿Sueno amargada?

El rostro de Marilyn se suavizó. —¿Por qué no lo dejas?

—No lo sé, Marilyn. No sé por qué es tan difícil dejarlo a él, como fue dejar a mi mamá.

Me sequé los ojos.

—Ojalá se vaya para donde sea que va y se quede por allá.

Como Ulvi vendría a mi graduación, no invité a mi familia. Me hubiera ahogado en el callado menosprecio de Ulvi, y en el desprecio de ellos por él. Todavía me trincaba cuando recordaba la noche en que él, sentado en el sofá de Mami, les mintió a Papi, a don Carlos y a don Julio al decirles que se casaría conmigo tan pronto regresara de Europa. Para ellos, él era "el hombre que le hizo *el daño* a Negi". No tenían idea de cuánto daño me había hecho en realidad, y de ninguna manera les permitiría que me vieran como su *Chiquita*.

32. "Tienes muchos amigos varones, Chiquita".

Días antes de la graduación, *Harvard Yard* y *Harvard Square* ya lucían festivos, adornados con escudos y banderines rojo carmesí. *President Bok* nos graduaría como clase en el césped frente a *Widener Library* y, luego, se nos entregarían los diplomas en los dormitorios conocidos como *The Houses*. En los días previos habíamos tenido cenas, discursos, actividades de la clase, seminarios de egresados, *picnics* y reuniones.

Ulvi llegó el martes antes de la graduación. Caminamos por *Harvard Square*, tomados de la mano, disfrutando de la agradable temperatura, de las familias orgullosas, de la gente joven que reía y bromeaba aprovechando las últimas horas de su vida de estudiantes, antes de empezar la "verdadera" vida. Mientras paseábamos por las calles aledañas a *Harvard Square*, nos encontramos con montones de compañeros y compañeras de clases y con miembros de la facultad. Cada dos o tres minutos me detenía a abrazar a alguien que conocía y que pronto regresaría a su casa, o intercambiaba direcciones con algún compañero de quien no había logrado despedirme hasta que nos tropezamos frente a *Massachusetts Hall, The Coop*, o el *Science Center*.

—Conoces mucha gente —me comentó Ulvi con aparente sorpresa.

—Sí, ¿verdad que son fantásticos?

Se mantenía a un lado mientras yo hablaba, me reía,

abrazaba, hacía planes de visitarlos, y me despedía de una singular colección internacional de artistas, estudiantes de Medicina, futuros sociólogos, estudiantes de Ciencias Políticas, bibliotecarios, estudiantes de Teología, bailarines, futuros economistas y atletas.

El día antes de la graduación, yo estaba jubilosa, llena de un gozo tan intenso que impregnaba cada pensamiento, cada encuentro, cada momento en que estaba despierta, cada sueño. Ulvi parecía divertirse con mi buen humor, y se reía con frecuencia de lo tonta que me podía poner cuando bailaba entre los altos maceteros del *Holyoke Center*, o comía una barquilla de helado de *Brighams* como si fuera la primera o la última que comería. La noche antes de la graduación, en *Lehman House* se ofreció una cena seguida de baile. Ulvi me acompañó vestido con un fino traje azul, una camisa gris y una corbata de seda con motivo *paisley*. Me vio en los brazos de algunos hombres, para mí muy conocidos y con quienes me sentía muy cómoda, porque habíamos bailado juntos casi todas las semanas desde que llegué a Cambridge. Presenté a Ulvi como "mi amigo", pero todo el mundo sabía que era algo más que eso.

De regreso al apartamento, atravesamos *Harvard Yard* bajo un cielo tan lleno de estrellas que nos sentamos en las escaleras de *Widener*, y nos reclinamos, apoyados en los codos, para admirarlas. Aunque no conocíamos lo suficiente sobre las constelaciones como para nombrarlas, disfrutamos del brillante parpadeo de luz en el púrpura cielo de verano.

El teléfono estaba sonando cuando llegamos al apartamento. Era pasada la medianoche, y la única persona que llamaba a esas horas era Ulvi. Al otro lado de la línea estaba Eric, mi amigo y antiguo profesor de animación, que me llamaba desde San Francisco.

—¡Felicitaciones! —dijo—. Sé lo mucho que has trabajado; mereces todo los éxitos que alcances en tu vida.

Me senté en el piso con las piernas cruzadas y contesté a sus preguntas sobre cómo había salido en las clases.

—¡Me gradúo *magna cum laude!* ¿Tú puedes creer eso?

—Pues claro que lo creo. Oye, voy a estar de visita en Cambridge más adelante en el verano y quiero verte.

—Me encantaría. Hablamos cuando sepas las fechas. Ahora tengo que irme, es tarde, y mi amigo está aquí.

—¿Conque está ahí, ah? ¿Harán el amor esta noche?

Me reí. —Sí.

—Estoy celoso.

—De verdad tengo que colgar —le dije—. Gracias por llamar.

—No, no te puedes ir. Todavía no he terminado de decirte lo maravillosa que eres.

Ulvi se paseaba por el apartamento, molesto porque yo no había colgado enseguida. Pero no era frecuente que alguien me llamara del otro lado del continente para hacerme un cumplido, tras otro, tras otro.

—¡Para, para! —le dije riendo—, tengo la cabeza tan inflada que ya no quepo en el apartamento. Guárdate la adulación para otra ocasión.

Colgué con una sonrisa en el rostro.

—¡Qué rico! —dije abrazándome.

Ulvi se acomodó en la orilla de mi cama, las manos entrecruzadas entre las rodillas. —¿Quién era, Chiquita?

—Uno de mis profesores del año pasado. Se mudó a San Francisco y quería felicitarme. Esperó a que fuera el día oficial de la graduación. Por eso llamó tan tarde. ¿No te parece lindo?

—¿Es un hombre? —la voz se le ponía más tensa por segundos; el rostro, nublado.

—Siento haber hablado tanto, pero me estaba preguntando por mis notas.

—Tienes muchos amigos varones, Chiquita.

Sentí que se me enderezaba la espina dorsal y un escalofrío me subía hasta el cuero cabelludo.

—Sí, muchos.

—¿También son tus amantes?

Suspiré y viré los ojos. —No, no lo son. En estos dos últimos años he hecho muchísimas amistades aquí, mujeres y hombres. No hay nada malo en eso, Ulvi. No todos los hombres quieren sólo una cosa.

—No me digas.

—Sí te digo. ¿No viste lo contenta que me puse con la llamada de Eric? Está orgulloso de mí. Quería recordarme lo mucho que he trabajado. Quería que supiera lo contento que está de que haya logrado graduarme. Es estupendo tener amistades que me apoyen. Él me tiene mucho cariño y yo a él.

—No es bien, Chiquita.

Se puso de pie y empezó a caminar, halándose el pelo. Estaba rabioso, pero no sabía qué hacer con su rabia. Yo permanecí sentada en el suelo, con las piernas cruzadas, mirándolo dar zancadas de un lado a otro, como si lo hubiera estado viendo a través de un telescopio. Su elegante traje de liviana gabardina azul le ajustaba al cuerpo a la perfección; cada costura francesa había sido cuidadosamente terminada; cada botón, bien cosido, pero sin estrangular la tela. No había partes gastadas en los codos, ni en las rodillas, ni en las posaderas. La camisa bajo su chaqueta era de fino algodón egipcio, casi transparente, tan suave como cabello de bebé. Llevaba puesto su reloj caro.

—Te has convertido en demasiado libre. Quieres demasiada independencia. No puedo permitir.

—Yo no voy a dejar a mis amigos porque a ti no te gusten —le dije.

Dejó de caminar por un momento y me fulminó con la mirada. No le quité los ojos de encima. Hasta ahí llegamos, yo lo sabía. Se dirigió hacia la puerta.

—Muy bien.

Se dio vuelta, la mano en la perilla y el rostro retorcido en un gesto de desprecio.

—Olvida mi nombre, olvida mi dirección, olvida mi número de teléfono.

—Lo haré —le dije, con la mirada firme, sin lágrimas, sin temblor en la voz—, tan pronto salgas por esa puerta.

Airosamente, salió. Su maleta estaba al lado de mi cama. La agarré y salí corriendo. Ya estaba junto al ascensor.

—Se te olvidó algo.

La puse en el medio del pasillo, regresé al apartamento, y pegué la espalda contra la puerta.

Lo sentí caminar por el pasillo, levantar su suave maletín de piel, y volver en dirección contraria. Las puertas del ascensor se abrieron, se cerraron, el mecanismo crujía y retumbaba, mientras bajaba la caja del ascensor. Unos segundos después, se oyeron pasos en la parte posterior del edificio. Apagué las luces y corrí hasta la ventana. Ulvi tiró el maletín en el asiento de atrás del *Camaro* y se montó. Cuatro años en Nueva York y todavía tenía tablilla de Texas. Tardó en prender el motor, y tuve miedo de que hubiese cambiado de opinión y fuese a regresar, pero no lo hizo. Las luces delanteras iluminaron el estacionamiento, y yo me retiré de la ventana. Cuando volví a mirar, las luces traseras estaban tomando la curva hacia Felton Street.

Esperé uno, dos, tres segundos, y rompí a llorar. Me tiré en la cama y golpeé la almohada. Siete años, seguía repitiendo, siete años y todo lo que tuve que decir fue que yo le importaba a alguien. Todo lo que hizo falta fue que alguien más me quisiera. Lloraba tan descontroladamente que me asusté de mí misma. No quería estar sola con mi rabia, con mi dolor.

—¿Marilyn? —susurré en el auricular cuando contestó, asustada al ser despertada a medianoche por el timbre del teléfono.

—No puedo estar sola ahora mismo. ¿Puedo ir allá?

—Sí, claro, ven.

Caminé los pocos metros que separaban nuestras puertas y caí en sus brazos.

—¿Qué pasó?

—Ulvi acaba de irse. Para siempre, creo.

Me tomó de la mano y me guio hasta su cocina iluminada y recogida. Todavía tenía puesto mi traje de fiesta. Mientras ella ponía a calentar la tetera, fui al baño y me lavé la cara. Tenía los párpados y los labios hinchados, y círculos profundos debajo de los ojos.

—Parezco un demonio —le dije cuando volví.

—¿Cómo fue? —Marilyn me sirvió una taza de té de manzanilla con miel. Le conté de la llamada de Eric, de cómo me senté en el suelo mientras escuchaba a alguien decirme sólo cosas agradables.

—Nunca hubiera imaginado que a Ulvi le molestara que alguien me felicitara en un día tan importante. Me voy a graduar de Harvard en... —miré el reloj de la cocina—, menos de siete horas.

Otra vez, los ojos se me llenaron de lágrimas, y Marilyn corrió a buscarme una caja de pañuelitos de papel. —A decir verdad, no sé por qué estoy llorando.

—Estuviste con él mucho tiempo. Te va a tomar un rato aceptar que todo terminó.

—Ah sí, se acabó.

Me frotó los hombros mientras yo me entregaba a la última tanda de llanto. Me estremecí.

—Está bien, ya se acabó.

Me soplé la nariz.

—Ya he llorado bastante. Hay que echar pa'lante.

—Date un par de horas —rio.

El timbre de un teléfono taladró la noche. Lo escuchamos mientras mirábamos para todas partes menos a nosotras mismas, porque el sonido venía de mi apartamento.

—Si prefieres quedarte aquí esta noche, te puedo ofrecer el sofá—. Me trajo unos pijamas suyos, unas sábanas de franela y un edredón. —¿Necesitas algo más? —preguntó.

—Nada, así está perfecto, gracias.

Marilyn se dirigió hacia su habitación.

—¿Sabes una cosa? —le dije, y ella regresó.

—Si yo hubiera sabido que iba a ser tan fácil como decirle que otra gente me quería, lo habría hecho hace mucho tiempo.

Me acomodó la manta alrededor de los hombros.

—Bueno, primero tenías que creértelo —me dijo.

33. "Una pluma fuente es un hermoso regalo de graduación".

El día amaneció radiante y apacible, con olor a prima-vera, a pesar de que eran ya los últimos días de junio. Me des-perté desorientada, y además rígida por la posición tan incó-moda en que había dormido en el sofá de Marilyn. Tan pronto abrí los ojos, los volví a cerrar, tratando de zambullir-me nuevamente en el sueño sin sueños del que había desper-tado. Ulvi se había ido. La almohada estaba húmeda bajo mi mejilla, al igual que la orilla de la manta. Sentía los párpados pesados. De un empellón, salí del sofá, y me quedé mirando las delicadas florecitas del pijama de Marilyn. Ulvi se había ido. Doblé la ropa de cama, las dejé en el sofá, agarré mi ves-tido de fiesta, mis zapatos de tacón, mis llaves, y caminé los pocos metros hasta mi apartamento. Allí estaba el sitio don-de le había colocado su maletín de piel negra. Busqué algo que se hubiera caído, una huella que marcara ese punto en la loseta de vinilo, pero estaba inalterada.

Ulvi no tenía llave de mi apartamento, pero pegué la oreja a la puerta y aguanté la respiración buscando escuchar la suya. En la planta baja, un traqueteo particular anunció que el ascensor venía en camino, y no quería ser vista en el pasillo en el pijama de Marilyn, con el pelo revuelto y la cara arruga-da de dolor. Entré. Las persianas estaban abiertas y un chorro de luz entraba en la habitación, que como siempre que Ulvi venía de visita, estaba ordenada. Los libros, colocados en los estantes, no, en el piso ni en los muebles. La ropa de baile, doblada en una canasta dentro del clóset. No había mallas, ni leotardos, ni ropa interior colgando del tubo de la ducha. No había zapatos tirados donde me los había quitado. No había platos sucios en el fregadero. Pero Ulvi se había ido.

Me di una ducha. No había un solo sitio de mi cuerpo que Ulvi no hubiera tocado. Me había besado las corvas, el chichoncito detrás de la oreja derecha, la cicatriz en mi muslo izquierdo. Había lamido el dedo pequeño de mi pie, la comba de mi codo, la loma de mis caderas, todos los tibios huecos. No lloré.

Dentro de mi clóset estaban los regalos de graduación que me había traído. Envuelta en papel tisú, había una pañoleta turquesa y lila con un diseño en *paisley* bordado en oro. Era ligera como el aliento. Doblado en cuatro, dentro de una caja blanca, había un velo de *chiffón* de seda negro con las orillas bordadas en canutillos plateados. Era pesado como un suspiro. Los dos despedían un olor fragante que parecía traer fantasmas a la habitación.

"Perteneció a una princesa saudita", me había dicho Ulvi, y yo no le había preguntado nada entonces, pero ahora me preguntaba cómo habría logrado conseguir una pañoleta y un velo de una princesa saudita. Los empujé hacia el fondo del clóset.

Me puse un vestido largo de algodón blanco, sandalias de piel blancas, mi toga, mi birrete. La tarde anterior, había planchado la toga y Ulvi me había hecho probármela para verme en ella. En la borla del birrete había un "76" dorado.

—Se ve bien, Chiquita —me dijo.

No lloré. Se suponía que éste fuera un día feliz, mi

graduación de Harvard.

Era una gloriosa mañana de junio, ni una nube manchaba el cielo. Era el día perfecto para una graduación de Harvard en el *Tercentenary Theatre*, creado en la grama que quedaba entre *Memorial Chapel y Widener Library*. Padres, madres, hermanas, hermanos, abuelas, abuelos, madrastras, padrastros, tías, tíos, primas, primos, cónyuges, todos revoloteaban alrededor de sus graduandos, rebosantes de alegría. Yo estaba sola entre el gentío. No había nadie allí para mí, nadie que me tomara una foto con mi toga y birrete de Harvard, nadie que me viera ponerme en fila con los demás graduandos *magna cum laude*. Mami debió haber estado allí, mis hermanas, mis hermanos, Papi. No lloré.

Guiados por el egresado de mayor edad, otros egresados caminaron solemnemente hacia el *Tercentenary Theatre*. Cuando alcanzaron a ver la clase del 76, las cabezas del público se dieron vuelta y los ojos se iluminaron. Las sonrisas se intensificaban en los rostros de mis compañeros y compañeras de clase cuando divisaban a sus seres queridos entre el público. Un hombre levantó sus pulgares en señal de aprobación. Una señora se secó el borde de los ojos con un pañuelito de encaje. Otro señor se mantuvo estoico, de cara al escenario, donde la facultad y los homenajeados esperaban de pie en su vestimenta académica.

Hubo discursos, honores conferidos, música, chistes tontos que provocaban que olas de risas subieran y bajaran entre las filas de gente. Se nos exhortó a ocupar nuestro lugar en el futuro. Se nos alentó a contribuir a la sociedad. Se nos aconsejó que cuidáramos de nosotros mismos y de nuestros seres queridos. Se nos advirtió de las caídas que nos esperaban, del trabajo intenso, de las desilusiones. Pero, se nos dijo, *todo merecería la pena*. Algún día, desde la distancia miraríamos este día, esta graduación, y entenderíamos lo que habían sido verdaderamente: un comienzo.

President Bok declaró graduada y felicitó a la Clase de 1976 de Harvard. Lanzamos los birretes al aire y nos volteamos hacia los seres queridos que estaban sentados detrás de nosotros, buscando el orgullo en los ojos de nuestras madres y el placer en los de nuestros padres. Me di vuelta junto con mis condiscípulos y miré el rostro de varios miles de hombres y mujeres, pero ni uno solo estaba allí por mí. Entonces, lloré.

Después de la ceremonia, hubo un receso antes de la entrega de los diplomas en *The Houses*. Yo deambulé por *Harvard Square* en mi lindo vestido nuevo, envidiosa de las familias reunidas debajo de los árboles o en los cafés en las aceras de la Calle Brattle. A diferencia del día anterior, cuando con Ulvi a mi lado había visto a casi toda la gente que conocía, ahora no había ni un solo rostro familiar en las cientos de personas a quienes les pasé por el lado en mi vagar sin rumbo.

Finalmente, me encontré frente a un muestrario de recordatorios de Harvard que estaban vendiendo en *The Coop*. Un escaparate contenía broches de corbata, prendedores, pulseras, y sortijas con el escudo de Harvard. Ninguna de esas sortijas era como la sortija de la clase, con el 76 en los lados. Éstas eran sortijas genéricas. Deseé haber tenido el dinero para poder comprarme la sortija de la clase. La hubiera lucido con orgullo. Se me hizo un nudo en la garganta, pero me lo tragué.

—¿Puedo ayudarla?

La vendedora era una espigada joven negra con facciones asiáticas. Llevaba puesto un suéter verde pegado al cuerpo, y un espantoso afro amarillo esponjado alrededor de su cara redonda. Parecía un girasol.

—Estoy mirando, gracias.

—Por aquí tenemos unas plumas muy bonitas —me ofreció.

—Venta especial de graduación. ¿Alguien que usted conoce se graduó hoy?

—Sí.

—Una pluma fuente es un hermoso regalo de graduación.

—¿De verdad?

Rodó la puertecita de cristal del escaparate y sacó una pluma fuente y un bolígrafo colocados en un estuche forrado de satín.

—Éstas gustan mucho, y podemos grabarle el nombre del graduado.

Al lado de donde había estado ese juego, había una pluma *Parker* en plata, adornada con un diminuto diseño como el tablero de damas.

—¿Cuánto vale ésa?

—Vamos a ver. Con el 30% de descuento le saldría en $60.

Me la ofreció.

Se acopló bien a mi mano, sólida y concreta, cálida. Con el uso, la pátina se volvería más intensa, la punta se deslizaría por la página con una autoridad y un peso conocidos. Pero $60 eran exactamente la mitad de mi renta mensual. La vendedora vio cuánto la deseaba.

—¿Tiene usted la tarjeta del Coop? —me preguntó. Dije que sí con la cabeza.

—Puedo cargarla a su tarjeta Coop y no lo notará

hasta el mes que viene.

Era lo más caro que me había comprado nunca. Todavía la tengo. Siempre que la tomo en la mano para escribir
una nota, para firmar mi nombre, para hacer una anotación
en mi diario, recuerdo la soledad de aquel día, y a la vendedora del incongruente pelo amarillo alrededor de sus sonrientes
facciones negro-asiáticas.

34. "Toma mucho tiempo sanar de una ruptura amorosa".

Cada vez que sonaba el teléfono, esperaba que fuera Ulvi. Muchos días, abría la puerta principal de *Foxcroft Manor* y me asomaba al *lobby*. Deseaba encontrarlo sentando en uno de los grandes butacones que apenas se usaban, esperándome. Lo recordaba en la grama cubierta de hojas frente a mi apartamento de Dewitt, en aquel encuentro tan dulce y sentimental como la escena de una película. A lo mejor me enviaba una carta de entrega inmediata o un telegrama como los que me envió cuando hui a casa de Mami en la Calle Fulton. Esperé en vano a que me llamara a la hora habitual, o a mitad de noche, para comprobar que estuviera allí, o al amanecer, como hacía frecuentemente, para anunciarme risueño: "¡Hora de levantarse!".

Cada vez que me había separado de él, le había tomado más tiempo venir a buscarme. En Syracuse, había tardado un mes. Dentro de unos días, yo saldría para Puerto Rico y no tendría modo de localizarme. No le había dado el teléfono de Papi. No creía que supiera siquiera los nombres de mi padre y de mi madre. Lloré un poco más en los días siguientes, generalmente de noche, después de haber pasado todo el día organizando mi viaje a Puerto Rico y despidiéndome de las amistades que quedaban por allí todavía. Me dolía que, después de siete años, nuestra relación terminara con enojo. Hubiera deseado que nuestro rompimiento fuera tan civilizado como el mío con Keith, en el que habíamos reconocido que, si bien la relación no funcionó, sin duda, a veces nos divertimos.

Le escribí una carta a Ulvi dándole las gracias por haber sido parte de mi vida, rogándole que recordara los ratos buenos, y que olvidara el daño que nos habíamos hecho. Hasta llegué a meter la carta de tres páginas en un sobre y dirigirla a la avenida Chatsworth en Larchmont. Pero nunca la envié. Cada vez que la tomaba en mis manos, mis buenas intenciones se disolvían en furia al pensar en su carácter posesivo, en lo mujeriego que era, en el modo como me había usado para conseguir lo que quería, en la manera como había abusado de mi confianza e ingenuidad. Enseguida me reprochaba a mí misma el haberme aferrado a él tanto tiempo. Seguía preguntándome por qué no había podido salir de su vida con la misma facilidad con que había salido él de la mía, pero no encontraba respuesta.

Revisé los papeles que había conservado de nuestra correspondencia. Había cartas que databan de la época del Hotel Longacre, telegramas, fotografías, un cartapacio rojo en imitación de cuero con el nombre *Hoteles Intercontinentales* grabado en letras doradas muy fino, y que contenía papel de carta fino y sobres color marfil del Hotel Internacional de Riyadh. Me encogí al ver su letra suelta, fluida "Queridísima Chiquita". Nadie me volvería a llamar así. Lo metí todo dentro de una caja, la sellé y la subí a la repisa más alta de mi clóset, al lado de mis diarios y de mis elucubraciones.

Según se acercaba el día de mi viaje a Puerto Rico, me concentré en los preparativos y en empacar. Hice pagos adelantados del alquiler y del agua y la luz, y le di una llave a Marilyn, para que pudiera regarme las plantas.

Según pasaban los días, Ulvi y el poder que había tenido sobre mí, se convirtieron en una presión sorda, dolorosa en el centro del pecho, cada vez que algo me lo recordaba. Me congelaba cuando sonaba el teléfono o cuando un sobre escrito a mano aparecía en mi buzón. Me espaciaba frente a sus regalos recordando la ocasión o la manera como me los había obsequiado. Siempre que me miraba la muñeca, el reloj Omega me recordaba el día cuando me había cortado el pelo porque a él le encantaba que lo llevara largo. El televisor que me había regalado estaba siempre apagado, excepto cuando él me visitaba, pero ahora yo lo encendía buscando solaz en los tres tonos del pavo real de la NBC cuando desplegaba su vistosa cola. En Larchmont, Ulvi estaría viendo a David Brinkley. Me lo imaginaba recostado en el sofá, la mano izquierda debajo de la cabeza, los dedos de la mano derecha tamborileando sobre su abdomen, mientras aquellos hombres encorbatados no hacían otra cosa que leer malas noticias.

—No me reconozco —le dije a Marilyn, cuyas atenciones maternales esperaba con alegría todos los días a su regreso del trabajo.

—Lo único que quiero es olvidarlo y acabar ya con esto.

—Dale tiempo…

—Nunca había llorado tanto en mi vida como he llorado desde que lo conocí.

Metí la cuchara en el platón de *mousse* de chocolate embadurnado de crema batida del *Orson Welles Café*.

—No pensé que me dolería tanto salir de él.

—Todavía estás de duelo, Esmeralda. Toma mucho

tiempo sanar de una ruptura amorosa.

—La relación acabó hace tiempo. ¿Por qué no puedo rehacer mi vida?

—Porque sólo han pasado cinco días.

Abanicó los dedos.

—Cinco días no son suficientes para "rehacer tu vida". Te puede llevar semanas, meses, a lo mejor, años.

—Por favor, no digas eso. Ya le entregué los mejores años de mi vida.

Se echó a reír.

—Tienes veintiocho años. Todavía te quedan unos cuantos años buenos por delante

—Tuve una amiga en Nueva York que creía que la gente se juntaba para servir de maestros unos a otros.

—Yo creo lo mismo.

—Ulvi siempre me dijo que me lo enseñaría todo; que eso era lo que le gustaba de mí.

Marilyn asintió.

—¿Lo hizo?

—Me enseñó mucho —dije, y apreté los ojos para contener las lágrimas. Pero ninguno de los dos contábamos con que lo que yo tenía que aprender fuera diferente de lo que él quería enseñar.

35. Alábate pollo...

Exactamente una semana después de mi graduación, me encontraba haciendo fila en el Aeropuerto Logan, de Boston, en espera de mi boleto de abordaje para San Juan. Recordé aquel día, siete años antes, cuando asustada, pero decidida, había dejado la casa de Mami en Brooklyn para empezar mi periplo con Ulvi. Parecía apropiado que nuestra relación terminara justo cuando yo regresaba a Puerto Rico. Regresaba a mi familia, libre de un hombre que despreciaba a mi gente y me despreciaba a mí. Regresaba habiendo superado hasta las expectativas más optimistas establecidas para una muchacha pobre, de una enorme familia, criada por una madre soltera, en las condiciones más adversas, en un ambiente y una cultura hostiles. Regresaba a Puerto Rico con un proyecto financiado que atraería la atención hacia parte de nuestra herencia artística y cultural. Me sentía tan orgullosa de mí misma que fui pavoneándome hasta la puerta de salida. Había olvidado el refrán puertorriqueño que Tata murmuraba en dirección nuestra cada vez que presumíamos de algo que habíamos hecho: *alábate pollo, que mañana te guisan.*

Reconocimientos

Me resulta imposible escribir una memoria sin expresar mi agradecimiento a todas las personas —amigas o enemigas— que han pasado por mi vida, porque cada encuentro, hasta el más pasajero, contribuyó a traerme hasta donde estoy hoy. Sea que hayas pasado a mi lado brevemente, o que hayas caminado junto a mí unos pasos o unas millas, sea que te hayas quedado conmigo un momento en alguna de las encrucijadas del sendero antes de que continuáramos nuestros propios caminos, te agradezco que hayas formado parte de mi vida.

Todas las noches antes de quedarme dormida, doy gracias por las alegrías y los retos cotidianos que me obligan a medirme a mí misma contra la persona que fui ayer y contra la que espero ser mañana. Cada encuentro —de buena o mala voluntad— siempre añade algo a mi vida que es una tan rica que a veces me parece que voy a explotar de felicidad o de tristeza.

Sin embargo, el escribir memorias exige que se tomen decisiones dolorosas sobre qué revelar y qué dejar fuera. He tenido la fortuna de conocer a mujeres y a hombres que me han sostenido con su amor, consejo, consuelo, talento para el baile, arte culinario y disponibilidad para conversar largas horas. Si no te encuentras en estas páginas, no pienses que te he olvidado. Nuestras vidas ya están inexorablemente unidas.

He cambiado varios nombres, unos porque así me lo han pedido algunos de ustedes; otros porque eran iguales a los de algunos miembros de mi familia, o porque alguien del mismo nombre había llegado antes a mi vida. Ustedes saben quienes son y yo también lo sé. Gracias.

Agradezco el apoyo de mi grupo de escritores y escritoras. Terry Bazes, Kate Buford, Bon Cheever y Marilyn Johnson fueron escuchando porciones del libro según lo fui escribiendo, y me mandaban de vuelta a casa sintiéndome como "el trencito que pudo". Marilyn, contigo tengo una deuda especial por haber sacado tiempo de tu propio tiempo de escribir para leer la última versión del manuscrito. Tus observaciones fueron de incalculable valor al momento de darle forma a la versión final del libro.

Joie Davidow le robó tiempo a su novela para leer un borrador de estas memorias y me hizo preguntas que me ayudaron a mejorar los últimos capítulos. ¡Gracias comadre!

La profesora Nina Torres-Vidal, mi amiga y traductora, leyó una versión más larga del manuscrito y entendió las razones por las cuales El amante turco tenía que terminar donde termina. Sí, Nina, está en mis planes escribir la historia de lo que ocurrió en Puerto Rico ese verano del Bicentenario de los Estados Unidos.

A Molly Friedrich: tu inteligencia y tu pasión son inspiradoras. Gracias por tus sólidas recomendaciones y por tu amistad.

Estoy orgullosa de mi trabajo de una década con mi magnífica editora Merloyd Lawrence. Fue tuya la idea de que escribiera memorias, y así abriste para mí un camino que nunca imaginé posible para una jíbara de Puerto Rico que, casi milagrosamente, llegó a Harvard. Gracias Merloyd, por ver la escritora que hay en mí y por guiarme por el laberinto de los recuerdos.

A mi querida madre, Ramona Santiago, a mi padre, Pablo Santiago, a mis hermanas y hermanos, Delsa, Norma, Héctor, Alicia, Edna, Raymond, Francisco, Carlos, Carmen y

Rafael, les debo más que una palabra de agradecimiento. Ustedes han estimulado y apoyado este arduo trabajo, caminando a mi lado con gracia y dignidad. Aun cuando en ocasiones han diferido de mi versión de los acontecimientos, me han dado la libertad para decir mi verdad, y ése es el más noble regalo que una persona puede recibir.

Gracias Ulvi Dogan. Nuestras vidas se toparon en una encrucijada y transitamos juntos por un pedregoso camino; pero, al separarnos, la vida de ambos resultó más rica justo por haber compartido ese camino.

María Celeste Scully, ¿cómo podré agradecerte que hayas llegado a mi vida precisamente cuando más necesitaba una amiga? Gracias por tu presencia entonces, y por el milagro de habernos vuelto a encontrar después de treinta años.

Cuando nos conocimos, Frank Cantor, tomaste mi mano y no la has soltado ni aun cuando yo he tirado en dirección contraria. Gracias por darme la habitación y las habitaciones para escribir. Gracias por ser amoroso y devoto conmigo y con nuestros talentosos y hermosos hijos Lucas y Ila. No podría ser quien soy hoy sin el amor incondicional que ustedes tres me han brindado.